本书为教育部人文社会科学研究西部青年基金项目『治道与政道双重维度下德观念变迁研究（商至西汉）』（18XJC770003）的阶段性成果

西汉德运考

五德终始说下的政治史

李培健　著

陕西新华出版传媒集团
陕西人民出版社

图书在版编目(CIP)数据

西汉德运考：五德终始说下的政治史／李培健著.
— 西安：陕西人民出版社，2019
ISBN 978 -7 -224 -13238 -0

Ⅰ. ①西… Ⅱ. ①李… Ⅲ. ①政治制度史 - 研究 - 中国 - 西汉时代 Ⅳ. ①D691.21

中国版本图书馆 CIP 数据核字(2019)第 104142 号

责任编辑： 管中洑　杨舒雯
封面设计： 赵文君

西汉德运考
——五德终始说下的政治史

作　　者 李培健
出版发行 陕西新华出版传媒集团　陕西人民出版社
（西安北大街 147 号　邮编：710003）
印　　刷 西安市建明工贸有限责任公司
开　　本 787mm×1092mm　1/16
印　　张 17.5
字　　数 250 千字
版　　次 2019 年 9 月第 1 版
印　　次 2019 年 9 月第 1 次印刷
书　　号 ISBN 978 -7 -224 -13238 -0
定　　价 69.00 元

如有印装质量问题，请与本社联系调换。电话：029—87205094

序

培健是我在陕西师范大学历史文化学院工作时带的中国文化史方向硕士研究生。他为人诚挚，做事踏实，学习刻苦，具有坐冷板凳的精神，是个做学问的料。

在硕士论文的写作中，他发现不少学者或认为西汉仅行水德或土德或火德，或认为水土德或土火德或水土火德并用。他抓住这个似乎很小，也鲜有人深论的问题，静下心来撰写论文，以优异的成绩毕业。

硕士毕业后培健考取了南开大学历史学院，师从著名的秦汉史、秦汉思想史专家陈启云先生攻读博士学位，继续深入研究西汉德运问题，2013年以《西汉五德实行论考》作为博士论文顺利毕业。

博士毕业后走上工作岗位，虽然现在的工作与他的研究兴趣和方向有一定距离，但他没有安于现状，而是在完成本职工作之余继续默默地辛勤耕耘，并阅读了大量相关文献资料，辨章学术，考镜源流，精思深研，不断有大作发表，并且拿了一项教育部西部青年基金项目。

现在的这部书是他在之前研究的基础上不断深化拓展完成的学术专著。首先，通过对学界目前就此问题研究状况的梳理，他提出了很多学界没有深入研究的问题，如传统政治的正统观资源很多，但为何统治者如此青睐德运？德运问题不仅仅是一种学说理论，更是在政治实践中实行的，怎么实行？具体状况如何？在政治制度建设中的作用如何？所以他把德运问题提高到政治史的高度，特别是作为政治制度建设的核心问题之一来探讨。

其次，他梳理了中国历代的德运状况，发现一部中国传统政治史，几乎就是一部德运史。这个说法也许有点夸张，但由秦汉至清历代王朝对德运的重视与实行几乎没有断线，哪怕是魏晋南北朝、五代这些分裂战乱时期也是这样，说明这个问题对于研究中国古代政治史的重要性。培健通过论证指出，统治者经常只是象征性地实行某些德制，并不会全盘以五德施政。对于统治者来说，这是一种成本最低但收效却颇高的合法性论证手段，由此可以理解为什么在传统中国政治中，绝大多数王朝都会采用五德终始说。

再次，本书集中对西汉德运问题进行考论。因为西汉德运比较复杂，不仅德运多变，还形成了新的五德理论，并广泛渗透到政治实践中，影响深远。在研究中，培健从政治合法性建构视角来讨论德运。政治合法性是任何一个政权在建立与运行过程中必须面对的一个重大理论问题。为此，他从中西政治合法性的研究模式与类型入手，通过考察比较，提出了自己的理解思路。在研究中，他概括出“逐鹿”规则、功业观、天命观等合法性建构的资源，而五德终始说就是从天命观的角度来阐释其正统地位的。汉初统治者面临的主要问题是稳定政治秩序，与民休息，发展生产，政治合法性建构还不够精致，稍显粗糙。到了汉武帝晚期，随着政治危机日益加剧，合法性问题凸显出来，于是就有了西汉后期政治合法性的重构。其重要意义在于通过论证能够说明西汉政权仍然处于五德终始说原理下的历史谱系中，西汉王朝就仍然具有治权上的合法性。为此，他提出了职责观和罪责观两种论证政权合法性的观念，认为二者是相辅相成的，并结合历史实际进行了考察。进一步反思学界“厌汉”之成说，重视“保汉”之合理性；对新五德终始说的提出做了深度探讨研究，其中涉及比较复杂的汉室火德、汉家尧后等问题，都有新解；对王莽代汉也有新见，认为王莽是利用了刘向父子德运说、谶纬的资源来建构自身的政治合法性。最后对西汉制度中的德运从历法、服色、尚数几方面做了考辨。除了经典文献，还利用了大量考古资料来论证，史料翔实，论证精细，显示了他扎实的史学功底和严谨的学术态度。

相信培健会继续围绕此问题对东汉政治进行研究，形成完整的两汉德运考。不过，在继续研究中，希望培健把思想史、经学史和政治史结合起来深化拓展。因为西汉自汉武帝以后，经学成为官学，儒学成为官方意识形态，为汉代政治提供了思想指导、理论依据和价值基础，不仅对汉代，也对以后两千多年的政治影响深远，对今天中国的政治转型和发展方向也有历史启示和现实意义。是为序。

韩星

2019年3月11日于北京

目　录

下编　西汉政治制度中的德运

绪　论

五德终始说是传统中国一种颇具影响的政治学说，后世常说的王朝的“德运”“五运”“历运”“运数”“气数”即源于此。《宋史·律历三》曰：“凡帝王之兴，必推五行之盛德，所以配天地而符阴阳也。”①宋人张方平曰：“夫帝王之作也，必膺箓受图，改正易号，定制度以大一统，推历数以叙五运，所以应天休命，与民更始。”②这是说一个新政权的建立要推定其德运，德运因“关系国体”，被视为“重事”③。

该学说最初由邹衍创立。邹衍，战国中期齐国人，阴阳家主要代表人物。④ 邹衍著述宏丰，史载曾著有“《终始》《大圣》之篇十余万言”⑤，“《邹子终始》五十六篇”⑥，可惜俱已亡佚，不过在其他古籍中尚保留其学说的零星片段，据此我们也可了解到其学说的大概。

《史记·孟子荀卿列传》载：

邹衍睹有国者益淫侈，不能尚德，若《大雅》整之于身，施及黎庶矣。

---

① 脱脱等：《宋史·律历三》，北京：中华书局，1985年，第1598页。

② 张方平：《乐全集·南北正闰论》(六)卷十七，上海：商务印书馆，1935年，第13b页。

③ 王恽：《秋涧先生大全文集·请论定德运状》(二一)卷八十五，上海：商务印书馆，1929年，第4a页。

④ 关于邹衍的生卒年，史无明文，研究者们有不同的意见：(1)前305年至前240年，参见钱穆：《先秦诸子系年》，北京：商务印书馆，2001年，第697页；(2)前345至前275年，参见王梦鸥：《邹衍遗说考(上篇)》，刘小枫、陈少明主编：《马基雅维利的喜剧》，北京：华夏出版社，2006年，第237页；(3)前324至前250年，参见孙开泰：《邹衍年谱》，《管子学刊》1990年第2期。

⑤ 司马迁：《史记·孟子荀卿列传》，北京：中华书局，1959年，第2344页。

⑥ 班固：《汉书·艺文志》，北京：中华书局，1962年，第1733页。

乃深观阴阳消息而作怪迂之变，终始、大圣之篇十余万言。其语闳大不经，必先验小物，推而大之，至于无垠。先序今以上至黄帝，学者所共术，大并世盛衰，因载其禨祥度制，推而远之，至天地未生，窈冥不可考而原也。先列中国名山大川，通谷禽兽，水土所殖，物类所珍，因而推之，及海外人之所不能睹。称引天地剖判以来，五德转移，治各有宜，而符应若兹。①

由此可知，邹衍五德终始说的大义有三：(1)“五德转移”。《史记集解》引如淳言：“今其书有《五德终始》。五德各以所胜为行。秦谓周为火德，灭火者水，故自谓水德。”②《文选》卷六左思《魏都赋》李善注引《七略》曰：“邹子有《终始五德》，从所不胜：(土德之后)木德继之，金德次之，火德次之，水德次之。”③即是说邹衍认为人间政权的更迭遵循五行相胜的规律，从土德始，依次为木德(木克土)、金德(金克木)、火德(火克金)、水德(水克火)。(2)“符应若兹”。不同德运有其相对应的符应。当政权迁转时，上天便降以符应以显其意，《吕氏春秋·应同》即云“凡帝王之将兴也，天必先见祥乎下民”④。而降符又依从“类固相召，气同则合”⑤的原则。如黄帝时，天现“大螾大蝼”⑥。《史记·五帝本纪》曰：“(轩辕氏)有土德之瑞，故号黄帝。”⑦《史记索隐》云：“炎帝火，黄帝土代之，即‘黄龙地螾见’是也。”螾为土精，合“类固相召”之理，故为土德兴起之兆。再如文王兴起时，上天“见火，赤乌衔丹书集于周社”⑧。商属金德，代商者以火克金当为火德，火、赤乌、丹书与五行之火同类，故为火德之兆，预示文王将兴。(3)“治各有宜”。人君既从天命而兴，所行之政当从天道，要

---

① 司马迁：《史记·孟子荀卿列传》，北京：中华书局，1959年，第2344页。
② 司马迁：《史记·封禅书》，北京：中华书局，1959年，第1369页。
③ 萧统编，李善注：《文选》，上海：上海古籍出版社，1986年，第287页。
④ 陈奇猷：《吕氏春秋新校释》，上海：上海古籍出版社，2002年，第682页。
⑤ 陈奇猷：《吕氏春秋新校释》，上海：上海古籍出版社，2002年，第683页。
⑥ 陈奇猷：《吕氏春秋新校释》，上海：上海古籍出版社，2002年，第682页。
⑦ 司马迁：《史记·五帝本纪》，北京：中华书局，1959年，第6页。
⑧ 陈奇猷：《吕氏春秋新校释》，上海：上海古籍出版社，2002年，第682页。

遵从其时之德运，这主要体现在正朔、服色、度数、音律和政术五个方面。顾颉刚曾绘制了一个五德法典①：

五德	土	木	金	火	水	根据书籍
正朔	？	建寅	建丑	建子	？	《春秋繁露》
服色	上黄	上青	上白	上赤	上黑	《吕氏春秋》
度数	以五为纪	以八为纪	以九为纪	以七为纪	以六为纪	《月令》
音律	上黄钟	上姑洗	上无射	上林钟	上大吕	《月令》
政术	？	助天生	助天收	助天养	助天诛	《洪范五行传》

关于正朔，水德为建亥，即十月(详见下编)，则按五德之序，土德应为建卯(二月)。

参照有关文献记载和顾先生的研究，可勾勒出邹衍五德终始说的示意图大致为：

五德	符应	制度				
		正朔	服色	度数	音律	政术
土德	“天先见大螾大蝼”，“黄龙地螾见”……	建卯(二月)	上黄	五	上黄钟	？
木德	“天先见草木秋冬不杀”，“青龙止于郊，草木畅茂”……	建寅(一月)	上青	八	上姑洗	助天生
金德	“天先见金刃生于水”，“银自山溢”……	建丑(十二月)	上白	九	上无射	助天收
火德	“天先见火”，“赤乌衔丹书”……	建子(十一月)	上赤	七	上林钟	助天养
水德	“天且先见水气胜”，“黑龙”……	建亥(十月)	上黑	六	上大吕	助天诛

邹衍在世时，其说未能践行。公元前221年，秦始皇一统天下，始以五德建制，自此之后，历代王朝沿用不绝。通观传统中国政治史，五德终

① 顾颉刚：《五德终始说下的政治和历史》，《古史辨》(五)，上海：上海古籍出版社，1982年，第428—429页。本书对原表格行列做了调整。

始说大致经历了起始肇端期（秦汉王朝）、承袭兴盛期（曹魏至五代）和衰落覆灭期（宋至清）三个阶段。

一、起始肇端期（秦汉王朝）

《史记·秦始皇本纪》载："推终始五德之传，以为周得火德，秦代周德，从所不胜。方今水德之始，改年始，朝贺皆自十月朔。衣服旄旌节旗皆上黑。数以六为纪，符、法冠皆六寸，而舆六尺，六尺为步，乘六马。更名河曰德水，以为水德之始。刚毅戾深，事皆决于法，刻削毋仁恩和义，然后合五德之数。"①这样，水德便成为中国历史上首个被统治者明确颁行的德运。

秦传二世即亡。公元前 202 年，刘邦称帝建汉。西汉后期，刘向父子又创设五行相生型的新五德终始说。关于此时期德运实行情形，本书将在正文中作详细考察，兹不赘述。王莽篡汉，"服色配德上黄"②，可知其德运为土。新莽同嬴秦一样，亦为短命王朝，立国不足二十载。公元 25 年，刘秀重建汉室，都洛阳。光武称帝次年，"始正火德，色尚赤"③，可见东汉德运为火，故后世称之为"炎汉"。

二、承袭兴盛期（曹魏至五代）

延康元年（220），汉献帝禅位于曹丕，曹丕更年号为黄初，"承土行"④。东汉为火德，火生土，故继之者为土德。土尚黄，故曹丕的年号用"黄"字。东吴孙权的头两个年号"黄武""黄龙"，亦用"黄"字，这就说明，孙吴的德运同曹魏一样，亦为土德。但蜀汉的情形则不同。后主刘禅一年

① 司马迁：《史记·秦始皇本纪》，北京：中华书局，1959 年，第 238 页。
② 班固：《汉书·王莽传上》，北京：中华书局，1962 年，第 4097 页。
③ 范晔：《后汉书·光武帝纪上》，北京：中华书局，1965 年，第 27 页。
④ 陈寿：《三国志·魏书·文帝纪》裴注引《献帝传》，北京：中华书局，1959 年，第 75 页。

号曰“炎兴”，意为振兴炎(火)运，可见蜀汉以汉室正统自居。

咸熙二年(265)，曹魏元帝禅位于晋王司马炎，汉魏故事再次重演。晋武帝泰始元年(265)，有司奏曰：“晋于五行之次应尚金。”[①]曹魏属土，土生金，故晋为金德。280年，晋灭吴，这样三国归晋，九州混一。西晋后期，五胡乱华，生灵涂炭。316年，刘曜掳晋愍帝司马邺，西晋灭亡。次年，司马睿在建康重建晋廷，史称东晋，德运仍为金。《歌元帝》即褒扬司马睿的功绩道：“沦光更曜，金辉复焕。”[②]是时，南北朝并立，虽政权更迭频繁，然多以德运来宣扬自己的正统地位。先看南朝。元熙二年(420)，东晋恭帝禅位于刘裕，刘宋得立。禅位诏书曰：“昔土德告沴，传祚于我有晋；今历运改卜，永终于兹，亦以金德而传于宋。”[③]可知，刘宋为水德(金生水)。后宋顺帝禅位于萧道成，“以水德而传于齐”[④]，故萧齐为木德(水生木)；齐和帝禅位于萧衍，“以木德而传于梁”[⑤]，故萧梁为火德(木生火)；梁敬帝禅位于陈霸先，“敬以火德，传于尔陈”[⑥]，故陈朝为土德(火生土)。

再看北朝。北朝绝大部分政权虽为五胡建立，然多认同华夏传统。最早采用五德终始说的是匈奴人刘曜的前赵：“以水承晋金行，国号曰赵。牲牡尚黑，旗帜尚玄，冒顿配天，元海配上帝。”[⑦]后羯族人石勒灭前赵，建后赵，“以赵承金为水德”[⑧]。可见，前赵、后赵都以西晋继承人的政治身份自居，以金生水故采用水德。鲜卑人慕容儁灭冉魏后，称帝建前燕，亦“承晋为水德”[⑨]，但韩恒认为应继后赵水德而为木德，然未被采纳。至

① 沈约：《宋书·律历志中》，北京：中华书局，1974年，第259页。
② 房玄龄等：《晋书·乐志下》，北京：中华书局，1974年，第699页。
③ 沈约：《宋书·武帝本纪中》，北京：中华书局，1974年，第48页。
④ 萧子显：《南齐书·高帝本纪上》，北京：中华书局，1972年，第22页。
⑤ 姚思廉：《梁书·武帝本纪上》，北京：中华书局，1973年，第29页。
⑥ 姚思廉：《陈书·高祖本纪上》，北京：中华书局，1972年，第25页。
⑦ 房玄龄等：《晋书·刘曜载记》，北京：中华书局，1974年，第2685页。
⑧ 房玄龄等：《晋书·石勒载记下》，北京：中华书局，1974年，第2746页。
⑨ 房玄龄等：《晋书·慕容儁载记》，北京：中华书局，1974年，第2843页。

慕容儁之子慕容暐时，改立木德。《晋书·慕容暐载记》曰："（慕容）暐钟律郎郭钦奏议以暐承石季龙水为木德，暐从之。"①关于氐族人苻健建立的前秦之德运，正史中没有明确记载。考察他人的间接引述，可知有两种提法：一为木德说。《晋书·姚苌载记》曰："（姚苌）自谓以火德承苻氏木行，服色如汉氏承周故事。"②一为火德说。《魏书·礼志一》曰："（前）秦承（前）燕，木生火，故（前）秦为火德。"③其差异在于前秦是承后赵还是前燕。若承后赵，则为木德（水生木）；若承前燕，则为火德（木生火）。相较而言，前说为是。姚苌本为前秦部将，对前秦德运应是相当熟悉的。后秦承前秦而立德运，没有必要伪造前秦的德运，仅是顺承罢了。而后则史料的发生时间为北魏孝文帝太和年间（详见下文），此时距前秦灭亡已近百年。是时，北魏重定本朝德运，朝臣各执一词，出于特定的政治目的变更前代德运亦有可能。再者，从承继次序上，前秦承前燕也不合情理。虽前秦灭前燕，但苻健与慕容儁同年称帝，两政权并非顺承关系。苻洪、苻健皆任职于后赵，后赵亡后，苻健称帝，故前秦接续后赵更为合理。后赵属水，水生木，则前秦为木德。后起的北魏对德运也颇为关注。天兴元年（398），道武帝即皇帝位，告祭天地后，"诏有司定行次，正服色。群臣奏以国家继黄帝之后，宜为土德，故神兽如牛，牛土畜，又黄星显曜，其符也。于是始从土德，数用五，服尚黄，牺牲用白。"④以拓跋氏乃黄帝后而定土德，不合五德终始说。德运讲的是政权随五德转移而前后相承的关系，所以判定某政权德运的依据有二：五行生克原则和所继政权之德运。因此，北魏初年，以祖先定德运并不合理。孝文帝时，朝廷重议本朝德运。据载，当时有两派意见：一是以中书监高闾为代表的土德说，其理由

① 房玄龄等：《晋书·慕容暐载记》，北京：中华书局，1974年，第2851页。
② 房玄龄等：《晋书·姚苌载记》，北京：中华书局，1974年，第2967页。
③ 魏收：《魏书·礼志一》，北京：中华书局，1974年，第2745页。
④ 魏收：《魏书·礼志一》，北京：中华书局，1974年，第2734页。

是："魏承汉，火生土，故魏为土德。晋承魏，土生金，故晋为金德。赵承晋，金生水，故赵为水德。燕承赵，水生木，故燕为木德。秦承燕，木生火，故秦为火德。……以魏承秦，魏为土德。"①一是以秘书丞李彪、著作郎崔光为代表的水德说，他们认为"绍晋定德，孰曰不可，而欲次兹伪僭，岂非惑乎？"②两派的症结在于北朝胡姓政权有无正统地位。土德派主张后赵、前燕、前秦皆为正统，北魏当续之论次；而水德派直斥胡姓政权为伪僭，当弃之而绍晋。最后，孝文帝采纳李彪、崔光之议，远承晋金德为水德。北魏之后，东西魏分立，皆以正统自居。后北周代西魏，北齐代东魏。《周书·孝闵帝纪》载，北周孝闵帝时，百官奏议云："帝王之兴，罔弗更正朔，明受之于天，革民视听也。逮于尼父，稽诸阴阳，云行夏之时，后王所不易。今魏历告终，周室受命，以木承水，实当行录，正用夏时，式遵圣道。"③又《隋书·五行志下》曰："(北)齐称木德。"④可知，北周、北齐皆承魏水德为木德。

大定元年(581)，北周静帝禅位于杨坚。杨氏隋朝，以木生火故定火德。《隋书·崔仲方传》载："仲方曰：'晋为金行，后魏为水，周为木。皇家以火承木，得天之统。又圣躬载诞之初，有赤光之瑞，车服旗牲，并宜用赤。'又劝上除六官，请依汉、魏之旧。上皆从之。"⑤李唐代隋后，"推五运为土德，色尚黄"⑥。高宗死后，武后临朝称制。光宅元年(684)，"旗帜改从金色"⑦，金色白，故"旗帜尚白"⑧，则武后改行金德(土生金)。《新唐书·五行二》曰："盖武氏革命，自以为金德王，其'佛菩萨'者，慈

① 魏收：《魏书·礼志一》，北京：中华书局，1974年，第2745页。
② 魏收：《魏书·礼志一》，北京：中华书局，1974年，第2746页。
③ 令狐德棻等：《周书·孝闵帝纪》，北京：中华书局，1971年，第46页。
④ 魏征、令狐德棻：《隋书·五行志下》，北京：中华书局，1973年，第668页。
⑤ 魏征、令狐德棻：《隋书·崔仲方传》，北京：中华书局，1973年，第1448页。
⑥ 司马光：《资治通鉴·唐纪一》，北京：中华书局，1956年，第5791页。
⑦ 刘昫等：《旧唐书·则天皇后本纪》，北京：中华书局，1975年，第117页。
⑧ 欧阳修、宋祁：《新唐书·则天皇后本纪》，北京：中华书局，1975年，第83页。

氏金轮之号也。"[1]武则天称帝后，多次加尊号，但始终有"金轮皇帝"四字。[2] 不过"金轮"实与五行无关，金轮为佛教四大转轮王之一(另三个为银轮王、铜轮王、铁轮王)。在佛教的王权观中，世间的统治者就是轮转王，而以金轮王最有力。玄奘就将太宗、高宗视为轮转王。武则天为论证自己的神圣性，采用了这一称号。[3] 不过，虽然金轮为佛教观念，但金还是五行之一，两者并不排斥。而金德又恰好顺承唐土德，则武则天政权行用金德就极为合适。不过，若从情分上讲，则大为不妥。武则天所夺的乃其夫家李氏的江山，而直取于其子中宗、睿宗之手。土生金，土为母，金为子。但实情却是母夺子之权，岂有子禅位于母的道理？因此，武则天断然否定受禅于唐，而是强调武周"革唐命"[4]，这样金德就不适宜作为武周的德运。既然以相生理论推导出的金德不适合，则还剩相胜一说。木克土，则灭唐者为木德，那么武周亦可选择木德。然而，武则天本为李家之媳、妻、母，乃至亲，采用相胜说解释自己的合法性亦不合伦理。概言之，武则天的身份使其采用五德终始说颇显尴尬。于是，她摒弃此说，而采世所罕用的三统说。载初元年(689)，武则天声称"今推三统之次，国家得天统，当以建子月为正"[5]。三统说为西汉董仲舒所倡，指黑统(人统)、白统(地统)和赤统(天统)。诏令称"国家得天统"，即赤统，董子曰："正赤统者，历正日月朔于牵牛，斗建子，天统气始施化物，物始动，其色赤。"[6]建子月为十一月，即周正。载初元年正月，武则天"亲享明堂，大赦天下。

---

① 欧阳修、宋祁：《新唐书·五行二》，北京：中华书局，1975年，第913页。

② 武则天加尊号计有四次：(1)长寿二年(693)秋九月，加尊号"金轮圣神皇帝"；(2)延载元年(694)五月，加尊号"越古金轮圣神皇帝"；(3)证圣元年(695)一月，加尊号"慈氏越古金轮圣神皇帝"，二月，去"慈氏越古"尊号，保留"金轮圣神皇帝"号；(4)证圣元年(695)九月，加尊号"天册金轮大圣皇帝"。

③ 参见孙英刚：《轮转王与皇帝：佛教对中古君主概念的影响》，《社会科学战线》2013年第11期。

④ 刘昫等：《旧唐书·则天皇后本纪》，北京：中华书局，1975年，第121页。

⑤ 宋敏求：《唐大诏令集》，北京：商务印书馆，1959年，第19页。

⑥ 苏舆：《春秋繁露义证》，北京：中华书局，1992年，第194页。

依周制建子月为正月，改永昌元年十一月为载初元年正月，十二月为腊月，改旧正月为一月”[①]；“二年正月甲戌，改置社稷，旗帜尚赤”[②]。显然，武则天在以赤统建制。那么，为何武则天要采用赤统呢？因周朝为赤统，武则天自认为是周文王后裔。[③] 为显示这一身份，连国号都袭用，可谓与姬周同宗族、同国号、同统运。综上可知，武则天初采用了金德，后废止，另择取了三统说中的赤统。神龙元年(705)正月，张柬之等发动政变，逼迫武则天传位，二月，恢复唐国号。李唐复国后，废除了周制而恢复唐制，“社稷、宗庙、陵寝、郊祀、行军旗帜、服色、天地、日月、寺宇、台阁、官名，并依永淳已前故事”[④]。这样，一度被弃除的土德重兴。玄宗开元时，出现了唐金德说，然未被接受。《旧唐书·裴光庭传》载，“时有上书请以皇室为金德者，中书令萧嵩奏请集百僚详议。光庭以国家符命久著史策，若有改易，恐贻后学之诮，密奏请依旧为定，乃下诏停百僚集议之事”[⑤]。天宝年间，曾一度废弃唐初承自北朝的正统，改为远接刘汉。封演《封氏闻见记》卷四《运次》曰：“高宗时，王勃著《大唐千年历》：‘国家土运，当承汉氏火德。上自曹魏，下至隋室，南北两朝，咸非一统，不得承五运之次。’勃言迂阔，未为当时所许。天宝中，升平既久，上书言事者多为诡异以希进用。有崔昌袭勃旧说，遂以上闻，玄宗纳焉。下诏以唐承汉，自隋以前历代帝王皆屏黜之，更以周、汉为二王。后是岁，礼部试天下造秀，作《土德惟新赋》，则“则”。及杨国忠秉政，自以隋氏之宗，乃追贬崔昌并当时议者，而复酅、介二公焉。”[⑥]又《旧唐书·礼仪志四》载：“(天宝)九载九月，处士崔昌上《大唐五行应运历》，以王者五十代而一千

---

① 刘昫等：《旧唐书·则天皇后本纪》，北京：中华书局，1975年，第120页。

② 欧阳修、宋祁：《新唐书·则天皇后本纪》，北京：中华书局，1975年，第91页。

③ 《新唐书·则天皇后本纪》即载：“(载初元年九月)丙戌，立武氏七庙于神都。追尊周文王曰始祖文皇帝，妣姒氏曰文定皇后；四十代祖平王少子武曰睿祖康皇帝，妣姜氏曰康惠皇后。”

④ 刘昫等：《旧唐书·中宗本纪》，北京：中华书局，1975年，第136页。

⑤ 刘昫等：《旧唐书·裴光庭传》，北京：中华书局，1975年，第2807页。

⑥ 封演撰，赵贞信校注：《封氏闻见记校注》，北京：中华书局，2005年，第27—28页。

年，请国家承周、汉，以周、隋为闰。十一月，敕：‘唐承汉后，其周武王、汉高祖同置一庙并官吏。’十二载九月，以魏、周、隋依旧为二王后，封韩公、介、酅公等，依旧五庙。”[①]可知，王勃虽然仍主张李唐为土运，但此运承刘汉火德，而非杨隋火德，因为他认为自曹魏到杨隋近四百年的所有政权全非正统，然其议未被采纳；直到天宝九年，崔昌上书重言此论，才被接受，但杨国忠执政后，又恢复了唐初承自北朝的正统。

907年，朱温篡唐称帝，国号大梁，史称后梁。唐为土，土生金，故“(朱温)自谓以金德王，又以福建上献鹦鹉，诸州相继上白乌、白兔洎白莲之合蒂者，以为金行应运之兆，故名殿曰金祥”[②]。但后梁的统治并未得到其他割据势力的普遍认可，有的仍尊李唐正朔，有的则干脆也称帝为王。923年，李存勖灭后梁，“中兴唐祚，重新土运，以梁室比羿、浞、王莽，不为正统。自后数姓相传，晋以金，汉以水，周以木”[③]。朱温篡弑自立，建国不正，故后梁不入正统。后唐复兴李唐，仍行土运，其后的后晋、后汉、后周依次递嬗，按五行相生说，德运分别为金、水、木。

三、衰落覆灭期(宋至清)

960年，赵匡胤黄袍加身，称帝建宋，“定国运以火德王，色尚赤，腊用戌”[④]。赵氏受周禅，周木德，木生火，故北宋为火德。宋太宗、真宗时有人提出金德、土德说。《宋史·律历志三》载，太宗雍熙元年(984)，布衣赵垂庆上书言：“本朝当越五代而上承唐统为金德，若梁继唐，传后唐，至本朝亦合为金德。”[⑤]真宗大中祥符三年(1010)，开封府功曹参军张君房上言亦主张金德。真宗天禧四年(1020)，光禄寺丞谢绛提出“下黜五代，

---

① 刘昫等：《旧唐书·礼仪志四》，北京：中华书局，1975年，第916页。
② 薛居正等：《旧五代史·梁书·太祖纪三》，北京：中华书局，1976年，第50页。
③ 脱脱等：《宋史·律历志三》，北京：中华书局，1977年，第1597页。
④ 脱脱等：《宋史·太祖本纪一》，北京：中华书局，1977年，第6页。
⑤ 脱脱等：《宋史·律历志三》，北京：中华书局，1977年，第1597页。

绍唐之土德"[1]，大理寺丞董行父则认为"当上继唐祚，以金为德"[2]。不过，这些主张都未被接受。1127年，康王赵构重建宋室，定年号为建炎，可知仍为火德。两宋未能一统，与其同时并立的还有辽、西夏、金等少数民族政权，他们也热衷于德运问题。辽为水德，金人谢端《辨辽宋金正统》说："辽自唐末保有北方，又非篡夺，复承晋统。"[3]后晋虽在辽的支持下建立，但后来辽又灭掉后晋，后晋为金德，金生水，故辽为水德。西夏地处西方，西方属金，又自认承唐土德，土生金，故定金德。[4] 金朝则要复杂些。最初为金德，可能是国号的附会。金章宗时，德运之争再起，长达十年之久。据《大金德运图说》，当时主要有三派意见：一是金德。刑部尚书李愈、翰林学士承旨党怀英等主金德而不问五行之次。户部尚书孙铎、侍读学士张行简等亦主金德，但上承唐统。二是木德。秘书郎吕贞幹、校书郎赵泌等主承辽水德为木德。三是土德。太常丞孙人杰、大理卿完颜萨喇等主继宋火德为土德。最后，金章宗接受了土德说，取金承宋意。[5]

12世纪，蒙古人开始崛起，成吉思汗及其继任者先后灭掉西夏、金、南宋。1271年，忽必烈取《周易·乾卦》"大哉乾元"之意，定国号为大元。蒙元统治者似乎不太重视德运。世祖时，王恽上书请立本朝德运："盖闻自古有天下之君，莫不应天革命，推论五运以明肇造之始……若德运不先定所王，而车服旗帜之色将何尚矣？"[6]不过这项建议并未被采纳。成宗元贞元年(1295)，"南人洪幼学上封事，妄言五运，笞而遣之"[7]。洪氏竟因

---

① 脱脱等：《宋史·律历志三》，北京：中华书局，1977年，第1598页。

② 脱脱等：《宋史·律历志三》，北京：中华书局，1977年，第1600页。

③ 苏天爵：《元文类》(下册)，北京：商务印书馆，1958年，第651页。

④ 参见王炯、彭向前：《"五德终始说"视野下的"大白高国"》，《青海民族学院学报》(社会科学版)2009年第3期；彭向前：《试论西夏"以十二月为岁首"》，《兰州学刊》2009年第12期。

⑤ 参见佚名编：《大金德运图说》，文渊阁四库全书本。

⑥ 王恽：《秋涧先生大全文集·请论定德运状》(二一)卷八十五，上海：商务印书馆，1929年，第4a页。

⑦ 宋濂等：《元史·成宗本纪一》，北京：中华书局，1976年，第393页。

上言德运遭到处罚。元末著名学者杨维桢认为五德终始说为“小技之论，君子不取也”[①]，意为此不过术数小技，难登大雅之堂。

1368 年，朱元璋称帝，建国号大明，袭用其原隶属的韩宋政权之德运。1351 年，白莲教徒韩山童、刘福通发动反元起义，起义军头裹红巾，故称“红巾军”。1355 年，韩山童子韩林儿称帝于安徽亳州，定国号为宋。韩宋政权崇尚火德，盖有政治和宗教上的双重含义。在政治上，韩山童父子自称宋徽宗后裔，欲复兴宋室，故韩林儿称帝后，国号即为宋，宋为火德。从宗教信仰看，韩山童等为白莲教徒，宣扬“弥勒佛降生，明王出世”，弥勒佛所放光芒为红色，赤(红)为火德之色[②]。原韩宋政权的吴王朱元璋称帝后，亦从火德。朱元璋幕僚刘辰《国初事迹》曾记：“太祖以火德王，色尚赤，将士战袄、战裙、壮帽、旗帜皆用红色。”[③]朱元璋亦云“我朝炎运方兴”[④]。韩山童自称宋徽宗之后，以复宋为旗帜，故德运绍宋。但大明国姓为朱，若袭用赵宋德运便不合适了。若承赵宋火德，则明为土德(火生土)。实际上，不少人确主张明土德说。罗玘(1447—1519)《送益国长史胡君之国序》曰：“国家以土德王，兹封也而冠以兹名也，得无意乎?”[⑤]罗氏为进士出身，任职朝中，按理对本朝德运了如指掌，但他却不以为然。万历时，张养蒙《五德之运考》言：“我朝受命，有谓其尚火德，有谓其尚土德，纷纷无定。”[⑥]明初洪武帝盖棺定论的德运问题，此时竟“无定”。从这两个事例反映出，五德终始说虽仍被采用，但在具体政治生活中的影响已大为减弱，无怪乎大明的法定德运竟遭受质疑。有的学者甚至视该说为奇谈怪论，于政事无补。华钥即云：“有德则兴，无德则亡，此世道升

---

① 陶宗仪:《南村辍耕录》，北京：中华书局，1959 年，第 38 页。

② 陈学霖:《明朝“国号”的缘起及“火德”问题》,《宋明史论丛》，香港：香港中文大学出版社，2012 年，第 151—198 页。

③ 刘辰:《国初事迹》，邓士龙:《国朝典故》，北京：北京大学出版社，1993 年，第 84 页。

④ 朱元璋:《明太祖集》，合肥：黄山书社，1991 年，第 79 页。

⑤ 罗玘:《圭峰集》(外四种)，上海：上海古籍出版社，1991 年，第 89 页。

⑥ 张养蒙:《五德之运考》，黄宗羲:《明文海》，北京：中华书局，1987 年，第 1199 页。

降之几也。彼五行之一德，孰与天命人心之向背？其不经亦甚矣！”[①]王夫之批评道：“若邹衍五德之说，尤妖妄而不经，君子辟之，断断如也。”[②]

清王朝的德运，官史虽未明载，但至少在开国时，统治者认可的是水德。皇太极天聪十年(1636)，诸贝勒请上尊号，曰：“我皇上承天眷祐，应运而兴。”[③]此处的“运”，即指五运。皇太极改族名为满洲，定国号为大清，三字皆含水，并非偶然，应有以水克火之意。范文澜谓：“满洲清三字都有水，意谓明朝姓朱，朱明二字有火义，用水灭火，符合五行相克的学理。金清音近字异，皇太极改金为清，不仅有隐避汉族对完颜金旧恨的作用，同时也免火克金的嫌忌。”[④]陈伯霖云：“从族名和国号来看，满族建立清朝是以水德立国的，其根本目的是用水克火(明)，入主中原，代明而立，一统天下。”[⑤]这种文化心理的剖析，合乎彼时的政治语境，当是可信的。其实，李自成即采用了水德立制。时人赵士锦《甲申纪事》记：“贼云以水德王，衣服尚蓝，故军中俱穿蓝，官帽亦用蓝。”[⑥]惜大顺政权速亡，其水德亦随之覆灭。大清入关后，官方对德运已不甚关注。乾隆帝曰：“五德之运，说本无稽……夫一代之兴，皆由积德累仁，岂在五行之生克？……元明制度尚黄，不侈陈五德之王，其义甚正。本朝因之，足破汉魏以后之陋说。”[⑦]其以帝王之尊的这一表态，不啻宣告五德终始说在传统政治中的终结。

以上，我们简单梳理了历代的德运状况，可发现一部中国传统政治史，几乎就是一部德运史。数千年的中国历史，通过五个德运间的转移竟然可以解释自如。

尽管五德终始说在传统中国政治中有极深远的影响，被长久通用，但

① 华钥：《五德之运如何》，黄宗羲：《明文海》，北京：中华书局，1987年，第868页。
② 王夫之著，舒士彦点校：《读通鉴论》，北京：中华书局，1975年，第1108页。
③ 赵尔巽等：《清史稿·太宗本纪一》，北京：中华书局，1976年，第53页。
④ 范文澜：《中国通史简编》，石家庄：河北教育出版社，2000年，第686页。
⑤ 陈伯霖：《满洲族名与清国号的文化阐释》，《黑龙江民族丛刊》1995年第3期。
⑥ 赵士锦：《甲申纪事》，北京：中华书局，1959年，第16页。
⑦ 于敏中等：《国朝宫史正续编》(五)，台北：台湾学生书局，1965年，第2285页。

在近现代以来的学术研究中却较为薄弱，并非显学，还有不少问题有待深入考察。譬如，从五德终始说的漫长实行史中，能够很自然地引申出两个基本问题：一是统治阶级为何要采用该说？或曰该说对于政权维系的真正价值是什么？多数研究者通常是以确立正统或是构建政治合法性释之，但对于构建的具体过程却语焉不详。其实，传统中国政治的正统资源是多元的，但为何统治者如此青睐德运，研究者们并未给出清楚的答案。二是它如何在政治中践行？研究者们通常将该说仅仅视为构建政治合法性的理论工具，但事实上，它还是需要践行的政治制度。《秦会要订补》曰：“邹衍创《终始五德》之说，以为天地剖判以来，五德转移，治各有宜，政教文质，所以云救，当时则用，过则舍之，有易则易之。始皇采用其说，推终始五德之传，改正朔，易服色，成为一王之法。迄乎汉后，凡创业垂统之主，继体守文之君，莫不踵而效之，以改正朔、易服色为先务，此于历代政制，所关极大。”①五德转移，治各有宜，统治者应当顺应天时之变以施政。不过，学界对德运在政治制度中的实施情形，关注尤少，常常仅是现象性的陈述，多是说某朝实行了某德之类话而已，并不去关注它具体的实行状况，不去考察它在政治制度建设中的作用，似乎德运仅停留在争论中或是文本上，是宣传的对象而非运作的制度。

从历代德运史可见，西汉情形尤为复杂，不仅德运多变，而且还出现了新的五德理论，德运广泛渗透到政治中，可以说该时期是考察传统德运问题的理想窗口，本书欲以西汉王朝的德运为研究对象来尝试着回答以上两大问题。是时，水德、土德、火德皆发挥过重要作用。为更好地弄清这三者在汉政中的价值及实行状况，本书将德运析为三种类型，即法定德运、政治合法性建构中的德运和政治制度中的德运，分别在上中下三编中予以考察。

---

① 孙楷著，徐复订补：《秦会要订补》，北京：中华书局，1959 年，第 164 页。

上编

西汉法定德运考

第一章
汉初的法定德运

法定德运是指政府明令颁行的德运。它具有两个基本特征：一是权威性。因为它为政府公布，体现了国家的意志，因此尽管有时在确定德运的过程中会有争论，但一旦某一德运被确立，便具有最高的权威性。二是唯一性。一个王朝，虽然可能会变更法定德运，但在一段时期内，只能存在一个法定德运。惟其有唯一性，才能保证法定德运的权威地位。绝大多数政权仅有一个法定德运，譬如秦、刘宋、后汉的水德，东汉、隋、赵宋的火德，陈、唐、后唐的土德，晋、后梁、后晋的金德，萧齐、北周、北齐的木德，但西汉王朝却较为罕见地先后采用了两个法定德运：武帝太初二年(前103年)之前为水德，武帝太初二年之后为土德。

第一节　高祖定水德

《史记·历书》载："汉兴，高祖曰'北畤待我而起'，亦自以为获水德之瑞。"[1]可知，高祖以立北畤故，认为自己为水德。"畤"，《说文解字》曰："天地五帝所基止祭地也。"段注："所基止祭地谓祭天地五帝者，立基

[1] 司马迁：《史记·历书》，北京：中华书局，1959年，第1260页。

止于此而祭之之地也。畤不见于经，秦人因周制垗五帝于四郊，依附为之。”①又《史记索隐》释“（秦襄公）祠上帝西畤”云：“畤，止也，言神灵之所依止也。亦音市，谓为坛以祭天也。”②可见，畤为祭祀五帝的场所。从《史记·秦本纪》和《封禅书》的记载看，秦襄公作西畤，祠白帝；秦文公作鄜畤，祠白帝；秦宣公作密畤，祭青帝；秦灵公作上畤，祭黄帝，作下畤，祭炎帝；秦献公作畦畤，祀白帝。五公共作六畤，祀白帝三畤，青帝一畤，黄帝一畤，炎帝一畤，独无黑帝之畤。秦始皇行水德，水德尚黑，水与北相配，则似乎秦朝最应作北畤以祀黑帝，但文献中并无记载。直到汉高祖时，才置北畤。《史记·封禅书》载：

> 二年，东击项籍而还入关，问：“故秦时上帝祠何帝也?”对曰：“四帝，有白、青、黄、赤帝之祠。”高祖曰：“吾闻天有五帝，而有四，何也?”莫知其说。于是高祖曰：“吾知之矣，乃待我而具五也。”乃立黑帝祠，命曰北畤。③

故此，刘邦以水德作为自己的法定德运。

汉行水德，还得到北平侯张苍的支持。与汉初将相多布衣不同，张苍于秦时为御史，富有才学，尤通律历。史载“汉家言律历者，本之张苍。苍本好书，无所不观，无所不通，而尤善律历”，又云“自汉兴至孝文二十余年，会天下初定，将相公卿皆军吏。张苍为计相时，绪正律历。”④可见，张苍为汉初律历的制定者，而律历恰是五德终始说的重要内容，在议定汉家德运一事上，他可谓权威。《史记·张丞相列传》曰：“（张苍）以高祖十

---

① 许慎撰，段玉裁注：《说文解字注》，上海：上海古籍出版社，1981 年，第 697 页。
② 司马迁：《史记·秦本纪》，北京：中华书局，1959 年，第 179 页。
③ 司马迁：《史记·封禅书》，北京：中华书局，1959 年，第 1378 页。
④ 司马迁：《史记·张丞相列传》，北京：中华书局，1959 年，第 2681 页。

月始至霸上，因故秦时本以十月为岁首，弗革。推五德之运，以为汉当水德之时，尚黑如故。”①不过，关于汉水德的符应，他与高祖有所不同，认为是“河决金堤”：“是时丞相张苍好律历，以为汉乃水德之始，故河决金堤，其符也。”②

有的研究者认为汉承秦制，汉水德亦是袭自秦，这种说法难以成立。制度是可以继承的，但德运却无法因循，前后两代同用某一德运违背了五行原则。细究高祖立北畤的语气，似乎有种汉而非秦才是真正的水德王者的霸气与自信；而张苍“推五德之运”以定汉水德，可见他是经过一番推演的。立水德，意味着汉越秦承周，换言之，秦的正统地位被取消了。

高祖定水德后，惠帝、吕后时期，未作变更。《史记・历书》曰：“时天下初定，方纲纪大基，高后女主，皆未遑，故袭秦正朔服色。”③

第二节　汉初火德疑案

汉初行水德，载之明确，素无歧异，真正令研究者们感到困惑的是汉初是否实行过火德。杨权发现：“西汉在按水德说立制之前，作为特殊的存在，曾有过一个短暂的尚赤阶段。”“尚赤，意味着汉人认为自己属德为火；军旗用赤，则是按火德立制的表示。”为了区分西汉后期的火德，他称之为“准火德制”④。王葆玹也认为：“汉高祖有一个先从火德、后从水德的过程。”⑤

之所以出现这一疑问，是因为刘邦起事时曾流传着其为赤帝子的传

① 司马迁：《史记・张丞相列传》，北京：中华书局，1959 年，第 2681 页。
② 司马迁：《史记・封禅书》，北京：中华书局，1959 年，第 1381 页。
③ 司马迁：《史记・历书》，北京：中华书局，1959 年，第 1260 页。
④ 杨权：《新五德理论与两汉政治——“尧后火德”说考论》，北京：中华书局，2006 年，第 103、105 页。
⑤ 王葆玹：《今古文经学新论》，北京：中国社会科学出版社，1997 年，第 434 页。

说。赤帝属火，自然汉应为火德。

一、赤帝子故事真伪

该故事最早载于《史记》。《史记·高祖本纪》载：

高祖以亭长为县送徒郦山，徒多道亡。自度比至皆亡之，到丰西泽中，止饮，夜乃解纵所送徒。曰："公等皆去，吾亦从此逝矣！"徒中壮士愿从者十余人。高祖被酒，夜径泽中，令一人行前。行前者还报曰："前有大蛇当径，愿还。"高祖醉，曰："壮士行，何畏！"乃前，拔剑击斩蛇。蛇遂分为两，径开。行数里，醉，因卧。后人来至蛇所，有一老妪夜哭。人问何哭，妪曰："人杀吾子。故哭之。"人曰："妪子何为见杀？"妪曰："吾子，白帝子也，化为蛇，当道，今者赤帝子斩之，故哭。"人乃以妪为不诚，欲告之，妪因忽不见。后人至，高祖觉。后人告高祖，高祖乃心独喜，自负。诸从者日益畏之。……众莫肯为，乃立季为沛公。祠黄帝，祭蚩尤于沛庭，而衅鼓旗，帜皆赤。由所杀蛇白帝子，杀者赤帝子，故上赤。①

又《史记·封禅书》载：

汉兴，高祖之微时，尝杀大蛇。有物曰："蛇，白帝子也，而杀者赤帝子。"高祖初起，祷丰枌榆社。徇沛，为沛公，则祠蚩尤，衅鼓旗。遂以十月至灞上，与诸侯平咸阳，立为汉王。因以十月为年首，而色上赤。②

① 司马迁：《史记·高祖本纪》，北京：中华书局，1959年，第347—350页。
② 司马迁：《史记·封禅书》，北京：中华书局，1959年，第1378页。

《汉书·高帝纪上》《郊祀志上》与之记载大致相同。该故事的情节比较简单，相传刘邦在丰西泽中，醉斩一大蛇。有一老妪哭道，大蛇是其子白帝子，今为赤帝子斩杀。刘邦为斩蛇者，自然他就是赤帝子了。

此故事流传甚广，后世围绕其真伪，形成了两种不同的观点：(1)认为其真实可信，为刘邦受命于天的符应。西汉末年，班彪作《王命论》曰："刘氏承尧之祚，氏族之世，著乎《春秋》。唐据火德，而汉绍之，始起沛泽，则神母夜号，以章赤帝之符。"[①]其子班固《高祖泗水亭碑》曰："皇皇炎汉，兆自沛丰，乾降著符，精感赤龙，承魁流裔，袭唐末风，寸木尺土，无竢斯亭，建号宣基，维以沛公，杨威斩蛇，金精摧伤。"魏陈王曹植《汉高帝赞》曰："屯云斩蛇，灵母告祥。朱旗既抗，九野披攘。禽婴克羽，扫灭英雄。承机帝世，功著武汤。"晋傅玄《汉高祖画赞》曰："赫赫汉祖，受命龙兴，五星协象，神母告徵，讨秦灭项，如日之升，超从侧陋，光据万乘。"[②]晋陆机《汉高祖功臣颂》云："彤云昼聚，素灵夜哭。金精仍颓，朱光以渥。"[③]《资治通鉴》亦载此事："刘季被酒，夜径泽中，有大蛇当径，季拔剑斩蛇。有老妪哭曰：'吾子，白帝子也，化为蛇，当道；今赤帝子杀之！'因忽不见。"[④]《资治通鉴纲目》也征引之。[⑤] 不少文人墨客还以此为题，作赋吟诗，譬如唐白居易《汉高祖斩白蛇赋》曰："提神剑于手中，斩灵蛇于泽畔。……历数既终，闻素灵之夜哭；嗜欲将至，知赤帝之道昌。"[⑥]唐徐寅《斩蛇剑赋》云："得非秦毒之奢，变作长蛇。汉德之俭，化为神剑。奢以俭陷，蛇以剑斩。道在晦而须显，事有增而必减。果闻哭白

① 班固：《汉书·叙传上》，北京：中华书局，1962年，第4208页。

② 班固、曹植、傅玄评语皆引自欧阳修撰，汪绍楹校：《艺文类聚》，上海：上海古籍出版社，1965年，第228页。

③ 萧统编，李善注：《文选》，上海：上海古籍出版社，1986年，第2101页。

④ 司马光：《资治通鉴·秦纪二》，北京：中华书局，1956年，第260页。

⑤ 详见朱熹：《资治通鉴纲目》，朱杰人、严佐之、刘永翔主编：《朱子全书》第八册，上海：上海古籍出版社；合肥：安徽教育出版社，2002年，第134页。

⑥ 董诰等编：《全唐文》，北京：中华书局，1983年，第6677页。

帝之亡，符赤帝之昌。”[①]再如北宋贺铸《彭城三咏之二斩蛇泽歌》、元许恕《斩白蛇剑》、元杨维桢《斩蛇剑赋》、明林鸿《斩蛇剑》、清赵瑗《汉高帝斩蛇碑》，等等。

以上所列，皆认为汉高祖斩蛇，彰示了其天命，虽认定其属实，然并未深究其理。相较而言，东汉王充的分析更为深刻。《论衡·吉验》曰：“凡人禀贵命于天，必有吉验见于地，见于地，故有天命也。验见非一，或以人物，或以祯祥，或以光气。”[②]可见，他是认同天命论的，不过受命之人的符应形态不一。接着又说：“（刘邦）初妊身，有蛟龙之神；既生，酒舍见云气之怪；夜行斩蛇，蛇妪悲哭；始皇、吕后望见光气；项羽谋杀，项伯为蔽，谋遂不成，遭得良、哙。盖富贵之验，气见而物应，人助辅援也。”[③]“高祖母妊之时，蛟龙在上，梦与神遇。好酒贯饮，酒舍负雠。及醉留卧，其上常有神怪。夜行斩蛇，蛇妪悲哭。与吕后俱之田庐，时自隐匿，光气畅见，吕后辄知。始皇望见东南有天子气。及起，五星聚于东井。楚望汉军，云气五色。光武且生，凤皇集于城，嘉禾滋于屋。……禹母吞薏苡，将生，得玄圭。契母咽燕子，汤起，白狼衔钩。后稷母履大人之迹，文王起，得赤雀，武王得鱼、乌。皆不及汉太平之瑞。”[④]这就将高祖斩蛇等异事作为汉兴起的“富贵之验”“太平之瑞”。此外，王充还对老妪、蛇的来源进行了考察。《论衡·纪妖》云：“是高祖初起威胜之祥也。何以明之？以妪忽然不见也。不见，非人，非人则鬼妖矣。夫以妪非人，则知所斩之蛇非蛇也。云白帝子，何故为蛇夜而当道？谓蛇白帝子，高祖赤帝子，白帝子为蛇，赤帝子为人。五帝皆天之神也，子或为蛇，或为人。人与蛇异物，而其为帝同神，非天道也。且蛇为白帝子，则妪为白帝

① 董诰等编：《全唐文》，北京：中华书局，1983 年，第 8758 页。
② 黄晖：《论衡校释》，北京：中华书局，1990 年，第 84 页。
③ 黄晖：《论衡校释》，北京：中华书局，1990 年，第 93—94 页。
④ 黄晖：《论衡校释》，北京：中华书局，1990 年，第 828—830 页。

后乎？帝者之后，前后宜备；帝者之子，官属宜盛。今一蛇死于径，一妪哭于道，云白帝子，非实，明矣。夫非实则象，象则妖也，妖则所见之物皆非物也，非物则气也。高祖所杀之蛇非蛇也，则夫郑厉公将入郑之时，邑中之蛇与邑外之蛇斗者非蛇也，厉公将入郑，妖气象蛇而斗也。郑国斗蛇非蛇，则知夏庭二龙为龙象，为龙象，则知郑子产之时龙战非龙也。天道难知，使非，妖也；使是，亦妖也。”①他认为老妪忽然不见，非人所为，故老妪非人而是鬼妖；既然老妪非人，不是现实之物，则蛇亦非真实之蛇，再者高祖身为赤帝子是人，则同为五帝子的白帝子亦应为人，岂能是蛇？同为天帝子，应为同物，故可知蛇非白帝子；因此，老妪、蛇并非现实之物，而是鬼妖，系气所显现之象；高祖斩蛇实为制服了鬼妖之气，预示着成功，故为“威胜之祥”。

(2)认为此事属于伪造、神化或杜撰。前述《资治通鉴》录高祖斩蛇事，但似与全书体例相违。刘羲仲是《资治通鉴》协修之一刘恕之长子，曾作《通鉴问疑》，提到所疑八事，其中第四事为：

> 宋高祖射蛇于新洲，明日见青衣童子杵药曰：“我王为刘寄奴所伤。然寄奴王者，不可杀。”高祖叱之，皆散。《通鉴》凡此类符谶事皆不书，而秦二世元年书汉高祖射蛇事，高祖斩蛇非符谶乎？《通鉴》何以书？此羲仲所疑四事也。②

他认为《通鉴》既然不载符谶事，则高祖斩蛇事亦不当载。其父虽撰修长编，但“是非予夺之际，一出君实笔削”，即对史料的最终取舍决于司马光。不过，对于同类性质的史料，司马光有的采纳，有的摒弃，显然存在

① 黄晖：《论衡校释》，北京：中华书局，1990年，第924—925页。
② 刘羲仲：《通鉴问疑》，北京：中华书局，1991年，第10页。

着体例不一之弊，故他说：“君实不备知凡例其是非予夺所以然之故。”[1]南宋王应麟《通鉴答问》对《通鉴》与《纲目》载高祖斩蛇事做了更详尽的批评：

> 或曰《通鉴》削去怪神之事，刘季泽中斩蛇，白帝子为赤帝子所杀，非怪欤，《通鉴》曷为载之？《纲目》亦存而弗削，何欤？曰：汉高帝以仁得天下，非以奇怪也。果以奇怪，则罾鱼狐鸣，何以终于覆亡也。柳子曰：休符不于祥，于其仁，吾有取焉。或曰：班固谓：断蛇著符，旗帜上赤，协于火德，则信有符矣。曰：五德之运始于邹衍，古未之前闻也。始皇用其说，为水德，而尚黑焉。在其为白帝子也，不取始皇之尚黑，而取献公之雨金，不几于傅会乎？文帝十三年，公孙臣言汉当土德，明年黄龙见，遂用土德，议改服色。武帝太初元年，色上黄，数用五，则汉用土德矣。果有赤帝子之符，曷为文武之时，群臣不以为言也？文胜质则史，其出于史官之增饰，明矣。光武乃用火德，是时尊图谶，崇赤伏，于是始改西都，未有此说也。盖司马公、朱子失于删削尔。或曰：周得火德，有赤乌之符，其然欤？曰：此今文《泰誓》之伪书也。古文未出，故董仲舒述之，赤帝之事，犹周之赤乌欤。异端并起，以董子之醇儒，犹惑于受命之符，班固奚訾焉？汉四百载之祚，入关三章之约，三老仁义之言也，奚以语怪为？邵公济谓高帝一竹皮冠，起田野，不食秦禄，卒能除其暴，其取之，无一不义，虽汤武有愧也。史但称断蛇著符，缪矣。[2]

他认为高祖斩蛇为怪神之事，《通鉴》不载该类事，却反载此事，于体例不符，而《纲目》又存而未削，进而指出司马光、朱熹的删削不当，他以为该事不过是“史官之增饰”而已，不应记载。他又从高祖成功的原因，即

① 刘羲仲：《通鉴问疑》，北京：中华书局，1991 年，第 9 页。
② 王应麟：《通鉴答问》卷二，钦定四库全书本。

以仁义得天下非以“奇怪”取天下，指出该事的荒谬。清邵泰衢《史记疑问》认为斩蛇不实：“《陈涉世家》曰，失期法当斩。秦法失期尚斩无赦，若曰解纵罪更何如？今乃公然纵去，曾无稽察之令丞，坦然回沛，尚多从游之壮士，且销兵之后，犹然佩剑，秦帝东游，始隐芒砀。白帝赤帝之讹，亦如白鱼火乌之伪而已。”①刘统勋等编《评鉴阐要》认为它可能是史官为了宣扬刘邦帝业而附会的，也可能是为了迷惑众人而伪造的：“斩蛇夜哭、云气上覆，多史臣附会兴王之词，然以此而惑众煽乱者，亦有之矣。”②梁玉绳《史记志疑》引凌稚隆《汉书评林》所引明人敖英言曰：“适然遭蛇而斩之，无足怪者。若神母夜哭，神其事以鼓西行之气耳。田单守墨而天神下降，陈胜首祸而鱼腹献书，类可概见。”③在他看来，偶遇蛇而杀之本很寻常，至于所谓的“神母夜哭”，原不过是以此来鼓舞众人西行罢了。

到了近代，顾颉刚认为赤帝子传说出于后世编造，并非汉初之事。他说：“在新的五德终始系统中，汉之不得不为火，正如在旧的系统中汉之不得不为土一样。……神母夜号的符瑞，自然应当待刘向父子发明了汉为火德的主张之后而才出现，可以无疑了。”④后又认为赤帝子传说产生于东汉初期：

> 因为秦为金德的事情这样蹊跷，它和汉为火德的事情同样的蹊跷，所以我敢说“赤帝子斩白帝子”的传说是后起的。至这说起于何人，我在本文中尚存疑，并未断定刘歆，因为他是主张汉为火德，秦为闰水的，与这一说的一半不合。自此文发表后，我才觉得这一说应

① 邵泰衢：《史记疑问》，卷上，钦定四库全书本。

② 刘统勋等：《评鉴阐要》，故宫博物院编：《故宫珍本丛刊》第341册史部·史评，海口：海南出版社，2000年，第16页。

③ 梁玉绳：《史记志疑》，北京：中华书局，1981年，第215页。

④ 顾颉刚：《五德终始说下的政治和历史》，《古史辨》(五)，上海：上海古籍出版社，1982年，第493页。

是东汉初出现的。赤帝子斩白帝子，即是光武帝灭公孙述的反映。因为公孙述居西方而自号白帝，所以以前居西方而称帝的秦也要主少皞，得金瑞了。因为中兴而受《赤伏符》的光武帝是赤帝子，所以创业而为尧后的汉高祖也应当是赤帝子了。在东汉初年崇信谶纬神道设教的当儿，造出一个斩蛇的故事以作宣传天命的凭借，是很可能的。[①]

吕思勉认为赤帝子之事非《史记》原文，而是后世因附会而增窜至《史记》中的。他说："赤帝子之说，则又因高祖为沛公旗帜皆赤而附会，未必与行序有关。《史记》本纪言旗帜皆赤，由所杀蛇白帝子，杀者赤帝子，疑出后人增窜，非谈、迁原文也。"[②]但他没有说明具体的增窜者。杨权同样认为此事是杜撰的，并不可信：

汉朝统治者并不希望看到这种困惑存在（引者按：指卑微的刘邦居然成为天子），因为这不仅会影响皇帝的形象、妨碍"内圣外王"的追求，而且会损害皇权的威信、导致人们对本朝统治的合法性的怀疑。为了让人相信刘氏君临天下的确系出自天意，统治者有必要对高祖所以'卒践帝祚'做出合理解释。这样，便有了美化高祖的神话故事的出笼。……

这个故事，若非西汉统治者自编，必为当时御用文人所杜撰。对于这个故事，应注意的不是刘邦斩大蛇的"神勇"（再"神勇"也只是一个武夫），而是老妪夜哭的离奇。老妪所说的"赤帝子"不用说就是指高祖，而"白帝子"则是秦帝的化身。子虚乌有的老妪在这里扮神弄

① 顾颉刚：《跋钱穆〈评《五德终始说下的政治和历史》〉》，《古史辨》（五），上海：上海古籍出版社，1982年，第634页。

② 吕思勉：《秦汉史》，上海：上海古籍出版社，1983年，第817页。

鬼，无非是想说明刘邦出身低微只是表象，而实际上他是一个非凡人物。①

他认为编造的目的是美化高祖低下的身份，以此来加强其统治权威。

二、以层次解析法重释赤帝子故事

我们基于科学的眼光，难以相信现实世界中竟会发生如此神异之事，认为此事不可能真实，系出于伪造。然以学术研究的立场，不应当简单地以真伪视之。为何会出现这样的神话故事，它是如何造作的，欲表达何种深意，只有把这些信息查明了，才能弄清赤帝子故事是否与火德有关。为此，笔者拟采用层次解析法来分析其思想要素及创作意图。

若将该故事看作一个文本，它包括由表及里的三个层次：(1)表象层：包括斩蛇故事的内容(即故事的情节)、特点(如故事的神秘离奇性)和效果(如“诸从者日益畏之”)。这是该故事最外在的呈现，也是众人直接观感到的层面。(2)思想层：即斩蛇故事背后的思想观念或存在逻辑关系的几个思想元素，这是该故事被创作时所使用的思想资源。高祖醉斩大蛇，蕴含着赤帝子斩白帝子的观念，这一观念隐寓的核心思想是火克金，即五行相克说。可表示为：汉高斩蛇(a)↔赤帝子杀白帝子(b)↔火克金(c)。从a到c，是故事逐层深入的思想元素；从c到a，则是思想元素的外化。(3)动机层：创作者的主观目的。没有动机自然就没有行动，行动是果，动机是因。该故事或许实有其事，但无疑被人为地进行了加工，这就体现了创作者的旨趣。为了达到其目的，创作者以特定的思想观念对故事进行了重塑，最终呈现出具有神异色彩的故事情节。

目前学界对“汉高斩蛇”所隐含的思想观念的研究，主要有两派观点：

① 杨权：《新五德理论与两汉政治——“尧后火德”说考论》，北京：中华书局，2006年，第71—72页。

一是以顾颉刚为代表，认为它是五德理论的反映。赤帝子斩白帝子，置换为德运便是火德克金德，汉代秦，则秦即为金德。但《史记》明载秦始皇立水德，这该如何解释？顾先生的回答是："五行可作多种方式的排列，正和八卦一样。他们那时玩惯了这种把戏，或是唯意所欲，或是这几种说法原有几个不同的来源，皆未可知。如果我们对于这个问题必要作一解释，可以说：汉灭秦，故为火克金；汉禅新，故为火生土；这乃是用了传国的不同的方式来分别它们的生或胜的。这一说没有经过通盘的筹算，只就几百年内的事情想了一下，作如此的分配而已。"①顾先生一向严谨，但这种解释显得甚为随意。事实上，顾先生的这些推论，起初乃基于他认为刘歆编造新五德终始说是为了王莽代汉这一预设而来，但这一预设，难以成立。钱穆直陈顾先生的症结道：

> 顾先生因疑汉初尚赤是刘歆伪造，遂疑及秦本纪、十二诸侯年表、六国表、封禅书秦祠白帝的话，全是作伪插入。若果如此，《史记》各处秦祠白帝的话，全是刘歆插入，何以造全史五德终始表的定本，又定秦为闰水，这又是自造矛盾。刘歆在《淮阴侯列传》里的伪造太精密，而在《秦本纪》、《十二诸侯年表》、《六国表》、《封禅书》里的伪造，不免又太拙劣罢？正为今文学家先存一个刘歆伪造的主观见解，一见刘歆主张汉应火德，便疑心到汉初尚赤是刘歆的伪造，再推论到秦人初祠白帝也是刘歆伪造了；又见刘歆说五帝有少昊，便疑心到凡说到少昊的书尽是刘歆伪造，便从此推及《左传》、《国语》、《吕览》、《淮南》、《史记》全靠不住了。今文学家本承着乾嘉正统经学而来，他们要讲家法，他们要上复汉经师专门名家的风气，他们因此摆脱不了门户之见，也尚不失为经学家一种本色，至于顾先生治古史，

① 顾颉刚：《中国上古史研究讲义》，北京：中华书局，2009年，第182页。

却不当再走上这条路。[①]

钱先生认为顾氏继承了今文经学的立场，故导致了他一系列的主观之见。后来，顾先生又以刘秀与公孙述之争来解释秦金德，但西汉时期尚赤、推崇赤帝子有许多证据，足见赤帝子传说并非东汉始出。

王葆玹则提出，刘邦之所以认为秦金德乃因其见识短浅所致。他说："刘邦起于微末，文化层次较低，不了解秦朝已自居水德的实情而另作安排，是在情理之中的事。'五行相胜'的一项是'火胜金'，可见刘邦以秦为金德，汉为火德，乃是遵循着'五行相胜'的原则。"[②]刘邦首义集团中，除其担任"泗水亭长"[③]外，亦有一些与秦政权相关之人，比如萧何为"沛主吏掾"[④]、曹参为"沛狱掾"[⑤]，而德运并非秘事，秦以水德立制，刘邦等人岂能不知？

二是如钱穆等人，认为它是五方色帝说的反映。钱穆认为："秦襄公祠白帝，汉高祖称赤帝子，乃据五方色帝的传说，与始终五德说无涉。"[⑥]杨向奎也认为，汉初尚赤出于五方帝或五色帝的观念[⑦]。赤帝、白帝诚然属于五方色帝，但该故事的核心观念是由赤帝子斩白帝子所体现出的相克关系，而事实上，五方色帝间并不存在生克关系，因此该说也难以成立。五方色帝，作为五方最高神祇，最初可能源于商代的五方神。甲骨文已见东西南北四方位，还有"中商"，以中商与四方位并举，说明殷人已有五方

① 钱穆：《评顾颉刚〈五德终始说下的政治和历史〉》，《古史辨》(五)，上海：上海古籍出版社，1982年，第625—626页。

② 王葆玹：《今古文经学新论》，北京：中国社会科学出版社，1997年，第434页。

③ 司马迁：《史记·高祖本纪》，北京：中华书局，1959年，第342页。

④ 司马迁：《史记·萧相国世家》，北京：中华书局，1959年，第2013页。

⑤ 司马迁：《史记·曹相国世家》，北京：中华书局，1959年，第2021页。

⑥ 钱穆：《评顾颉刚〈五德终始说下的政治和历史〉》，《古史辨》(五)，上海：上海古籍出版社，1982年，第629页。

⑦ 杨向奎：《西汉经学与政治》，台湾：独立出版社，2000年，第27—28页。

位的观念。不过，五方并不仅指方位，它还有神性，“一般用于指神灵之乡，是掌管雨水和丰收的风神的住所”①。甲骨文已出现四方神名，如东方曰析，西方曰彝。四方神因与农业相关，故被殷人祭祀，且以最高之“帝(禘)”礼祀之。中商的专神为社。这样社与四方神就是殷代的五方神，它们基于的是方位的不同。② 殷代最高神祇为上帝，他与商王并无血缘关系。到西周时，作为至上神的天成为周王的祖先，周王以天子自居。③ 天为王之祖，王以郊祀祭之。东周初，秦祭白帝少皞，即是此信仰的延续。秦嬴，源出东夷集团，为少皞后裔。④ 东周初年，秦襄公救周有功，被封为诸侯，获赐岐以西之地。《史记·封禅书》曰：“秦襄公既侯，居西垂，自以为主少暭之神，作西畤，祠白帝。”⑤少皞为秦之祖，被西迁的秦人尊为西方上帝，得到祭祀。此外，秦还祭祀青帝(太皞)、炎帝、黄帝，再加上黑帝(颛顼)，这就是西方秦国的五色帝。从秦人兼祀青帝、炎帝、黄帝来看，他们之间显然不存在生克关系。

东方也存在五方色帝，他们的情形要比秦五色帝复杂。(1)尚黄、尚中的五方色帝。1972年，山东临沂银雀山汉墓出土《孙子兵法》残简，其中有《黄帝伐赤帝》佚文，言：“黄帝伐赤帝……东伐[青]帝……西伐白帝……北伐黑帝……已胜四帝，大有天下……”⑥该篇至迟在战国中期以前已写定。⑦ 从简文看，五帝与五色、五方相配，合于五行，但只是讲黄帝胜

① [英]艾兰著，汪涛译：《龟之谜——商代神话、祭祀、艺术和宇宙观研究》，成都：四川人民出版社，1992年，第95页。

② 胡厚宣、胡振宇：《殷商史》，上海：上海人民出版社，2003年，第485—487页。

③ 陈梦家：《殷商卜辞综述》，北京：中华书局，1988年，第582页。

④ 关于秦之祖先所出，学术界主要有“西来说”“东来说”两种意见。王洪军教授根据清华简，肯定了“东来说”。见王洪军：《新史料发现与“秦族东来说”的坐实》，《中国社会科学》2013年第2期。

⑤ 司马迁：《史记·封禅书》，北京：中华书局，1959年，第1358页。

⑥ 银雀山汉墓竹简整理小组：《临沂银雀山汉墓出土〈孙子兵法〉残简释文》，《文物》1974年第12期。

⑦ 宋会群：《论临沂汉简〈黄帝伐赤帝〉的著成年代》，《河南大学学报》(社会科学版)1992年第4期。

四帝，并无生克关系。又《墨子·贵义》曰："帝以甲乙杀青龙于东方，以丙丁杀赤龙于南方，以庚辛杀白龙于西方，以壬癸杀黑龙于北方。"[①]童书业云："所谓青赤白黑四色之龙，疑即青赤白黑四色之帝（古书中常以龙表帝神），而所谓'帝'疑即黄帝，盖即中央黄龙之神。帝杀四龙，似即所谓'黄帝胜四帝'。此四帝与黄帝即五方帝，亦即最早之五帝说，则五帝本为神而非人也。"[②]照童氏所言，《墨子》中已有五方色帝的观念。不过五方色帝间尽管有杀伐，但并非生克关系上的杀伐，只是强调黄帝最强。(2)与四时相配的五方色帝。《管子·幼官》将四时、五方、五色、五气、五神等相配，反映了务时寄政的月令政治观。该篇可能是《吕氏春秋》"十二纪"、《礼记·月令》的雏形[③]，所不同的是它的五方色帝还未拟人化，至后者，方将太皞等人王与五色帝相配，此即后世所熟知的五方色帝，但这个定型的新五方色帝与秦国传统宗教之五色帝性质并不同。

综上可见，赤帝子传说中所反映出的思想观念既非五德终始说，亦非五方色帝说，笔者认为应是兵阴阳学，其目的在于希望刘邦集团在军事上克秦取胜。

战争关系到政权的存亡，故需详加考察。《孙子兵法·计篇》曰："兵者，国之大事，死生之地，存亡之道，不可不察也。"[④]《孙膑兵法·见威王》曰："战胜，则所以在亡国而继绝世也；战不胜，则所以削地而危社稷也。是故兵者不可不察。"[⑤]先秦时期，战争与祭祀同为国家头等大事，即所谓的"国之大事，在祀与戎"[⑥]。兵家对如何作战、怎样取胜，进行了深入研究。《汉书·艺文志》将兵家分为四家：权谋、形势、阴阳和技巧。前

① 吴毓江撰，孙启治点校：《墨子校注》，北京：中华书局，1993年，第689页。
② 童书业：《春秋左传研究》，上海：上海人民出版社，1980年，第2页。
③ 胡家聪：《〈管子·幼官篇〉新考——兼论〈吕氏春秋·十二纪〉的年代》，《社会科学战线》1981年第2期。
④ 杨丙安：《十一家注孙子校理》，北京：中华书局，1999年，第1页。
⑤ 张震泽：《孙膑兵法校理》，北京：中华书局，1984年，第19页。
⑥ 杨伯峻：《春秋左传注》，北京：中华书局，1981年，第861页。

两家主要讲战略和战术，后两家主要讲军事技术。若从特殊性上讲，兵阴阳家最具特色，它是阴阳五行化的军事术数。术数在军事中的应用，春秋之前即已存在，如卜筮、星占、望气、风角、择吉、厌胜、祓禳、诅咒等。有研究者认为："春秋没有近现代意义上的纯粹战争，它们总是被笼罩在宗教和神秘主义的气氛之中而表现为术数斗争，并具有浓厚的仪式意味。"①战国时期，随着阴阳五行说的定型，它成为解释宇宙万物形成、变化的理论工具，深入到了各个领域，这也包括军事。兵阴阳家最终在此时期形成，它"是在阴阳五行框架支配下的多种术数形式在军事方面的运用和延伸"。②

"(兵)阴阳者，顺时而发，推刑德，随斗击，因五胜，假鬼神而为助者也。"③"顺时而发"，指顺应天时而用兵。所谓的"天"，《孙子兵法·计篇》曰："天者，阴阳、寒暑、时制也。"王皙注曰："谓阴阳，总天道、五行、四时、风云、气象也，善消息之，以助军胜。……寒暑，若吴起云疾风、大寒、盛夏、炎热之类；时制，因时利害而制宜也。"曹操注曰："顺时行诛，因阴阳四时之制。"④"推刑德"，是说刑德要合时。《管子·四时》云："阴阳者，天地之大理也。四时者，阴阳之大经也。刑德者，四时之合也。刑德合于时则生福，诡则生祸。"⑤具体来讲，"春夏为德，秋冬为刑。"⑥"德始于春，长于夏；刑始于秋，流于冬。刑德不失，四时如一。刑德离乡，时乃逆行。"⑦此外，还有"日月修德"说。《管子·四时》言："日掌阳，月掌阴……阳为德，阴为刑……是故日食则失德之国恶之，月食则

① 邵鸿：《春秋军事术数考述——以〈左传〉为中心》，《南昌大学学报》(人社版)1999 年第 1 期。

② 邵鸿：《神权垄断的悖论：中国古代国家对术数活动的限制与两难——侧重于兵阴阳学方面》，《天津社会科学》2002 年第 1 期。

③ 班固：《汉书·艺文志》，北京：中华书局，1962 年，第 1760 页。

④ 杨丙安：《十一家注孙子校理》，北京：中华书局，1999 年，第 4、6、4 页。

⑤ 黎翔凤撰，梁运华整理：《管子校注》，北京：中华书局，2004 年，第 838 页。

⑥ 陈鼓应：《黄帝四经今注今译》，北京：商务印书馆，2007 年，第 217 页。

⑦ 黎翔凤撰，梁运华整理：《管子校注》，北京：中华书局，2004 年，第 857 页。

失刑之国恶之……是故圣王日食则修德，月食则修刑。”[①]《汉书·天文志》引《星传》亦云：“日者德也，月者刑也，故曰日食修德，月食修刑。”[②]“随斗击”之“斗”指北斗星，这是说作战时，随北斗星斗柄转动的方向而击。“假鬼神”，指以鬼神助战。

战争最重取胜，故于五行说，惟尚相胜说，所谓的“因五胜”是说事物的属性被置换为五行，再以五行相胜来克敌制胜。《孙膑兵法·地葆》曰：“五壤之胜：青胜黄，黄胜黑，黑胜赤，赤胜白，白胜青。”[③]木克土，木色青，土色黄，故青胜黄；土克水，水色黑，故黄胜黑；水克火，火色赤，故黑胜赤；火克金，金色白，故赤胜白；金克木，故白胜青。这正合《六韬·五音》“金、木、水、火、土，各以其胜攻之”[④]之说。《盖庐》是湖北江陵张家山汉墓出土的汉简，它成书年代约在战国前期。[⑤] 该简共分九章，它以盖庐(即吴王阖闾)、申胥(即伍子胥)问答的形式写成。从内容可见，这是篇兵阴阳家著作，其中能反映出“因五胜”思想的主要是第四、五章。第四章载：“皮(彼)兴之以金，吾击之以火；皮(彼)兴之以火，吾击之以水；皮(彼)兴次水，吾击之以土；皮(彼)兴之以土，吾击之以木；皮(彼)兴之以木，吾击之以金。此用五行胜也。”[⑥]第五章言：“大白金也，秋金强，可以攻木；岁星木[也，春木]强，可以攻土；填星土也，六月土强，可以攻水；相星水也，冬水强，可以攻火；荧惑火也，四月火强，可以攻金。此用五行之道也。”[⑦]足见兵阴阳家善用五行相胜的关系来谋取胜

① 黎翔凤撰，梁运华整理：《管子校注》，北京：中华书局，2004 年，第 855 页。
② 班固：《汉书·天文志》，北京：中华书局，1962 年，第 1291 页。
③ 张震泽：《孙膑兵法校理》，北京：中华书局，1984 年，第 72 页。
④ 徐培根：《太公六韬今注今译》，台湾：商务印书馆，1976 年，第 223 页。
⑤ 曹锦炎：《论张家山汉简〈盖庐〉》，《东南文化》2002 年第 9 期。
⑥ 张家山二四七号汉墓竹简整理小组：《张家山汉墓竹简[二四七号墓]》，北京：文物出版社，2006 年，第 163 页。
⑦ 张家山二四七号汉墓竹简整理小组：《张家山汉墓竹简[二四七号墓]》，北京：文物出版社，2006 年，第 164 页。

利，“制之以五行”[①]，“五度既正，无事不举”[②]。“汉高斩蛇”所反映的正是兵阴阳家“因五胜”的思想。刘邦起事时，曾举行过一个仪式：“祠黄帝，祭蚩尤于沛廷，而衅鼓旗。帜皆赤，由所杀蛇白帝子，杀者赤帝子故也。”[③]这几项活动均属典型的军事行为。当时，黄帝、蚩尤都被奉为战神，有祭祀的传统，尤其是在军事行动前。黄帝或人或神，均战绩显赫：为人时，胜蚩尤、炎帝，定天下；为神时，胜黑赤青白四帝。蚩尤虽为黄帝所杀，但威名未减，甚至黄帝还要依靠他来维持统治。《史记正义》引《龙鱼河图》曰：“蚩尤没后，天下复扰乱，黄帝遂画蚩尤形象以威天下，天下咸谓蚩尤不死，八方万邦皆为弭服。”[④]后世还尊蚩尤为兵主。《史记·封禅书》载，秦始皇东游海上，祠八神，其中第三神为“兵主，祠蚩尤”[⑤]。黄帝、蚩尤可谓是兵家之祖，不仅制造兵器，相传“黄帝作剑”[⑥]，“蚩尤作兵”[⑦]，而且还创制军法，《周礼·春官宗伯第三·肆师》“凡四时之大甸猎，祭表貉，则为位”条郑玄注曰：“于所立表之处，为师祭，祭造军法者，祷气势之增倍也。其神盖蚩尤，或曰黄帝。”[⑧]作为战神，两者素有被祭祀的传统。彼时刘邦祭祀黄帝、蚩尤即为军祭，贾公彦云：“蚩尤与黄帝战，亦是造兵之首。故汉高亦祭黄帝、蚩尤于沛庭也。”[⑨]“衅鼓”亦是军祭。《史记索隐》引兵书《司马法》曰：“血于鼙鼓者，神戎器也。”[⑩]《左传·定公四年》云：“君以军行，祓社衅鼓，祝奉以从，于是乎出竟。”杨伯峻注：“谓有战事，君率领军旅出国，先祭社，并杀牲以血涂鼓，然后大祝

① 张震泽：《孙膑兵法校理》，北京：中华书局，1984年，第193页。
② 黄怀信：《鹖冠子校注》，北京：中华书局，2014年，第338页。
③ 班固：《汉书·高帝纪上》，北京：中华书局，1962年，第10页。
④ 司马迁：《史记·五帝本纪》，北京：中华书局，1959年，第4页。
⑤ 司马迁：《史记·封禅书》，北京：中华书局，1959年，第1367页。
⑥ 张震泽：《孙膑兵法校理》，北京：中华书局，1984年，第79页。
⑦ 袁珂：《山海经校注》，上海：上海古籍出版社，1980年，第430页。
⑧ 郑玄注，贾公彦疏：《周礼注疏》，北京：北京大学出版社，1999年，第506页。
⑨ 郑玄注，贾公彦疏：《周礼注疏》，北京：北京大学出版社，1999年，第506页。
⑩ 司马迁：《史记·高祖本纪》，北京：中华书局，1959年，第351页。

奉社主从军，此时始出国境。”[1]“帜皆赤”显然也是军事行为。军旗除具有发号施令、指挥调遣等基本用途外，在兵阴阳家处，还有特殊功用，尤其是军旗的颜色。刘邦，原楚地人，楚居南方属赤帝，秦居西方属白帝，赤属火，白属金，赤帝子斩白帝子，合火克金，寓意楚军克秦军，这正是兵阴阳家“因五胜”的体现。此后，赤旗成为汉军的标志。《史记·淮阴侯列传》载：“（韩）信所出奇兵二千骑，共侯赵空壁逐利，则驰入赵壁，皆拔赵旗，立汉赤帜二千。”[2]《史记·秦始皇本纪》载，秦以水德之故，“衣服旄旌节旗皆上黑”。[3] 若依五德终始说，刘邦集团应用胜秦黑旗的黄旗，而不是为黑旗所胜的赤旗。这从反面又印证了“汉高斩蛇”最初创作时不是依照五德终始说，而是兵阴阳学。兵阴阳学关心的是战事的取胜问题。刘邦举事时，群雄并起，前途不明，萧何、曹参等怕起义不成，反遭族诛，故推举“不事家人生产作业”[4]的刘邦，可见举事者最忧惧担心的问题就是军事行动能否成功，因此在举事的军礼上，假借“赤帝子斩白帝子”的故事，确定赤旗，预示楚必能克秦。而刘邦的定德运，是在高祖二年入关后，其所立的水德与赤帝子无关，汉初亦未实行过火德。

---

① 杨伯峻：《春秋左传注》，北京：中华书局，1981 年，第 1535 页。
② 司马迁：《史记·淮阴侯列传》，北京：中华书局，1959 年，第 2616 页。
③ 司马迁：《史记·秦始皇本纪》，北京：中华书局，1959 年，第 237 页。
④ 司马迁：《史记·高祖本纪》，北京：中华书局，1959 年，第 342 页。

第二章
文帝时期的土德之议

第一节 贾谊、公孙臣倡土德

贾谊，洛阳人，少时以能诵诗书及善作文闻名于郡中，后受廷尉吴公的举荐，被文帝任命为博士，备受赏识。贾谊上书文帝，言当改德运。《史记·屈原贾生列传》载：

> 贾生以为汉兴至孝文二十余年，天下和洽，而固当改正朔，易服色，法制度，定官名，兴礼乐，乃悉草具其事仪法，色尚黄，数用五，为官名，悉更秦之法。孝文帝初即位，谦让未遑也。诸律令所更定，及列侯悉就国，其说皆自贾生发之。于是天子议以为贾生任公卿之位。绛、灌、东阳侯、冯敬之属尽害之，乃短贾生曰："洛阳之人，年少初学，专欲擅权，纷乱诸事。"于是天子后亦疏之，不用其议，乃以贾生为长沙王太傅。①

从贾谊所说的"色尚黄，数用五"可知，他认为汉应行土德。其理由也

① 司马迁：《史记·屈原贾生列传》，北京：中华书局，1959年，第2492页。

易推知：汉承秦立，秦为水德，依五行相胜原则，土克水，故汉当为土德。但贾谊的提议，遭到周勃、灌婴等开国元勋们的强烈反对，故其议未被采纳，而其本人也被远徙至长沙国。

文帝十四年(公元前166年)，鲁人公孙臣重倡汉土德说。《史记·封禅书》载：

> 鲁人公孙臣上书曰："始秦得水德，今汉受之，推终始传，则汉当土德，土德之应黄龙见。宜改正朔，易服色，色上黄。"是时丞相张苍好律历，以为汉乃水德之始，故河决金堤，其符也。年始冬十月，色外黑内赤，与德相应。如公孙臣言，非也。罢之。后三岁，黄龙见成纪。文帝乃召公孙臣，拜为博士，与诸生草改历服色事。①

《史记·历书》曰：

> 至孝文时，鲁人公孙臣以终始五德上书，言"汉得土德，宜更元，改正朔，易服色。当有瑞，瑞黄龙见"。事下丞相张苍，张苍亦学律历，以为非是，罢之。其后黄龙见成纪，张苍自黜，所欲论著不成。②

公孙臣主张汉为土德的理由，同于贾谊。但当时的丞相恰是肇定汉水德的张苍，他不同意改德运。后因有黄龙出现，契合土德的符应，故文帝拜公孙臣为博士，令其与诸生草拟改德事。这样，汉改行土德似乎指日可待，不过，后又因新垣平事件，文帝再次废弃改德事。《史记·封禅书》记：

---

① 司马迁：《史记·封禅书》，北京：中华书局，1959年，第1381页。
② 司马迁：《史记·历书》，北京：中华书局，1959年，第1260页。

其明年，赵人新垣平以望气见上，言“长安东北有神气，成五采，若人冠絻焉。或曰东北神明之舍，西方神明之墓也。天瑞下，宜立祠上帝，以合符应”。于是作渭阳五帝庙，同宇，帝一殿，面各五门，各如其帝色。祠所用及仪亦如雍五畤。

夏四月，文帝亲拜霸渭之会，以郊见渭阳五帝。五帝庙南临渭，北穿蒲池沟水，权火举而祠，若光煇然属天焉。于是贵平上大夫，赐累千金。而使博士诸生刺《六经》中作《王制》，谋议巡狩封禅事。

文帝出长门，若见五人于道北，遂因其直北立五帝坛，祠以五牢具。

其明年，新垣平使人持玉杯，上书阙下献之。平言上曰：“阙下有宝玉气来者。”已视之，果有献玉杯者，刻曰“人主延寿”。平又言“臣候日再中”。居顷之，日却复中。于是始更以十七年为元年，令天下大酺。

平言曰：“周鼎亡在泗水中，今河溢通泗，臣望东北汾阴直有金宝气，意周鼎其出乎？兆见不迎则不至。”于是上使使治庙汾阴南，临河，欲祠出周鼎。

人有上书告新垣平所言气神事皆诈也。下平吏治，诛夷新垣平。自是之后，文帝怠于改正朔服色神明之事，而渭阳、长门五帝使祠官领，以时致礼，不往焉。①

新垣平“以望气”见于文帝，可见其为术士。起初，文帝对其颇为信任，拜官赐金，还命其与博士诸生作《王制》，商讨巡狩、封禅等事。但后来，新垣平的神事因欺诈被揭发，文帝诛之，不再议定改制之事。

文帝朝的这两次土德之议，虽皆以失败告终，然这两位倡导者的背

① 司马迁：《史记·封禅书》，北京：中华书局，1959年，第1382—1383页。

景、目的还是有着较大差异。公孙臣虽为鲁人，但所学可能是齐人阴阳五行之术，其上言改德事，同新垣平一样，主要为了禄利。而贾谊作为西汉最有见识的政论家之一，其倡改德，有更深层的政治目的，这需从高祖以来欲建立汉家制度的大背景来考察。改德运，不过是建立汉家制度的一环。

第二节　从承秦制到建汉制的尝试

汉承秦制，乃学史者的一般常识，尽管有的研究者从一些局部细节提出了质疑[①]，然无损这一基本判断。但汉承秦制，并非俱承秦制，后一政权因循前一政权的制度，本很寻常，在中国历史上似乎没有哪两个前后政权毫无瓜葛，何况以高祖君臣的学识也绝无能力新建一个政治范式。

汉初承秦制，可分为两个层面：一是政治制度上的因袭，譬如官制、地方行政制度、宫廷礼仪制度等；一是政治理念上的延续，如重法。虽然承用秦制可以更快捷地进行管理，有利于新政权的稳固，但秦制的弊病亦在延续。因此，对于西汉君臣来说，如何克服秦制的局限，建立一个能够长久维系统治的新制度，抑或建立汉家自己的制度，便是一个不得不面对的课题。

一、陆贾

陆贾是汉初较早关注到应反思秦制缺失的智者。《史记·郦生陆贾列传》载：

陆生时时前说称《诗》《书》。高帝骂之曰："乃公居马上而得之，

① 参见朱永康：《"汉承秦制说"质疑》，《上海师范大学学报》1987年第2期；胡一华：《"汉承秦制"质疑》，《丽水师专学报》(社会科学版)1992年第3期。

> 安事《诗》《书》!”陆生曰:“居马上得之,宁可以马上治之乎?且汤武逆取而以顺守之,文武并用,长久之术也。昔者吴王夫差、智伯极武而亡;秦任刑法不变,卒灭赵氏。乡使秦已并天下,行仁义,法先圣,陛下安得而有之?”高帝不怿而有惭色,乃谓陆生曰:“试为我著秦所以失天下,吾所以得之者何,及古成败之国。”陆生乃粗述存亡之征,凡著十二篇。每奏一篇,高帝未尝不称善,左右呼万岁,号其书曰“新语”。①

是时,高祖初定天下,然其鄙夷文学之士的态度仍旧②。陆贾被高祖辱骂后,竟反唇相讥:倘若秦政无亏,天下岂能为陛下得之?陆贾的此番议论虽简约平实,但意蕴丰富,他着重指出政权的取守异术:欲取得政权,需用武力,即所谓“逆取”,而要守住政权,则应用文教,此所谓“顺守”,文治武功并用,方为长治久安之法。秦仅传二世,实因其逆取逆守。关于秦亡的原因,在其所著的《新语》中,陆贾概括为五个方面:(1)举措繁芜。《无为》曰:“秦始皇设刑罚,为车裂之诛,以敛奸邪,筑长城于戎境,以备胡、越,征大吞小,威震天下,将帅横行,以服外国,蒙恬讨乱于外,李斯治法于内,事逾烦天下逾乱,法逾滋而天下逾炽,兵马益设而敌人逾多。秦非不欲治也,然失之者,乃举措太众、刑罚太极故也。”③(2)骄奢无度。《无为》曰:“秦始皇骄奢靡丽,好作高台榭,广宫室,则天下豪富制屋宅者,莫不仿之,设房闼,备厩库,缮雕琢刻画之好,博玄黄琦玮之色,以乱制度。”④(3)崇尚刑罚、武力,不行仁义、道德。《道基》曰:

① 司马迁:《史记·郦生陆贾列传》,北京:中华书局,1959年,第2699页。

② 在战争时期,高祖对文学之士的态度一向不恭敬。《史记·郦生陆贾列传》载,郦生初欲拜见刘邦,其里骑士对他说:“沛公不好儒,诸客冠儒冠来者,沛公辄解其冠,溲溺其中。与人言,常大骂。未可以儒生说也。”而叔孙通为使刘邦满意,竟弃儒服而衣楚服。《史记·刘敬叔孙通列传》载:“叔孙通儒服,汉王憎之;乃变其服,服短衣,楚制,汉王喜。”

③ 王利器:《新语校注》,北京:中华书局,1986年,第62页。

④ 王利器:《新语校注》,北京:中华书局,1986年,第67页。

“夫谋事不并仁义者后必败，殖不固本而立高基者后必崩。故圣人防乱以经艺，工正曲以准绳。德盛者威广，力盛者骄众。齐桓公尚德以霸，秦二世尚刑而亡。”[①]《本行》曰：“统四海之权，主九州之众，岂弱于武力哉？然功不能自存，而威不能自守，非贫弱也，乃道德不存乎身，仁义不加于下也。”[②](4)弃人伦五常。《术事》曰：“立事者不离道德，调弦者不失宫商，天道调四时，人道治五常，周公与尧、舜合符瑞，二世与桀、纣同祸殃。”(5)政用奸诈之人。《辅政》曰：“圣人居高处上，则以仁义为巢，乘危履倾，则以圣贤为杖，故高而不坠，危而不仆。……秦以刑罚为巢，故有覆巢破卵之患；以李斯、赵高为杖，故有顿仆跌伤之祸，何者？所任者非也。故杖圣者帝，杖贤者王，杖仁者霸，杖义者强，杖谗者灭，杖贼者亡。”[③]

针对以上秦政之失，陆贾提出了三条应对之道：(1)行无为之治，尚谨敬宽厚。《无为》曰：“道莫大于无为，行莫大于谨敬。”[④]“君子尚宽舒以褒其身，行身中和以致疏远。”[⑤](2)以仁义道德为本。《道基》曰：“圣人怀仁仗义，分明纤微，忖度天地，危而不倾，佚而不乱者，仁义之所治也。”[⑥]“仁者道之纪，义者圣之学。学之者明，失之者昏，背之者亡。……《谷梁传》曰：‘仁者以治亲，义者以利尊。万世不乱，仁义之所治也。’”[⑦]《怀虑》曰：“欲理之君，闭利门，积德之家，必无灾殃，利绝而道著，武让而德兴，斯乃持久之道，常行之法也。”[⑧]又《本行》曰：“治以道德为上，行以仁义为本。”[⑨](3)施行教化。《无为》曰：“夫法令所以诛暴也，故曾、

---

① 王利器：《新语校注》，北京：中华书局，1986年，第29页。
② 王利器：《新语校注》，北京：中华书局，1986年，第146页。
③ 王利器：《新语校注》，北京：中华书局，1986年，第50—51页。
④ 王利器：《新语校注》，北京：中华书局，1986年，第59页。
⑤ 王利器：《新语校注》，北京：中华书局，1986年，第64页。
⑥ 王利器：《新语校注》，北京：中华书局，1986年，第25页。
⑦ 王利器：《新语校注》，北京：中华书局，1986年，第34页。
⑧ 王利器：《新语校注》，北京：中华书局，1986年，第139页。
⑨ 王利器：《新语校注》，北京：中华书局，1986年，第142页。

闵之孝，夷、齐之廉，此宁畏法教而为之者哉？故尧、舜之民，可比屋而封，桀、纣之民，可比屋而诛，何者？化使其然也。故近河之地湿，而近山之木长者，以类相及也。”[①]“上之化下，犹风之靡草也。王者尚武于朝，则农夫缮甲兵于田。故君子之御下也，民奢应之以俭，骄淫者统之以理；未有上仁而下贼，让行而争路者也。故孔子曰：‘移风易俗。’”[②]

陆贾以上的建议，颇得高祖欢心，高祖亦对自己尚武轻文的习好做了反省。其《手敕太子文》自陈：“吾遭乱世，当秦禁学，自喜，谓读书无益。洎践祚以来，时方省书，乃使人知作者之意，追思昔所行，多不是。”可见，他意识到了读书的益处，还承认自己之前行为多有疏失。故他告诫惠帝要勤学好书：“今视汝书，犹不如吾。汝可勤学习。”[③]班固评价惠帝曰：“孝惠内修亲亲，外礼宰相，优宠齐悼、赵隐，恩敬笃矣。闻叔孙通之谏则惧然，纳曹相国之对而心说，可谓宽仁之主。”[④]足见，高祖对惠帝的教育还是成功的。

不过，陆贾并未主张全面更化秦制，仅是希望纠正秦制的某些弊端。这一方面是基于当时恶劣的社会、政治环境。汉室承乱而建，百业俱废，亟需复兴。《史记·平准书》载：“汉兴，接秦之弊，丈夫从军旅，老弱转粮饷，作业剧而财匮，自天子不能具钧驷，而将相或乘牛车，齐民无藏盖。……不轨逐利之民，蓄积余业以稽市物，物踊腾粜，米至石万钱，马一匹则百金。”[⑤]经济如此凋敝，对政府来说，迫切的任务是要休养生息。同时，高祖又转入到铲除异姓诸侯王的军事行动中，实无暇顾及建汉制之事。汉初，首要的政治目标是恢复元气，固本培元之后方可论及其他，承用秦制实为当时运行成本最低的选择。另一方面是因陆贾的政治理念所

① 王利器：《新语校注》，北京：中华书局，1986 年，第 65 页。
② 王利器：《新语校注》，北京：中华书局，1986 年，第 67 页。
③ 刘邦：《手敕太子》，《古文苑》卷十，龙谿精舍丛书。
④ 班固：《汉书·惠帝纪》，北京：中华书局，1962 年，第 92 页。
⑤ 司马迁：《史记·平准书》，北京：中华书局，1959 年，第 1417 页。

致。他虽提倡道德仁义等儒家的政治理念，但更主张黄老无为而治，不希望制度上有根本的变动。

二、贾谊

与陆贾相比，贾谊已不限于对秦制的小修小补，而是抱有强烈的弃秦制以建汉制的政治理想。他对于建制重要性的认识极为清醒："立经陈纪，轻重同得，后可以为万世法程，虽有愚幼不肖之嗣，犹得蒙业而安，至明也。"[①]"岂如今定经制，令君君臣臣，上下有差，父子六亲各得其宜，奸人亡所几幸，而群臣众信，上不疑惑！此业壹定，世世常安，而后有所持循矣。若夫经制不定，是犹度江河亡维楫，中流而遇风波，船必覆矣。"[②]他之所以有如此明确的建制思想，乃因其对当时事势的深刻洞察。在《治安策》中，贾谊提到当时的事势，"可为痛哭者一，可为流涕者二，可为长太息者六，若其他背理而伤道者，难徧以疏举"。[③] 这些问题有的由来已久，有的潜藏未发。

(1)"可为痛哭者一"，指诸侯王的势力过大。高祖曾分封了七个异姓诸侯王，后逐个翦除，唯剩势力最弱的长沙王吴芮。同时，他又分封了九个同姓诸侯王。当时，汉中央仅领 15 郡，而诸侯王则占有 38 郡，据有大汉一半以上的疆域。[④] 不过，同姓王多年幼，故王国由中央所置的傅、相掌权，未对中央造成威胁。但文帝即位时，诸侯王多已成年，割据一方，尤其是势力雄厚的齐、楚、吴，已对中央形成严重的威胁。故贾谊感叹道："悲夫！本细末大，弛必至心。时乎，时乎！可痛惜者此也。"[⑤]其实，文帝初期就发生了济北王刘兴居和淮南王刘长的叛乱。

---

① 班固：《汉书·贾谊传》，北京：中华书局，1962 年，第 2231 页。
② 班固：《汉书·贾谊传》，北京：中华书局，1962 年，第 2247 页。
③ 班固：《汉书·贾谊传》，北京：中华书局，1962 年，第 2230 页。
④ 周振鹤：《中国地方行政制度史》，上海：上海人民出版社，2005 年，第 44 页。
⑤ 阎振益、钟夏：《新书校注》，北京：中华书局，2000 年，第 43 页。

(2)“可为流涕者二”，指匈奴之患。汉初，匈奴冒顿单于在位，国力强盛。《史记·匈奴列传》载：“(匈奴)西击走月氏，南并楼烦、白羊河南王。悉复收秦所使蒙恬所夺匈奴地者，与汉关故河南塞，至朝那、肤施，遂侵燕、代。……控弦之士三十余万。”①后匈奴大侵，高祖领兵击之，然不幸被围于白登达七日之久，几乎覆亡。得脱后，高祖采纳刘敬建议，与匈奴缔结和亲之约。不过，边患始终未除，匈奴还会不时袭扰，杀略百姓，掠夺财物。吕后时，因冒顿妄言，汉欲击之，然终因势力不足作罢，复与之和亲。文帝时，亦行和亲。

(3)“为长太息者六”：《汉书·贾谊传》录有三项，《新书》载有二项。其一，汉天子与诸侯王相等无差，无尊卑之制。《等齐》载：

> 诸侯王所在之宫卫，织履蹲夷，以皇帝所在宫法论之；郎中、谒者受谒取告，以官皇帝之法予之；事诸侯王或不廉洁平端，以事皇帝之法罪之。……天子之相，号为丞相，黄金之印；诸侯之相，号为丞相，黄金之印，而尊无异等，秩加二千石之上。天子列卿秩二千石，诸侯列卿秩二千石，则臣已同矣。……天子卫御，号为大仆，银印，秩二千石；诸侯之御，号曰大仆，银印，秩二千石，则御已齐矣。御既已齐，则车饰恶得不齐？天子亲，号云太后；诸侯亲，号云太后。天子妃，号曰后；诸侯妃，号曰后。然则，诸侯何损而天子何加焉？妻既已同，则夫何以异？天子宫门曰司马，阑入者为城旦；诸侯宫门曰司马，阑入者为城旦。殿门俱为殿门，阑入之罪亦俱弃市。宫墙门卫同名，其严一等，罪已钧矣。天子之言曰令，令甲令乙是也；诸侯之言曰令，□仪之言是也。天子卑号皆称陛下，诸侯卑号皆称陛下。天子车曰乘舆，诸侯车曰乘舆，乘舆等也。衣被次齐贡死经纬也，苟

---

① 司马迁：《史记·匈奴列传》，北京：中华书局，1959年，第2890页。

工巧而志欲之，唯冒上轶主次也。然则，所谓主者安居，臣者安在？[①]

可见，当时诸侯王在礼仪、服饰、称谓、官制、法律、号令等诸多方面与汉天子无异。因此，贾谊说："若此诸王，虽名为臣，实皆有布衣昆弟之心，虑亡不帝制而天子自为者。擅爵人，赦死罪，甚者或戴黄屋，汉法令非行也。"[②]

其二，民俗尊卑失序。譬如他说：

今民卖僮者，为之绣衣丝履偏诸缘，内之闲中，是古天子后服，所以庙而不宴者也，而庶人得以衣婢妾。白縠之表，薄纨之里，緁以偏诸，美者黼绣，是古天子之服，今富人大贾嘉会召客者以被墙。古者以奉一帝一后而节适，今庶人屋壁得为帝服，倡优下贱得为后饰，然而天下不屈者，殆未有也。且帝之身自衣皁绨，而富民墙屋被文绣；天子之后以缘其领，庶人孽妾缘其履：此臣所谓舛也。……夫俗至大不敬也，至亡等也，至冒上也，进计者犹曰"毋为"，可为长太息者此也。[③]

奴婢可以穿古代皇后的服饰，一般人的屋壁挂上了古代帝王的衣裳。文帝崇尚简朴，而民间富民却生活奢侈，民俗已没有了尊卑等级的区分。

其三，民俗竞侈靡。《时变》曰："今俗侈靡，以出伦踰等相骄，以富过其事相竞。今世贵空爵而贱良，俗靡而尊奸；富民不为奸而贫为里侮也，廉吏释官而归为邑笑；居官敢行奸而富为贤吏，家处者犯法为利为材

① 阎振益、钟夏：《新书校注》，北京：中华书局，2000 年，第 46—47 页。
② 班固：《汉书·贾谊传》，北京：中华书局，1962 年，第 2234 页。
③ 班固：《汉书·贾谊传》，北京：中华书局，1962 年，第 2242—2243 页。

士。故兄劝其弟，父劝其子，则俗之邪至于此矣。”[①]又举例：

> 今世以侈靡相竞，而上亡制度，弃礼谊，捐廉耻，日甚，可谓月异而岁不同矣。逐利不耳，虑非顾行也，今其甚者杀父兄矣。盗者剟寝户之簾，搴两庙之器，白昼大都之中剽吏而夺之金。矫伪者出几十万石粟，赋六百余万钱，乘传而行郡国，此其亡行义之尤至者也。而大臣特以簿书不报，期会之间，以为大故。至于俗流失，世坏败，因恬而不知怪，虑不动于耳目，以为是适然耳。夫移风易俗，使天下回心而乡道，类非俗吏之所能为也。俗吏之所务，在于刀笔筐箧，而不知大体。陛下又不自忧，窃为陛下惜之。[②]

可见，民俗喜好奢侈淫靡，甚至因之失去了基本的礼义廉耻。

其四，铜布之患。《汉书·食货志下》曰：“孝文五年，为钱益多而轻，乃更铸四铢钱，其文为‘半两’。除盗铸钱令，使民放铸。贾谊谏。”[③]贾谊谏言即《新书》中的《铜布》和《铸钱》两篇。在《铜布》中，他论述了铜散布民间、放恣民间私铸铜钱的三大祸事及“铜不布下”的七大福事。[④] 在《铸钱》中，他同样谈到了允许民间铸钱的各种危害，故建议禁止私铸钱。[⑤]

其五，待臣下无礼义。贾谊认为当以“廉耻礼义以遇其臣”[⑥]，不应随意羞辱之。文帝采纳了其建议，“养臣下有节。是后大臣有罪，皆自杀，不受刑。”[⑦]

以上贾谊所担心者，包含内忧和外患两类。这些问题，有的是承秦制

---

① 阎振益、钟夏：《新书校注》，北京：中华书局，2000 年，第 97 页。
② 班固：《汉书·贾谊传》，北京：中华书局，1962 年，第 2244—2245 页。
③ 班固：《汉书·食货志下》，北京：中华书局，1962 年，第 1153 页。
④ 阎振益、钟夏：《新书校注》，北京：中华书局，2000 年，第 110—111 页。
⑤ 阎振益、钟夏：《新书校注》，北京：中华书局，2000 年，第 166—168 页。
⑥ 班固：《汉书·贾谊传》，北京：中华书局，1962 年，第 2257 页。
⑦ 班固：《汉书·贾谊传》，北京：中华书局，1962 年，第 2260 页。

而来未及纠正的弊病，比如民俗的不慕礼义道德、贪图奢华、重利轻义，有的是汉代自身的问题，比如不知规制诸侯王、放铸铜钱等。在贾谊看来，它们已经严重威胁到了汉中央的统治，针对有的大臣认为天下已安，应当“毋为”①，他直斥道：“进言者皆曰天下已安已治矣，臣独以为未也。曰安且治者，非愚则谀，皆非事实知治乱之体者也。夫抱火厝之积薪之下而寝其上，火未及燃，因谓之安，方今之势，何以异此！本末舛逆，首尾衡决，国制抢攘，非甚有纪，胡可谓治！”②

陆贾在汉初严峻的社会、政治环境下，主张在不改变秦制的基础上纠正其弊，还是可行的。不过，在无为的指导思想下，秦制的弊端无法得以根本纠正，只会继续存在乃至扩大。加之，汉代自身施政的偏差，就使得当时的统治貌似安定，实则潜藏着巨大的危机。这便是贾谊深感忧虑的社会现实。关于这些问题的解决之法，贾谊认为应当建立适合汉家自身的制度，譬如对于民俗的好奢靡，他说：“世以俗侈相耀，人慕其所不如，悚迫于俗，愿其所未至，以相竞高，而上非有制度也。”③正是因为没有制度，民众才放弃礼义廉耻转而竞相侈靡，若“谨守伦纪，则乱无由生”④。至于诸侯王尾大不掉的问题，他认为还是需要建制：“割地定制，令齐、赵、楚各为若干国，使悼惠王、幽王、元王之子孙毕以次各受祖之分地，地尽而止，及燕、梁它国皆然。……地制壹定，宗室子孙莫虑不王，下无倍畔之心，上无诛伐之志，故天下咸知陛下之仁。”⑤“陛下即不定制，如今之势，不过一传再传。”⑥显然，贾谊主张以制度作为处理及防范各种问题的根本策略。班固认为贾谊上《治安策》的背景是“天下初定，制度疏阔”⑦，

① 班固：《汉书·贾谊传》，北京：中华书局，1962年，第2243页。
② 班固：《汉书·贾谊传》，北京：中华书局，1962年，第2230页。
③ 阎振益、钟夏：《新书校注》，北京：中华书局，2000年，第103页。
④ 阎振益、钟夏：《新书校注》，北京：中华书局，2000年，第54页。
⑤ 班固：《汉书·贾谊传》，北京：中华书局，1962年，第2237页。
⑥ 班固：《汉书·贾谊传》，北京：中华书局，1962年，第2260页。
⑦ 班固：《汉书·贾谊传》，北京：中华书局，1962年，第2230页。

诚是也。

而贾谊倡议汉改行土德，亦是基于弃秦制而建汉制这一背景。汉虽自以为是真正的水德王者，但其制因秦，欲建汉制，就不得不摒弃秦的这一套水德制度，“悉更秦之法”①。

第三节 从建汉制失败看改德的破产

关于文帝未改德的原因，司马迁云：“汉兴，至孝文四十有余载，德至盛也。廪廪乡改正服封禅矣，谦让未成于今。”②意为文帝性格谦虚退让，故不愿有大的变更。诚然，统治者的性格会影响到政治走向，但文帝未改德的原因并非如此简单。

上文从汉初以来建汉制的大背景来讨论文帝改土德的缘由，此处仍从文帝建汉制失败这一大背景来认识改土德的失败。我们认为文帝无力改变三方权力(指汉天子的皇权、以丞相为代表的军功阶层控制的政权和诸侯王国的王权)并立的格局致使其一方面无法建立起皇帝专制、中央集权的政治制度，另一方面只能继续维持无为的施政思想，这是其未能建汉制的根本原因。

早在刘邦时期，皇权即受到很大的限制，并非绝对权威，其主要受诸侯王和军功阶层两股力量的制约。当初，刘邦本为项羽所封众诸侯王之一，虽先入关降秦，然其地位并未特别突出。楚汉之争时，其他的诸侯王或地方势力派之所以随同刘邦共灭项羽，无非是为了获取更大的权益而已。譬如汉五年(前202)，刘邦与韩信、彭越约期会击项羽，但韩、彭二人并未赴约，致使刘邦大败。张良献计说：“楚兵且破，未有分地，其不至固宜。君王能与共天下，可立致也。齐王信之立，非君王意，信亦不自

① 司马迁：《史记·屈原贾生列传》，北京：中华书局，1959年，第2492页。
② 司马迁：《史记·孝文本纪》，北京：中华书局，1959年，第437页。

坚。彭越本定梁地，始君王以魏豹故，拜越为相国。今豹死，越亦望王，而君王不早定。今能取睢阳以北至谷城皆以王彭越，从陈以东傅海与齐王信，信家在楚，其意欲复得故邑。能出捐此地以许两人，使各自为战，则楚易败也。"[①]刘邦从其计，派使者晓谕两人，两人在各自利益得到满足后，方才出兵。对于这些诸侯王或地方势力派，刘邦无力铲除，汉初所封的七个异姓诸侯王，不过是承认他们割据一方的事实罢了。后刘邦鉴于秦不行分封而孤立败亡的教训，又大封同姓诸侯王。汉初诸侯王权势极大，《后汉书·百官五》曰："汉初立诸王，因项羽所立诸王之制，地既广大，且至千里。又其官职傅为太傅，相为丞相，又有御史大夫及诸卿，皆秩二千石，百官皆如朝廷。国家唯为置丞相，其御史大夫以下皆自置之。"[②]又前引贾谊《新书·等齐》，可知诸侯王在礼仪制度上与皇帝无异，班固亦云："(诸侯王)宫室百官同制京师。"[③]刘邦本欲"广强庶孽，以镇抚四海，用承卫天子"[④]，岂料，这些诸侯国后来发展成为势力雄厚、足以威慑中央的地方势力。

文帝即位初，贾谊已意识到诸侯国对汉中央的严重威胁，他提出了两种解决途径：一是根本之计，即所谓的"众建诸侯而少其力"：

欲天下之治安，莫若众建诸侯而少其力。力少则易使以义，国小则亡邪心。令海内之势如身之使臂，臂之使指，莫不制从，诸侯之君不敢有异心，辐凑并进而归命天子，虽在细民，且知其安，故天下咸知陛下之明。割地定制，令齐、赵、楚各为若干国，使悼惠王、幽王、元王之子孙毕以次各受祖之分地，地尽而止，及燕、梁它国皆

① 班固：《汉书·高帝纪下》，北京：中华书局，1962年，第49页。
② 司马彪：《后汉书志·百官五》：北京：中华书局，1965年，第3627页。
③ 班固：《汉书·诸侯王表》，北京：中华书局，1962年，第394页。
④ 司马迁：《史记·汉兴以来诸侯王年表》，北京：中华书局，1959年，第802页。

然。其分地众而子孙少者，建以为国，空而置之，须其子孙生者，举使君之。诸侯之地其削颇入汉者，为徙其侯国及封其子孙也，所以数偿之；一寸之地，一人之众，天子亡所利焉，诚以定治而已，故天下咸知陛下之廉。①

这是通过制定地制来削弱诸侯国，以达到强本弱枝的效果。二是建议“益壤”，即增益文帝诸子的封地，但仅为权宜之计。他说：“臣之愚计，愿陛下举淮南之地以益淮阳，梁即有后，割淮阳北边二三列城与东郡以益梁，即无后患。代可徙而都睢阳，梁起新郑以北，著之河，淮阳包陈以南，揵之江。则大诸侯之有异心者，破胆而不敢谋。今所恃者，代、淮阳二国耳，皇太子亦恃之。如臣计，梁足以捍齐、赵，淮阳足以禁吴、楚，则陛下高枕而卧，终无山东之忧矣。臣窃以为此二世之利也。”②文帝共有四子：元年封长子刘启为太子，二年封刘武为代王，刘参为太原王，刘揖为梁王。然文帝三子封国或面积小、力量有限，或靠近北境匈奴，能自保已属不易。这几个封国与其他封国相比，不仅数量少，而且势力弱，因此贾谊建议扩大皇子封国的面积以增强皇族力量。

从贾谊所提出的这两个建议看，他还是认可诸侯国存在的既定事实，只是希望通过抑制其过分膨胀的势力来达到中央的安定无虞。文帝以代王的身份承继大统，自然深知诸侯国存在的危害，但终其一生，未有实质性的变动。他对于诸侯国的处置，基本上采纳了贾谊的意见。比如七分齐国：齐文王死后，因无子，封国被废除，其地归于中央。但仅过一年，文帝又封齐悼惠王的七个儿子为王，这样原齐国被分为七个王国。③ 又如三分淮南国：文帝六年，淮南王刘长因叛乱被流放至蜀郡，后绝食死于途

---

① 班固：《汉书·贾谊传》，北京：中华书局，1962 年，第 2237 页。
② 阎振益、钟夏：《新书校注》，北京：中华书局，2000 年，第 57—58 页。
③ 司马迁：《史记·齐悼惠王世家》，北京：中华书局，1959 年，第 2005 页。

中。十六年，文帝三分原淮南国，重立刘长三子为王，即淮南王、衡山王、庐江王。[①] 这两次分封都是在原王国的基础上进行的，虽然增加了王国的数量，但实际上削弱了其势力。而对于皇子的封国，文帝则是扩充其国土面积，如"徙淮阳王武为梁王，北界泰山，西至高阳，得大县四十余城"[②]。此外，对于吴王刘濞，文帝也是极力安抚。刘濞因其太子为皇太子刘启所杀，故诈称有病不来京朝拜。文帝容忍吴王，还赐之几杖，并以其年老故许其不朝。[③] 从以上文帝对待诸侯国的态度看，他还是希望继续维持汉初以来的诸侯国制度，不想激化与诸侯王的矛盾。

军功阶层是又一利益集团。"这个社会阶层，是由创建西汉王朝的刘邦政治军事集团转化而来的，其主要成员，乃是刘邦集团的将校吏卒及其家属。"[④]李开元统计了高祖至武帝期间三公九卿、王国相、郡太守中军功阶层所占的比率[⑤]：

	高帝	惠吕	文帝	景帝	武初	武中	武后
三公九卿	100	90	62	46	27	26	21
王国相	100	86	29	18	17	0	0
郡太守	88	60	40	0	6	21	6
平均	97	81	50	30	20	22	15

可见，这一集团自高祖至文帝时期，一直控制着汉朝中央到地方的政权。以丞相为例，高祖到吕后时期，萧何、曹参、王陵、陈平、审食其先

① 司马迁：《史记·淮南衡山列传》，北京：中华书局，1959年，第3081页。
② 班固：《汉书·贾谊传》，北京：中华书局，1962年，第2263页。
③ 司马迁：《史记·吴王濞列传》，北京：中华书局，1959年，第2823页。
④ 李开元：《汉帝国的建立与刘邦集团：军功受益阶层研究》，北京：三联书店，2000年，第59页。
⑤ 李开元：《汉帝国的建立与刘邦集团：军功受益阶层研究》，北京：三联书店，2000年，第66页。

后为相，他们皆为汉初开国功臣，以军功封侯，由此形成了军功列侯为相的传统。文帝朝共有周勃、陈平、灌婴、张苍、申屠嘉五位丞相，亦为因军功封侯者。在张苍免相后，文帝欲以皇后弟窦广国为相，史载："文帝以皇后弟窦广国贤有行，欲相之，曰：'恐天下以吾私广国。'久念不可，而高帝时大臣余见无可者，乃以御史大夫(申屠)嘉为丞相。"①文帝最终未破坏军功列侯为相的惯例。

刘邦开国之后，汉朝政权形成了以"宫廷皇权、诸侯王国王权和各级政府权力"为代表的三方权力并立的政治结构，其中"以汉朝丞相为首的各级政府政权，是由独立于皇族皇权的汉初军功受益阶层所垄断，并立于宫廷皇权和王国王权之外的。诸侯王国之王权，相对于汉初军功受益阶层而言，是宫廷皇权的外援，相对于宫廷皇权而言，则是与其并立的贵族王政。在这个三级并立的政府权力结构中，皇权是被限定于汉朝宫廷的。"②

文帝时期，皇帝、诸侯王和军功阶层仍维持着相对平衡的状态。而贾谊所提出的创建汉制计划则是要打破这种三方权力并立的局面，即要突出皇权而削弱后两者的权力，这就损害到了后两者的利益。

贾谊为汉朝设计的未来制度，其核心目标是建立礼治下的皇权专制、中央集权的政治制度。在《新书·礼》中，他阐释了礼的价值及原则：

> 礼者，所以固国家，定社稷，使君无失其民者也。主主臣臣，礼之正也；威德在君，礼之分也；尊卑大小，强弱有位，礼之数也。礼，天子爱天下，诸侯爱境内，大夫爱官属，士庶各爱其家，失爱不仁，过爱不义。故礼者，所以守尊卑之经，强弱之称者也。礼，天子适诸侯之宫，诸侯不敢自阼阶。阼阶者，主之阶也。天子适诸侯，诸

---

① 班固：《汉书·张周赵任申屠传》，北京：中华书局，1962年，第2100页。

② 李开元：《汉帝国的建立与刘邦集团：军功受益阶层研究》，北京：三联书店，2000年，第251页。

侯不敢有宫，不敢为主人礼也。君惠臣忠，父慈子孝，兄爱弟敬，夫和妻柔，姑慈妇听，礼之至也。君惠则不厉，臣忠则不贰，父慈则教，子孝则协，兄爱则友，弟敬则顺，夫和则义，妻柔则正，姑慈则从，妇听则婉，礼之质也。①

又指出：

道德仁义，非礼不成；教训正俗，非礼不备；分争辩讼，非礼不决；君臣、上下、父子、兄弟，非礼不定；宦学事师，非礼不亲；班朝治军、莅官行法，非礼威严不行；祷祠祭祀，供给鬼神，非礼不诚不庄。是以君子恭敬、撙节、退让以明礼。②

显然，在贾谊所构想的政治制度中，皇帝居于最上层的地位，其他任何权力集团或个人都不能逾越之。

他认为尊卑失序是引发社会混乱的重要原因，因此，需要明定尊卑贵贱，如此"则天下之众不疑眩耳"③。应当如何明定尊卑贵贱，他提出可从四个方面入手："等级、势力、衣服、号令。"④他以服制为例，论述了贵贱等级不同则服饰不同的道理。《新书·服疑》云：

奇服文章，以等上下而差贵贱。是以高下异，则名号异，则权力异，则事势异，则旗章异，则符瑞异，则礼宠异，则秩禄异，则冠履异，则衣带异，则环佩异，则车马异，则妻妾异，则泽厚异，则宫室

① 阎振益、钟夏：《新书校注》，北京：中华书局，2000 年，第 214—215 页。
② 阎振益、钟夏：《新书校注》，北京：中华书局，2000 年，第 214 页。
③ 阎振益、钟夏：《新书校注》，北京：中华书局，2000 年，第 31 页。
④ 阎振益、钟夏：《新书校注》，北京：中华书局，2000 年，第 47 页。

> 异，则床席异，则器皿异，则饮食异，则祭祀异，则死丧异。故高则此品周高，下则此品周下。加人者品此临之，埤人者品此承之。迁则品此者进，绌则品此者损。贵周丰，贱周谦；贵贱有级，服位有等。①

地位高者，服制高，反之，服制低。民众通过服制即可判断出贵贱尊卑。贵贱尊卑做到了有序不乱，即可避免僭越逾级之事，这样君主就地位尊固了，所以他说："卑尊已著，上下已分，则人伦法矣。于是主之与臣，若日之与星以。臣不几可以疑主，贱不几可以冒贵。下不淩等则上位尊；臣不踰级则主位安。"②

贾谊欲建立汉家制度，势必要在诸多方面进行革新，这就与汉初以来所实行的无为而治的指导思想发生了冲突。因无为而治背后的支持者是控制汉朝政府权力的军功阶层，所以这种建制活动自然就严重威胁到了军功阶层的政治地位，因此贾谊被周邦、灌婴等诋毁排挤就是情理中事了。

无为而治的施政指导思想，由曹参奠定。《史记·曹相国世家》载：

> 孝惠帝元年，除诸侯相国法，更以参为齐丞相。参之相齐，齐七十城。天下初定，悼惠王富于春秋，参尽召长老诸生，问所以安集百姓，如齐故诸儒以百数，言人人殊，参未知所定。闻胶西有盖公，善治黄老言，使人厚币请之。既见盖公，盖公为言治道贵清静而民自定，推此类具言之。参于是避正堂，舍盖公焉。其治要用黄老术，故相齐九年，齐国安集，大称贤相。
>
> 惠帝二年，萧何卒。参闻之，告舍人趣治行，"吾将入相"。居无何，使者果召参。参去，属其后相曰："以齐狱市为寄，慎勿扰也。"后相曰："治无大于此者乎?"参曰："不然。夫狱市者，所以并容也，

① 阎振益、钟夏：《新书校注》，北京：中华书局，2000年，第53页。
② 阎振益、钟夏：《新书校注》，北京：中华书局，2000年，第54页。

今君扰之，奸人安所容也？吾是以先之。”

参始微时，与萧何善；及为将相，有郤。至何且死，所推贤唯参。参代何为汉相国，举事无所变更，一遵萧何约束。

择郡国吏木诎于文辞，重厚长者，即召除为丞相史。吏之言文刻深，欲务声名者，辄斥去之。日夜饮醇酒。卿大夫已下吏及宾客见参不事事，来者皆欲有言。至者，参辄饮以醇酒，间之，欲有所言，复饮之，醉而后去，终莫得开说，以为常。

相舍后园近吏舍，吏舍日饮歌呼。从吏恶之，无如之何，乃请参游园中，闻吏醉歌呼，从吏幸相国召按之。乃反取酒张坐饮，亦歌呼与相应和。

参见人之有细过，专掩匿覆盖之，府中无事。①

可见，早在任齐国丞相时，曹参就已实行无为而治。在任汉相国时，他又将之推广到中央政府。他所任命的官员全是不善文辞、不好声名的厚重长者，所遵行的乃是其前任萧何所定的规章政策。曹参平日不理朝政，这引起了惠帝的不满，其实，这也是对其施政指导思想的质疑。史载：

参子窋为中大夫。惠帝怪相国不治事，以为“岂少朕与”？乃谓窋曰：“若归，试私从容问而父曰：‘高帝新弃群臣，帝富于春秋，君为相，日饮，无所请事，何以忧天下乎？’然无言吾告若也。”窋既洗沐归，闲侍，自从其所谏参。参怒，而笞窋二百，曰：“趣入侍，天下事非若所当言也。”至朝时，惠帝让参曰：“与窋胡治乎？乃者我使谏君也。”参免冠谢曰：“陛下自察圣武孰与高帝？”上曰：“朕乃安敢望先帝乎！”曰：“陛下观臣能孰与萧何贤？”上曰：“君似不及也。”参曰：

① 司马迁：《史记·曹相国世家》，北京：中华书局，1959年，第2028—2030页。

“陛下言之是也。且高帝与萧何定天下，法令既明，今陛下垂拱，参等守职，遵而勿失，不亦可乎?”惠帝曰：“善。君休矣!”①

曹参以君臣才干不及高祖、萧何，来解释自己无为而治的原因，显系托辞。曹参任齐国丞相时，对于如何治理，是有过一番考察的。起初，他寻求儒生的意见，因人言各异、未有定论，故弃之；后又聘请善黄老的盖公，为其理所折服，故采用无为之治。可见，曹参之所以无为而治，是深思熟虑后取舍的结果。即使以齐国的地位和曹参任齐相的事实看，他也绝不能以无所事事的态度处理国政。齐国为刘邦庶长子刘肥的封国，“食七十城，诸民能齐言者皆予齐王”②，是时，“诸侯大国无过齐悼惠王”③，而刘邦之所以赐予其如此的地位，是希望其能有力地担负起藩卫中央的重任。正如司马迁所言：“(高祖)以海内初定，子弟少，激秦之无尺土封，故大封同姓，以填万民之心。”④对于齐国丞相的人选，刘邦更是经过慎重的考虑。因为齐王尚年轻，能力有限，无法担重任，故真正治理齐国的丞相便显得尤为关键。在开国功臣中，曹参之功仅次于萧何，且文武双全、可出将入相，又是最早追随刘邦的元老重臣，因此，无论是能力还是资历，以曹参出任第一大诸侯国的丞相，实为最佳人选。高祖后期，在平定陈豨、英布之乱时，齐国、曹参都发挥了重要的作用。《史记・曹相国世家》曰：“(曹参)以齐相国击陈豨将张春军，破之。黥布反，参以齐相国从悼惠王将兵车骑十二万人，与高祖会击黥布军，大破之。”⑤

曹参以无为治国，政绩斐然。司马迁说：“参为汉相国，清静极言合

---

① 司马迁：《史记・曹相国世家》，北京：中华书局，1959 年，第 2030 页。
② 司马迁：《史记・齐悼惠王世家》，北京：中华书局，1959 年，第 1999 页。
③ 司马迁：《史记・齐悼惠王世家》，北京：中华书局，1959 年，第 2012 页。
④ 司马迁：《史记・齐悼惠王世家》，北京：中华书局，1959 年，第 2012 页。
⑤ 司马迁：《史记・曹相国世家》，北京：中华书局，1959 年，第 2028 页。

道。然百姓离秦之酷后，参与休息无为，故天下俱称其美矣。"[①]他任汉丞相虽仅有三年，但其推行的无为而治成为汉初的施政思想。在当时，军功阶层控制着汉朝中央到地方的政府权力，《史记·儒林列传》曰，"孝惠、吕后时，公卿皆武力有功之臣"[②]，《汉书·刑法志》也说，"及孝文即位，躬修玄默，劝趣农桑，减省租赋。而将相皆旧功臣，少文多质，惩恶亡秦之政，论议务在宽厚，耻言人之过失"[③]，他们的见识、能力决定了其成为无为而治的坚定支持者。试以文帝时期的丞相为例，略做说明。

文帝即位后，以周勃为右丞相，陈平为左丞相。周勃初"以织薄曲为生，常为人吹箫给丧事"[④]，可见其出身寒微。其为人敦厚，但无学识，《史记·绛侯周勃世家》曰："勃为人木强敦厚，高帝以为可属大事。勃不好文学，每召诸生说士，东乡坐而责之：'趣为我语。'其椎少文如此。"[⑤]周勃免相后，陈平为丞相。他也是布衣出身，因多有奇谋，备受高祖赏识。早在吕后时期，他已为相，但不理相事，颇合曹参的风格，吕媭即说其"为相非治事，日饮醇酒，戏妇人"。[⑥] 文帝曾问其一年中决狱、钱谷出入的情况，他答曰应询问主管官员，丞相的职责是"使卿大夫各得任其职焉"[⑦]。陈平死后，周勃复任丞相，然不久又被免，文帝以太尉灌婴继之。灌婴未发迹前为"贩缯者"[⑧]，后以军功封侯。文帝三年，匈奴大犯北境，灌婴亲将骑兵往击之。次年，病故。灌婴同周勃出身、经历相近，政见应近似。灌婴死后，张苍继之。前述，张苍定汉律历，为汉早期制度的草创者之一，但其所主张者多为秦制，在公孙臣提出汉土德说后，他更是激烈

① 司马迁：《史记·曹相国世家》，北京：中华书局，1959 年，第 2031 页。
② 司马迁：《史记·儒林列传》，北京：中华书局，1959 年，第 3117 页。
③ 班固：《汉书·刑法志》，北京：中华书局，1962 年，第 1097 页。
④ 司马迁：《史记·绛侯周勃世家》，北京：中华书局，1959 年，第 2065 页。
⑤ 司马迁：《史记·绛侯周勃世家》，北京：中华书局，1959 年，第 2071 页。
⑥ 司马迁：《史记·陈丞相世家》，北京：中华书局，1959 年，第 2060 页。
⑦ 司马迁：《史记·陈丞相世家》，北京：中华书局，1959 年，第 2062 页。
⑧ 司马迁：《史记·樊郦滕灌列传》，北京：中华书局，1959 年，第 2667 页。

反对。张苍被免后，申屠嘉继之，其初“以材官蹶张从高帝击项籍”[1]，可见亦因武力见用，不过资历较低。文帝后元二年，由御史大夫迁为丞相。史载其“为人廉直”[2]，“刚毅守节，然无术学”[3]，足见其性格、学识跟周勃、灌婴等汉初军功阶层元老并无二致。

但贾谊则对无为之治颇不以为然，他批评道：“献计者曰‘无动’，为大耳。……进计者犹曰‘毋为’，可为长太息者此也。”[4]甚至还讥讽这些人“非愚则谀”[5]。这显然激化了自己与军功阶层间的矛盾。

综上所述，贾谊的建汉制就是要突出皇帝在三方权力格局中的地位，建立皇帝专制、中央集权的政治制度，这一方面会严重损害诸侯王的权力，另一方面又欲改变汉初以来无为而治的施政思想，这就影响到军功阶层的利益。但实际上，文帝无力突破这种权力格局，这就预示了建汉制失败的命运。改德运作为建汉制的一环，其未能成功便不难理解了。

至于公孙臣的重倡土德，其局面要比贾谊时有利。因为黄龙符应的出现，文帝决定改德。不过后因新垣平事件，文帝终又废止。另外，此时未能改德，还与文帝后期糟糕的形势有关。《汉书·文帝纪》载，文帝十四年冬匈奴寇边，杀北地都尉卬，汉派遣“车千乘，骑卒十万人”迎击。后元六年冬，匈奴又各分三万铁骑入侵上郡和云中。在后元二年的诏书中，文帝痛陈匈奴罪行道：“间者累年，匈奴并暴边境，多杀吏民。”同时，自然灾害也十分严重，后元元年春下诏曰：“间者数年比不登，又有水旱疾疫之灾，朕甚忧之。”[6]可见，时值自然灾害频发和匈奴时常扰边，在这种险恶的环境下，文帝欲大张旗鼓地改德运也不太现实。

---

① 班固：《汉书·张周赵任申屠传》，北京：中华书局，1962 年，第 2100 页。
② 班固：《汉书·张周赵任申屠传》，北京：中华书局，1962 年，第 2100 页。
③ 班固：《汉书·张周赵任申屠传》，北京：中华书局，1962 年，第 2103 页。
④ 班固：《汉书·贾谊传》，北京：中华书局，1962 年，第 2243 页。
⑤ 班固：《汉书·贾谊传》，北京：中华书局，1962 年，第 2230 页。
⑥ 班固：《汉书·文帝纪》，北京：中华书局，1962 年，第 125、129、128 页。

第三章
武帝更定土德

第一节　景帝的铺路之功

景帝，汉代第四位皇帝，与其厚德敦朴的父亲文帝、开拓进取的儿子武帝相比，他的名声显得黯淡许多。不过，其贡献也不容忽视，尤其在汉制的建立上。事实上，一些重要的汉制即是景帝创立的，虽他亦未能完成建汉制的重任，却为武帝建制铺平了道路。

前述，文帝已意识到建汉制的必要性，惜未能打破三方并立的权力格局，故建制中道废止。景帝御宇十六载，致力于打破这种权力格局，初步建立起了中央集权的政治体制。

针对诸侯王国，景帝主要采取了两项措施：(1)大封亲子，以加强自身势力，同时减少王国领地，以削弱其影响。景帝即位的次年，即封皇子六人为王：河间王刘德、临江王刘阏、淮阳王刘余、汝南王刘非、广川王刘彭祖、长沙王刘发。另外，还接受御史大夫晁错的削地策略。几年间，即以各种借口，削去了赵国的河间郡、胶西国的六个县、楚国的东海郡、吴国的豫章郡和会稽郡。然而，中央的削地行动，引起了诸侯王们的恐慌，三年正月，吴楚等七国发动叛乱，但三个月后，即被平定。这七国，除楚国(楚元王少子刘礼续封楚王)、菑川国(济北王改封于此)得以保留外，其余皆被废除。不久，景帝又封皇子于这些故国：徙汝南王刘非为江都王(原吴地)，改封广川王刘彭祖为赵王，立刘端为胶西王、刘彻为胶东王。景帝共有十四子，除原胶东王刘彻立为太子外，其余十三子皆被封王。此外，当时尚有景帝之弟刘参的代国、刘武的梁国(刘武死后，景帝中六年，分梁国为五国，王刘武五子)。而与景帝血缘疏远者只有齐、城阳、菑川(此三国为刘邦庶长子齐悼惠王刘肥之后)、淮南、衡山、庐江(此三国为刘邦少子淮南厉王刘长之后)、楚(刘邦少弟楚元王刘交之后)、燕(刘邦从祖昆弟刘泽之后)等不足十国。这样，景帝时期，兄弟之国、子侄之国已占绝对优势，而其中又以皇子之国数量最多，显然，这极大地增强了景帝的统治力量。另外，汉中央还大力削减王国的封地。史载，此时王国的疆域情形："吴楚时，前后诸侯或以適削地，是以燕、代无北边郡，吴、淮南、长沙无南边郡，齐、赵、梁、楚支郡名山陂海咸纳于汉。诸侯稍微，大国不过十余城，小侯不过数十里。"[①]譬如楚国，在元王刘交时期，管辖"薛郡、东海、彭城三十六县"[②]，而刘礼续封时，仅领彭城一郡。且汉郡与王国犬牙相错，有监督、震慑之效。

(2)改革王国制度。景帝中五年"令诸侯王不得复治国，天子为置吏，改丞相曰相，省御史大夫、廷尉、少府、宗正、博士官，大夫、谒者、郎诸官长丞皆损其员"[③]。据此，一是诸侯王无权再处理国事，二是王国的官吏由汉中央任命，且其等级、规模远低于中央。经过这些改革，从法律上说，诸侯王已不能继续统治王国，而中央拥有置吏权，这实际上将王国降为与郡一级的地方行政单位，而王国仅是诸侯王"衣食租税"之地，这样，其对汉中央的威胁已大大降低。

同时，以丞相为首的军功阶层也逐步失去了对汉政府权力的控制。申

---

① 司马迁：《史记·汉兴以来诸侯王年表》，北京：中华书局，1959 年，第 803 页。
② 班固：《汉书·楚元王传》，北京：中华书局，1962 年，第 1922 页。
③ 班固：《汉书·百官公卿表上》，北京：中华书局，1962 年，第 741 页。

屠嘉为景帝初年的第一任丞相，又是第一代军功阶层的最后一任丞相。但其权威，已大为下降。《汉书》载其为相时被羞辱的两件事。一次发生在文帝时。某次，申屠嘉入朝，宠臣邓通在皇帝身边，怠慢无礼。申屠嘉谏曰："陛下幸爱群臣则富贵之，至于朝廷之礼，不可以不肃！"①这本是平常的谏言，但文帝仅用六字回答："君勿言，吾私之。"明显带有不耐烦的神情，似怪其多事。申屠嘉作为百官之首，受此无端批评，心中自然不悦，再者丞相本有绳治不轨之臣的职责，故回府后，派人召邓通，欲杀之。但文帝再次阻扰，命使者持节召邓通，曰："此吾弄臣，君释之。"②这似在埋怨申屠嘉的小题大做。另一次发生在景帝时。景帝即位之初，极信任晁错。"(晁)错数请间言事，辄听，幸倾九卿，法令多所更定"③。而申屠嘉"自绌，所言不用"④。作为历仕五朝、为相七载的元老重臣，其影响力竟不及小字辈的晁错，申屠嘉的心情郁闷至极。后申屠嘉察知晁错有大违礼法的行为，上奏诛之。但在确凿的证据面前，景帝竟亲自为晁错开脱，说其无罪。蒙此大辱，申屠嘉呕血而死。

申屠嘉之后，陶青、周亚夫、刘舍、卫绾四人依次为相。前三位，为军功阶层的第二代，可见，景帝还是遵守军功阶层为相的传统，但他们的作用已非昔日。周亚夫乃绛侯周勃之子，七国之乱时，有平乱大功，五年后，迁为丞相。对于这样一位有才能、有大功又有资历的丞相，景帝颇为敬畏。窦太后曾欲侯皇后兄王信，景帝不敢做主，征求丞相的意见，周亚夫以"非有功不得侯"的约定予以拒绝，景帝于是作罢。但有时，景帝也会坚持己见。譬如废栗太子事。栗太子并无大过，周亚夫不同意更换太子，但景帝终废之。再如侯匈奴降者事。匈奴王徐卢等五人降汉，景帝欲侯

---

① 班固：《汉书·张周赵任申屠传》，北京：中华书局，1962 年，第 2101 页。
② 班固：《汉书·张周赵任申屠传》，北京：中华书局，1962 年，第 2101 页。
③ 班固：《汉书·爰盎晁错传》，北京：中华书局，1962 年，第 2299 页。
④ 班固：《汉书·张周赵任申屠传》，北京：中华书局，1962 年，第 2102 页。

之，周亚夫以其不守节拒绝，但景帝没有听从。从这三件事可看出，周亚夫做事极有原则，不会为媚上而屈节，同时也透露出其希望维持丞相在汉政府中的主导地位，不过，这与景帝的集权发生了冲突。周亚夫为相三年，与景帝政见的相左，应当不止以上三次。在其主张多次被否定后，无奈只得称病辞职。而周亚夫的结局更是悲凉，被人诬告谋反下狱，绝食五日，呕血而死。以周亚夫之才干胆识，尚无法抗衡景帝，其平庸的前任与后任在政府中的地位可想而知。陶青、刘舍为相前，皆为御史大夫，又为开国功臣之后，依例被任命为丞相，但两人并无政绩。班固曰："自（申屠）嘉死后，开封侯陶青、桃侯刘舍……皆以列侯继踵，踖踖廉谨，为丞相备员而已，无所能发明功名著于世者。"[①]卫绾以军功封为建陵侯，为景帝朝的最后一任丞相，亦是第一位非军功阶层的丞相。其人宽厚谨慎，于政事并无建树。史载其"代桃侯舍为丞相，朝奏事如职所奏。然自初宦以至相，终无可言"[②]，可见其仅守职分而已。纵观景帝朝的五位丞相，或无建树，或有心无力，总之表现都较平庸。

此时期，除了丞相无法像之前那样支配政府权力外，汉政权还有一个重要变化，即官员出身与前不同。李开元在对汉初中央三公九卿、地方郡守、王国相出身进行统计后，得出："自景帝朝以来，军吏与法吏所占比率之和，已经超过汉初军功受益阶层，可以说，从此以后，军吏和法吏即已取代汉初军功受益阶层，开始共同主导着汉政权。"[③]军吏指汉初军功阶层之外的军吏，他们是西汉成立后以军功任职者。法吏指以通晓律令任职者，他们属于有专门知识的技术型官吏。两者之所以能入仕，主要因其才干，而能否居高官，则取决于皇帝的任命，这与军功阶层凭打江山的身份

① 班固：《汉书·张周赵任申屠传》，北京：中华书局，1962年，第2102页。
② 班固：《汉书·万石卫直周张传》，北京：中华书局，1962年，第2201—2202页。
③ 李开元：《汉帝国的建立与刘邦集团：军功受益阶层研究》，北京：三联书店，2000年，第72页。

而享有坐天下的资格显然不同。此时军吏和法吏出身者的崛起，表明景帝任用高级官吏更加自如，这利于其对政权的掌控。

综上所述，汉初以来的三方权力格局，在景帝朝被打破。景帝通过改革诸侯王国制度，使诸侯国成为汉直属的地方行政单位，并剥夺诸侯王的行政权，这样，汉初以来屡使中央忧心的王国问题被基本解决；而在对政府权力的控制上，景帝通过大力提拔非军功阶层高官，选择顺从无主见者为相等措施加强自身的控制力。总之，景帝基本实现了皇帝专断和中央集权的初衷。

建汉制是文帝未完成的夙愿，景帝在打破三方权力格局后，亦觉有必要继续这项工作，比如更定官名。汉初以来的官名，基本上袭自秦。班固云："秦兼天下，建皇帝之号，立百官之职。汉因循而不革，明简易，随时宜也。"[①]景帝对此进行了较多的修改。中元二年，更郡守为太守，郡尉为都尉。[②] 中元六年，又对中央官名进行更定：改奉常为太常，改廷尉为大理，改典客为大行令，改将作少府为将作大匠，改长信詹事为长信少府，改将行为大长秋，改主爵中尉为都尉。后元元年，又改治粟内史为大农令。[③] 同年还改革官吏的车服制："夫吏者，民之师也，车驾衣服宜称。吏六百石以上，皆长吏也。亡度者或不吏服，出入闾里，与民亡异。令长吏二千石车朱两轓，千石至六百石朱左轓。"[④]由上可见，景帝所着眼的主要是制度表层的一些象征性符号，并未深入秦制的内核，法治仍是基本国策，但其成功冲破三方权力并立的格局，为随后武帝的建制能顺利开展扫清了最大的障碍，其铺路之功实不可没。

---

① 班固：《汉书·百官公卿表上》，北京：中华书局，1962年，第722页。
② 班固：《汉书·百官公卿表上》，北京：中华书局，1962年，第742页。
③ 班固：《汉书·百官公卿表上》，北京：中华书局，1962年，第726—736页。
④ 班固：《汉书·景帝纪》，北京：中华书局，1962年，第149页。

第二节　武帝的受命建制

对于建汉制，文帝是有心无力，景帝是有力无心，而武帝则是有心有力。征和二年(前91年)，武帝曾对卫青吐露心志："汉家庶事草创，加四夷侵陵中国，朕不变更制度，后世无法；不出师征伐，天下不安。"[①]武帝在位54年，一生动作不断，但要而言之，即是其自己所概括的两件事：对内建制，对外征伐。这一说法也得到班固的认可，他说："是时，汉兴六十余载，海内艾安，府库充实，而四夷未宾，制度多阙。上方欲用文武。"[②]"制度多阙"故要建制，此为文；"四夷未宾"故要征伐，此为武。

武帝即位初，就意识到自己担负着父祖未竟的建制使命。史载，"(建元)元年，汉兴已六十余岁矣，天下乂安，荐绅之属皆望天子封禅改正度也。而上乡儒术，招贤良，赵绾、王臧等以文学为公卿，欲议古立明堂城南，以朝诸侯。草巡狩封禅改历服色事未就"[③]。为此，汉武帝罢免了丞相卫绾，组建了由喜好儒术的窦婴(任丞相)、田蚡(任太尉)和儒生赵绾(任御史大夫)、王臧(任郎中令)为首的建制领导班子。不过，这一做法遭到了掌权的武帝祖母窦太后的反对，其主要原因有二：一是与窦太后的治国理念不同。窦太后"好黄帝、老子言"[④]，奉黄老无为而治，不喜儒学。她的这种立场甚至影响到其子景帝的学术倾向："景帝及诸窦不得不读《老子》尊其术"[⑤]，"孝景，不任儒"[⑥]。但年轻的武帝喜好儒学，甫即位即欲建制，这引起了窦太后的强烈不满。《汉书·窦田灌韩传》曰："(窦)太后

① 司马光：《资治通鉴·汉纪十四》，北京：中华书局，1956年，第726页。
② 班固：《汉书·公孙弘卜式儿宽传》，北京：中华书局，1962年，第2633页。
③ 司马迁：《史记·孝武本纪》，北京：中华书局，1959年，第452页。
④ 班固：《汉书·外戚传上》，北京：中华书局，1962年，第3945页。
⑤ 班固：《汉书·外戚传上》，北京：中华书局，1962年，第3945页。
⑥ 班固：《汉书·儒林传》，北京：中华书局，1962年，第3592页。

好黄老言，而(窦)婴、(田)蚡、赵绾等务隆推儒术，贬道家言，是以窦太后滋不说。”[①]二是挑战了窦太后的权威。赵绾建议政事无需禀告窦太后，这使窦太后甚为恼怒。《汉书·武帝纪》曰：“(建元)二年冬十月，御史大夫赵绾坐请毋奏事太皇太后，及郎中令王臧皆下狱，自杀。丞相(窦)婴、太尉(田)蚡免。”[②]颜师古注引应劭言曰：“礼，妇人不豫政事，时帝已自躬省万机。……因欲绝奏事太后，太后怒，故杀之。”而“诸所兴为者皆废”[③]。这样，这次仅维持不足两年的建制活动便以彻底失败告终。但好在四年后，窦太后去世，之后武帝便放手进行建制事宜。

关于武帝建制的内容，班固做了总结：“汉承百王之弊，高祖拨乱反正，文景务在养民，至于稽古礼文之事，犹多阙焉。孝武初立，卓然罢黜百家，表章《六经》。遂畴咨海内，举其俊茂，与之立功。兴太学，修郊祀，改正朔，定历数，协音律，作诗乐，建封禅，礼百神，绍周后，号令文章，焕焉可述。后嗣得遵洪业，而有三代之风。”[④]前述，班固将武帝对“制度多阙”的建设，称为“文”，而在此处，他称之“稽古礼文之事”，并详列其内容，这就表明，班固眼中的建制即是建礼制。陈苏镇指出：“‘变更制度’又包括罢黜百家、独尊儒术的意识形态改革，‘更定律令’的法制改革，设中朝、行察举、建太学、削王国、改兵制、设刺史等政治、军事制度的改革，统一货币、管盐铁、算缗、平准、均输等经济制度的改革。”[⑤]笔者则将之分为三个层面：变官名、改正朔、易服色、更官印等表层的象征符号；确立以儒法为治国两大原则的皇帝独裁、中央集权的政治体制；改德运，重建正统。

武帝的建制有现实的需要。当时，诸侯王的威胁尚在，尤其是武帝初

---

① 班固：《汉书·窦田灌韩传》，北京：中华书局，1962年，第2379页。
② 班固：《汉书·武帝纪》，北京：中华书局，1962年，第157页。
③ 司马迁：《史记·孝武本纪》，北京：中华书局，1959年，第452页。
④ 班固：《汉书·武帝纪》，北京：中华书局，1962年，212页。
⑤ 陈苏镇：《汉代政治与〈春秋〉学》，北京：中国广播电视出版社，2001年，第267页。

期。有朝臣就说：“今诸侯或连城数十，地方千里，缓则骄奢易为淫乱，急则阻其强而合从以逆京师。”①景帝改革以后，虽然原则上诸侯王不具有行政权，但有的想方设法阻挠国相的治理以便自己把持大权。如胶西王刘端：“相二千石至者，奉汉法以治，(刘)端辄求其罪告之，亡罪者诈药杀之。所以设诈究变，强足以距谏，知足以饰非。相二千石从王治，则汉绳以法。故胶西小国，而所杀伤二千石甚众。”②又如赵王刘彭祖：“相二千石欲奉汉法以治，则害于王家。是以每相二千石至，彭祖衣帛布单衣，自行迎除舍，多设疑事以诈动之，得二千石失言，中忌讳，辄书之。二千石欲治者，则以此迫劫；不听，乃上书告之，及污以奸利事。彭祖立六十余年，相二千石无能满二岁，辄以罪去，大者死，小者刑。以故二千石莫敢治，而赵王擅权。”③

为进一步消除诸侯国的威胁，武帝颁行了新制，主要有以下内容：(1)推恩令。主父偃建言：“今诸侯子弟或十数，而嫡嗣代立，余虽骨肉，无尺寸地封，则仁孝之道不宣。愿陛下令诸侯得推恩分子弟，以地侯之。彼人人喜得所愿，上以德施，实分其国，必稍自销弱矣。”④即除嫡长子继承王位外，其他诸子也可为侯，这样，国王所直接支配的土地越来越少，中央“不行黜陟，而藩国自析”⑤。(2)左官律、附益法和阿党法。《汉书·高五王传》曰：“自吴楚诛后，稍夺诸侯权，左官附益阿党之法设。”⑥所谓的“左官”，是相对于汉中央官吏而言的。应劭注曰：“人道上右，今舍天子而仕诸侯，故谓之左官也。”颜师古注曰：“汉时依上古法，朝廷之列以右为尊，故谓降秩为左迁，仕诸侯为左官也。”即贬低诸侯国官吏的等级。

---

① 班固：《汉书·严朱吾丘主父徐严终王贾传》，北京：中华书局，1962年，第2802页。
② 班固：《汉书·景十三王传》，北京：中华书局，1962年，第2419页。
③ 班固：《汉书·景十三王传》，北京：中华书局，1962年，第2419—2420页。
④ 班固：《汉书·严朱吾丘主父徐严终王贾传》，北京：中华书局，1962年，第2802页。
⑤ 班固：《汉书·诸侯王表》，北京：中华书局，1962年，第395页。
⑥ 班固：《汉书·高五王传》，北京：中华书局，1962年，第2002页。

所谓的“附益”，颜师古曰：“附益者，盖取孔子云‘求也为之聚敛而附益之’之义也，皆背正法而厚于私家也。”[①]即禁止为诸侯王厚敛钱财。关于“阿党”，颜师古注引张宴曰：“诸侯有罪，傅相不举奏，为阿党。”[②]即禁止诸侯王国高官与诸侯王结党营私。

经过武帝的这几项改革，“其后诸侯唯得衣食租税，贫者或乘牛车”[③]，“不与政事”[④]。这样，自高祖以来一直困扰汉中央的王国问题，终被解决。

同时，武帝还建立不同的制度来约束中央官吏和地方官吏。汉初的有限皇权，在景帝时期已大为改观，但武帝仍不满足，又以新措施来削弱官员的权力。(1)中外朝制度：《汉书·严朱吾丘主父徐严终王贾传上》曰：“上(引者按：指武帝)令(严)助等与大臣辩论，中外相应以义理之文，大臣数诎。”[⑤]颜师古注：“中谓天子之宾客，若严助之辈也。外谓公卿大夫也。”又《汉书·盖诸葛刘郑孙毋将何传》曰：“于是中朝左将军辛庆忌、右将军廉褒、光禄勋师丹、太中大夫谷永俱上书。”颜师古注引孟康曰：“中朝，内朝也。大司马左右前后将军、侍中、常侍、散骑、诸吏为中朝。丞相以下至六百石为外朝也。”[⑥]可见，中朝主要由皇帝身边的近侍组成，外朝是指以丞相为首的公卿百官。林剑鸣以为：“以尚书令为主，有侍中、给事中、常侍等，加上被武帝信任而授予中等头衔的一些大臣，直接秉承皇帝旨意，共议军国大事，掌握实权，成为决策集团，这就是‘中朝’。而以丞相为首的朝臣只负责处理和执行一般政务，这就是‘外朝’。”[⑦]内朝官员虽级别低，但有决策权，而三公九卿等朝堂之臣则沦为具体的执行者，其政治权威大减，兹以丞相为例做一说明。

---

① 班固:《汉书·诸侯王表》，北京：中华书局，1962年，第396页。
② 班固:《汉书·高五王传》，北京：中华书局，1962年，第2002页。
③ 班固:《汉书·高五王传》，北京：中华书局，1962年，第2002页。
④ 班固:《汉书·诸侯王表》，北京：中华书局，1962年，第395页。
⑤ 班固:《汉书·严朱吾丘主父徐严终王贾传上》，北京：中华书局，1962年，第2775页。
⑥ 班固:《汉书·盖诸葛刘郑孙毋将何传》，北京：中华书局，1962年，第3252页。
⑦ 林剑鸣:《秦汉史》，上海：上海人民出版社，2003年，第313—314页。

武帝朝共有十三位丞相(即卫绾、窦婴、许昌、田蚡、薛泽、公孙弘、李蔡、庄青翟、赵周、石庆、公孙贺、刘屈氂、田千秋)，这些人的结局大多悲惨，甚至被诛杀。其中死于任上的仅有田蚡、公孙弘和石庆三位。除了田蚡拥有实权外，另两位基本上是唯命是从。公孙弘，菑川国人，布衣出身，“年四十余，乃学《春秋》杂说”[①]，六十岁初以贤良被征为博士，但不久因无能被罢；后再次以贤良文学被征，因对策合帝意被重用，由此发迹，最后拜相封侯。但此人毫无原则，从不敢据理力争。“每朝会议，开陈其端，使人主自择，不肯面折庭争”[②]，一味察言观色，“顺上指”[③]而已。石庆，乃万石君石奋少子，同其父一样，亦以恭谨著称于世。史载“(石)庆为太仆，御出，上问车中几马，庆以策数马毕，举手曰：‘六马。’”[④]可见其小心谨慎已近乎偏执。其为相九年，“以惇谨，复终相位”[⑤]，幸得善终。至于其他在位的丞相，下场都较凄惨，因罪自杀或被杀的就有五位(即李蔡、庄青翟、赵周、公孙贺、刘屈氂)之多。到了武帝后期，因任相者多遭厄运，故丞相一职被视为凶职，无人愿意接受。试看公孙贺拜相时的情景：“初(公孙)贺引拜为丞相，不受印绶，顿首涕泣，曰：‘臣本边鄙，以鞍马骑射为官，材诚不任宰相。’上与左右见贺悲哀，感动下泣，曰：‘扶起丞相。’贺不肯起，上乃起去，贺不得已拜。”[⑥]这位久经沙场的将军竟因拜相而恐惧得痛哭流涕，甚至武帝也为之动容。曾经风光无限的丞相一职，现已成为无人敢触碰的“烫手山芋”。

与丞相凄惨结局相伴的是，丞相影响力也一落千丈，不少丞相不过是尸位素餐而已，并无话语权。如李蔡、庄青翟为相时，张汤为御史大夫，

---

① 班固：《汉书·公孙弘卜式儿宽传》，北京：中华书局，1962 年，第 2623 页。
② 班固：《汉书·公孙弘卜式儿宽传》，北京：中华书局，1962 年，第 2618 页。
③ 班固：《汉书·公孙弘卜式儿宽传》，北京：中华书局，1962 年，第 2619 页。
④ 班固：《汉书·石万卫直周张传》，北京：中华书局，1962 年，第 2197 页。
⑤ 班固：《汉书·公孙弘卜式儿宽传》，北京：中华书局，1962 年，第 2623 页。
⑥ 班固：《汉书·公孙刘田王杨蔡陈郑传》，北京：中华书局，1962 年，第 2877—2878 页。

"汤每朝奏事，语国家用，日旰，天子忘食。丞相取充位，天下事皆决汤。"[①]张汤自杀后，庄青翟因受牵连，也被迫自杀，竟做了陪葬者。石庆为相时，"汉方南诛两越，东击朝鲜，北逐匈奴，西伐大宛，中国多事。天子巡狩海内，修古神祠，封禅，兴礼乐。公家用少，桑弘羊等致利，王温舒之属峻法，兒宽等推文学，九卿更进用事，事不关决于(石)庆，庆醇谨而已。在位九岁，无能有所匡言。尝欲请治上近臣所忠、九卿咸宣，不能服，反受其过，赎罪。"[②]九卿各掌其职，丞相反成了闲云野鹤。丞相本有惩治朝臣之权，但当石庆真欲行使时，反受其害，被迫赎罪保身。既然丞相无足轻重，丞相府自然就失去了昔日的辉煌。史载"自(李)蔡至(石)庆，丞相府客馆丘虚而已，至(公孙)贺、(刘)屈氂时坏以为马厩车库奴婢室矣"[③]。

(2)刺史制度：《汉书·百官公卿表上》曰："武帝元封五年初置部刺史，掌奉诏条察州，秩六百石，员十三人。"[④]颜师古注引《汉官典职仪》曰："刺史班宣，周行郡国，省察治状，黜陟能否，断治冤狱，以六条问事，非条所问，即不省。一条，强宗豪右田宅逾制，以强凌弱，以众暴寡。二条，二千石不奉诏书遵承典制，倍公向私，旁诏守利，侵渔百姓，聚敛为奸。三条，二千石不恤疑狱，风厉杀人，怒则任刑，喜则淫赏，烦扰刻暴，剥截黎元，为百姓所疾，山崩石裂，袄祥讹言。四条，二千石选署不平，苟阿所爱，蔽贤宠顽。五条，二千石子弟恃怙荣势，请托所监。六条，二千石违公下比，阿附豪强，通行货赂，割损正令也。"武帝将天下分为十三州，每州设刺史一名。刺史所察事共六项，其中五项都是针对郡守、国相的。通过此制度，可有效地防范地方高官权力的过分膨胀，避免

① 班固：《汉书·张汤传》，北京：中华书局，1962年，第2641页。
② 班固：《汉书·万石卫直周张传》，北京：中华书局，1962年，第2197页。
③ 班固：《汉书·公孙弘卜式儿宽传》，北京：中华书局，1962年，第2623页。
④ 班固：《汉书·百官公卿表上》，北京：中华书局，1962年，第741页。

其尾大不掉，以此加强中央的权威。

此外，民间僭越礼制、竞相奢侈的风气依然严重。《史记·平准书》曰：“当此之时，网疏而民富，役财骄溢，或至兼并豪党之徒，以武断于乡曲。宗室有土公卿大夫以下，争于奢侈，室庐舆服僭于上，无限度。”①这自然也需要新的规范予以制止。

武帝的建制，除了现实的原因，还受到受命改制观念的影响。受命改制，即禀受天命以改变前朝的旧制，建立本朝的新制。下编“太初改历”将做进一步讨论。经过多年的酝酿，太初元年(前 104 年)，武帝正式颁行土德。《史记·孝武本纪》曰：“夏，汉改历，以正月为岁首，而色上黄，官名更印章以五字，因为太初元年。”②《汉书·武帝纪》曰：“夏五月，正历，以正月为岁首。色上黄，数用五，定官名，协音律。”③这样，文帝始倡的土德，七十余年后终于更易成功，至此，汉代的德运由水德改为土德，此后，直到西汉灭亡，未有变动。

---

① 司马迁：《史记·平准书》，北京：中华书局，1959 年，第 1420 页。
② 司马迁：《史记·孝武本纪》，北京：中华书局，1959 年，第 483 页。
③ 班固：《汉书·武帝纪》，北京：中华书局，1962 年，第 199 页。

中编

德运与西汉政治合法性的建构

第一章
中西政治合法性问题

一个社会，通常存在着两大群体：统治者(甲)和被统治者(乙)。但显然，没有哪一个社会成员会心甘情愿地被他人支配，这就引出一个问题：为什么甲能够统治乙，而乙只能作为被支配的对象？即甲行使统治权的根据何在？极少数的统治者只是单纯依靠暴力工具来施行统治，这是将控制手段作为统治的根据，但不会长久。一种有效的统治，除了必要的国家机器外，还需要使被统治者对统治事实有着心理上的主动认可而非被动无条件地接受，即要有行使权力的合法性依据。

德国学者马克斯·韦伯是现代合法性理论的奠基者，他说：“作为支配的基础，单靠习惯、个人利害、纯感情或理想等动机来结合仍不够坚实。除了这些之外，通常还需要另一个因素，那就是正当性的信念。”“从来没有任何支配关系自动将其延续的基础，限制于物质、情感和理想的动机上。每一个支配系统都企图培养及开发其‘正当性’。”①对于某一政权来

① [德]马克斯·韦伯著，康乐等译：《经济与历史；支配的类型》，桂林：广西师范大学出版社，2004年，第299页。

说，“合法性形成了治权的基础”[①]，“证明权力与服从的合法性是其第一要旨”[②]。可以说，“在世界上，任何一个国家政治权力的确立，面临的首要问题就是权力的合法性问题。政治权力集中也罢，强大也罢，如果其本身不具备合法性，不把权力变成权威，把统治变成权利，把服从变成义务，其统治是绝对不能长久的”[③]。西方学者多尔夫·斯顿伯格即指出：“合法性的愿望如此根深蒂固地扎根于一般人类共同体之中，以致在历史上很难找到某个政府不享有对它存在本身的某种实际的承认，或者不试图称为合法的机构。”[④]因此尽管“政治合法性”是晚起的现代政治学概念，但其所表达的内容则是自古以来所有政权都要面对的。西汉王朝亦不例外。

第一节　西方政治合法性的研究模式

西方学界对政治合法性的研究，大致分为两种模式：规范主义式和经验主义式。规范主义合法性强调政治统治的价值，即以某种价值标准作为评判现实的政治统治是否具有合法性的依据。这种模式由来已久，可追溯到古希腊时期。柏拉图认为国家应当合乎正义。这一政治观是以其形而上学为根据的。在他看来，理念是现象世界的本原，可感的事物是理念的派生物。善是最高的理念，在政治中，体现它的最核心标准是正义。正义就是每个人在国家里执行一种最适合其天性的职务。他认为人的灵魂存在理性、精神和欲望这三种活动形式，它们又分别对应着三种美德：智慧、勇敢和节制。作为放大了的个人——国家，相应地存在着三大阶级：执政

---

① ［法］让－马克·思古德著，王雪梅译：《什么是政治的合法性?》，《外国法译评》1997 年第 2 期。

② ［法］让－马克·夸克著，佟心平、王远飞译：《合法性与政治》，北京：中央编译出版社，2002 年，第 10 页。

③ 汪文学：《再论中国古代政治正统论》，《贵州文史丛刊》1998 年第 6 期。

④ ［罗］特勒斯尼亚：《政治合法性与政治义务原则》，《国外社会科学动态》1987 年第 4 期。

者、卫士和生产者。只有当每个阶级都按照其美德各司其职时，国家才符合正义。[①] 欧洲近代启蒙运动时期，霍布斯、洛克、孟德斯鸠、卢梭等主张一套以人性论、契约论为基础的社会政治学说。他们先从逻辑上设定人类最初存在一个完全按照自然本性生活的自然状态，这种自然本性就是天赋的自然权利，主要包括生命权、自由权和财产权。但人类因某些原因无法永远生活在自然状态下，必然会进入到社会状态；在这一过渡进程中，人们通过协商，订立契约，建立政府来保护其天赋人权。若政府无法履行其职责，民众即有权推翻它。但对于建立一个什么样的政治制度，这几位思想家存在分歧：霍布斯鼓吹中央集权制，卢梭主张民主共和国，而洛克、孟德斯鸠推崇代议制。[②] 现代美国著名政治哲学家罗尔斯将正义视为指导社会基本结构设计的根本道德原则。在《正义论》中，他说："正义是社会制度的首要价值……某些法律和制度，不管它们如何有效率和有条理，只要它们不正义，就必须加以改造或废除。"[③]不过，罗尔斯的正义是一种程序正义，不同于传统的实体正义。[④] 德国知名哲学家哈贝马斯又提出"重建性"合法性，认为基于交往理性的商谈民主程序才是政治合法性的

① ［德］文德尔班著，罗达仁译：《哲学史教程》（上卷），北京：商务印书馆，1993年，第170—174页。

② 张志伟：《西方哲学十五讲》，北京：北京大学出版社，2004年，第264—284页。

③ ［美］约翰·罗尔斯著，何怀宏、何包钢、廖申白译：《正义论》，北京：中国社会科学出版社，1988年，第1页。

④ 蒋先福：《从实体正义到程序正义：卢梭与罗尔斯契约正义观之比较》，《伦理学研究》2005年第6期。

基础。①

经验主义合法性关注的是政治统治的事实，认为判定某一政治统治是否合法的依据是其现实稳定性。这一模式由马克斯·韦伯提出，他主张将价值判断从社会科学研究中剔除，保持“事实性”“客观性”和“价值中立性”的立场。在《支配的类型》一书中，他从人类以往政治统治的事实中，归纳出三种支配类型：传统型、卡理斯玛型和法制型。传统型支配方式，是指“支配者个人因踞有传统所认可的支配地位而得到他人的服从。不过支配者的支配范围亦由传统所限制。在这个情况下，服从是在传统习惯所规定的服从义务范围内对个人的恭顺”②。而卡理斯玛属于一种超凡的、超自然和超人的人格特质，具有这种特质的领袖，受到所有相信其卡理斯玛禀赋者的服从。因此这种支配方式的社会关系是纯粹私人性的，是一种非理性的支配方式，它拒绝与例行的日常生活世界有任何关联。所以这种支配只能存在于初始阶段，无法长久维持，它终究会被传统化或法制化。③至于法制性支配方式，是以理性为基础的，法令和规章必须合乎法律，而且支配者也必须在法律规定的范围内行使其权力。在此支配类型下，“一个人之所以服从是由于他服膺依法制定的一些客观的、非个人性的秩序。

① 哈贝马斯认为规范主义合法性和经验主义合法性都存在着缺点，他主张将这两种合法性范式有机结合起来，故提出了“重建性”合法性的概念。正因如此，国内学界常将哈贝马斯的合法性视作第三种合法性模式，不过，在笔者看来，哈贝马斯看重的仍然是政治合法的价值基础，他的合法性理论终究还是一种抽象的哲学架构，只是他还兼顾到了现实的层面。这可从他对合法性的定义中得到印证：“合法性意味着，对于某种要求作为正确的和公正的存在物而被认可的政治秩序来说，有着一些好的根据。一个合法的秩序应该得到承认。合法性意味着某种政治秩序被认可的价值——这个定义强调了合法性乃是某种可争论的有效性要求，统治秩序的稳定性也依赖于自身（至少）在事实上的被承认。”（[德]哈贝马斯著，张博树译：《交往与社会进化》，重庆：重庆出版社，1989 年，第 184 页）

② [德]马克斯·韦伯著，康乐等译：《经济与历史；支配的类型》，桂林：广西师范大学出版社，2004 年，第 303—304 页。

③ [德]马克斯·韦伯著，康乐等译：《经济与历史；支配的类型》，桂林：广西师范大学出版社，2004 年，第 358—370 页。

他也因此服从因正式法律而占据某项职位、行使支配的人”。[①] 美国政治学家戴维·伊斯顿则将合法性的来源归于意识形态、结构和个人品质三方面。[②] 日本学者山口定认为在当代发达国家，由于政治世俗化、民主化和大众社会化的发展，民众习惯于根据其经常性利益来评价政治。他指出：“从短期角度来看，没有‘正统性’的‘政治系统’和‘政治体制’可能会因其能够满足多数公民和多数有实力的利益团体对‘效用’和‘效率’的期待而继续存在下去；反之也是同样。从长期角度来看，即使是缺乏‘正统性’的‘政治体制’，只要它能长期成功地满足人们对‘效用’的期待，其‘效用’不久就可能转化为‘正统性’。反之，如果长期在满足‘效用’方面连续遭到失败，那么也很可能会使其原来具有的‘正统性’受到损害乃至全部丧失。”[③]

以上的这两种政治合法性研究模式，虽都有其价值，但也存在着一些问题。规范主义合法性努力寻求一种价值标准作为政治统治的终极依据，但这一价值标准却是人为构思的，带有主观性，有的因脱离实际而沦为空想。经验主义合法性看重的是政治统治的事实本身，只要某一政权是稳定的、有效的，它就是合法的。若此，独裁政府、恐怖政权只要能以强力控制住民众，则它们都是合法的，不应该被推翻。显然，这也是不合适的。

第二节　传统中国的政治合法性类型

武汉大学张星久教授认为传统中国政治合法性大体存在三种类型：政体合法性、君权合法性和王朝合法性。[④]

---

① ［德］马克斯·韦伯著，康乐等译：《经济与历史；支配的类型》，桂林：广西师范大学出版社，2004 年，第 303 页。

② ［美］戴维·伊斯顿著，王浦劬等译：《政治生活的系统分析》，北京：华夏出版社，1999 年，第 347 页。

③ ［日］山口定著，韩铁英译：《政治体制》，北京：经济日报出版社，1991 年，第 217 页。

④ 张星久：《论帝制时期中国政治正当性的基本层次》，《政治学研究》2006 年第 4 期。

关于政体，传统中国是一种君主专制政体，其发展历程大致是从小国寡民的早期王政形成了专制君权，再逐步形成地域比较广大的中央王权，之后向中央集权的帝制发展。[①] 秦代确立了中央集权的专制政体，为历代所袭用。尽管在传统社会，也有人主张取消君权，认为无君时代胜于有君时代，如《抱朴子·诘鲍》中，鲍敬言以为"古者无君胜于今世"[②]；阮籍在《大人先生传》里，歌颂远古时期"无君而庶物定，无臣而万事理"[③]。但这些仅仅是个别人的言论，既没有形成系统的无君论，也没有在现实的政治中产生实际影响。

关于君权合法性，它是指继承者权力的合法性。在传统中国，王权有一套严格周密的继承原则，其基本内容是父子相承和嫡长子继承制。商代早中期，父死子继和兄终弟及并用，但由于继承制不明，王子们常因夺位而发生争斗，《史记·殷本纪》载："自中丁以来，废適(嫡)而更立诸弟子，弟子或争相代立，比九世乱，于是诸侯莫朝。"[④]商代后期，特别是武丁之后，逐步确立了嫡长子继承制；西周时，该制成为定制。王位由嫡妻长子继承，若嫡妻无子，则立庶妻中地位最尊者，所谓"立嫡以长不以贤，立子以贵不以长"[⑤]。另外在面临多名储君人选时，德也是重要原则。《左传·昭公二十六年》云："王后无嫡，则择立长。年钧以德，德钧以卜。"[⑥]因此在某一王朝中，当君主无子或多子时，虽会为选择储君问题产生一些争执，甚至是严重的冲突对抗，但还是有传统原则可遵循的。

最后是王朝建立的合法性。新朝是在推翻灭亡前朝的前提下建立的，那么作为新政权，它要想正常有效地行使其统治权，就首先需要对其存在

---

① 张分田：《中国帝王观念》，北京：中国人民大学出版社，2004 年，第 94 页。
② 杨明照：《抱朴子外篇校笺》(下)，北京：中华书局，1997 年，第 493 页。
③ 阮籍著，李志钧等校点：《阮籍集》，上海：上海古籍出版社，1978 年，第 66 页。
④ 司马迁：《史记·殷本纪》，北京：中华书局，1959 年，第 101 页。
⑤ 何休解诂，徐彦疏：《春秋公羊传注疏》，北京：北京大学出版社，1999 年，第 13 页。
⑥ 杨伯峻：《春秋左传注》，北京：中华书局，1981 年，第 1478 页。

的合法性做一番说明和论证。大一统王朝如此，同时并立的政权也是如此。所以张星久教授所提出的帝制时代中国的政治合法性，对于政权而言最为关键的是要论证王朝合法性。本书的着眼点即在此。

由于传统中国政权以君王为中心，一朝实为一姓之政权，易姓即为易代，易代亦即易姓，所以王朝存在的合法性又常常与君王联系在一起。需特别指出的是，本书此处的君王与王朝政治合法性的关系并不同于张先生所提到的“君权合法性”。张氏之论意指在一个政权中，继承者获得权力的合法性，它与王朝的存在是否合法正当没有直接关系。只要政权建立了，储君即会按照传统的嗣位原则被推举出来。而本书则立足于王朝本身，即倘若君王不能履行其职责，异姓之人就有权推翻他的统治，而他本人统治的灭亡可能导致整个王朝的覆灭。因此在后文的研究中，本书十分强调君王在政治合法性论证中的作用。另外，本书的关注对象与西方学者也有所不同。一个政权能够正常运行，自然有其现实的合法性资源，这种资源通常是由多方面的因素共同构成的，但作为一个持久的政权，不可能没有某种价值标准，难以想象这样的政权会完全无意识、无目的地存在着，因此，一个有效政权的合法性必然是经验主义和规范主义的有机结合。本书并不想讨论现实中秩序维持的方式，也不去设想秩序建立所应该持有的价值标准，而是关注统治者如何来论证自己政权建立及维持的合法正当性。

第二章
汉初政治合法性的建构

第一节　“逐鹿”规则及功业观

从政治史的角度来看，西汉政权的建立与以往有很大的不同。第一，建立者为布衣平民而非世袭贵族。清人赵翼《廿二史札记》卷二《汉初布衣将相之局》曰：“汉初诸臣，惟张良出身最贵，韩相之子也。其次则张苍，秦御史；叔孙通，秦待诏博士。次则萧何，沛主吏掾；曹参，狱掾；任敖，狱吏；周苛，泗水卒史；傅宽，魏骑将；申屠嘉，材官。其余陈平、王陵、陆贾、郦商、郦食其、夏侯婴等，皆白徒。樊哙则屠狗者，周勃则织薄曲吹箫给丧事者，灌婴则贩缯者，娄敬则挽车者，一时人才皆出其中，致身将相，前此所未有也。……自古皆封建诸侯，各君其国，卿大夫亦世其官，成例相沿，视为固然。其后积弊日甚，暴君荒主，既虐用其民，无有底止，强臣大族又篡弑相仍，祸乱不已。再并而为七国，益务战争，肝脑涂地，其势不得不变。而数千年世侯、世卿之局，一时亦难遽变，于是先从在下者起。游说则范雎、蔡泽、苏秦、张仪等，徒步而为相。征战则孙膑、白起、乐毅、廉颇、王翦等，白身而为将。此已开后世布衣将相之例。而兼并之力尚在有国者，天方藉其力以成混一，固不能一旦扫除之，使匹夫而有天下也。于是纵秦皇尽灭六国，以开一统之局。

……汉祖以匹夫起事，角群雄而定一尊。其君既起自布衣，其臣亦自多亡命无赖之徒，立功以取将相，此气运为之也。天之变局，至是始定。”他总结道：“盖秦、汉间为天地一大变局。”[①]第二，短期内而非靠积累世之功业来创建政权。司马迁论述道：“昔虞、夏之兴，积善累功数十年……汤、武之王，乃由契、后稷修仁行义十余世，不期而会孟津八百诸侯，犹以为未可，其后乃放弑。秦起襄公，章于文、缪，献、孝之后，稍以蚕食六国，百有余载，至始皇乃能并冠带之伦。以德若彼，用力如此，盖一统若斯之难也。”[②]可见，这五个政权皆积累有数十年或数代之功，都是在量变式的不断发展壮大中获得成功的，而西汉并非如此，刘邦仅用五年时间即平定海内，建立政权。司马迁感叹道：“自生民以来，未始有受命若斯之亟也。”[③]

西汉王朝建立之初的政治合法性主要有两大来源：一是遵循“逐鹿”游戏的规则。秦末，陈胜首发难。谋事时，他利诱众人说：“王侯将相宁有种乎！”[④]这句话道出了其后两千年传统中国政治在乱世的丛林法则。辩士蒯通生动地将其喻为“逐鹿”游戏：“秦之纲绝而维弛，山东大扰，异姓并起，英俊乌集。秦失其鹿，天下共逐之，于是高材疾足者先得焉。”[⑤]“鹿”此指帝位，当时秦末大乱，政权危在旦夕。这好比狩猎游戏，鹿就是目标，大家机会均等，不问手段方式，谁先得到即谁占有，这就是游戏的规则。刘邦是最终的胜利者，因此只有他才有资格登基为帝，占有最大的权力。吕后死后，周勃、陈平等铲除了诸吕势力，而后推举代王刘恒为帝。代国的郎中令张武等议曰：“汉大臣皆故高帝时大将，习兵，多谋诈，此其属意非止此也，特畏高帝、吕太后威耳。今已诛诸吕，新啑血京师，此

① 赵翼著，王树民校证：《廿二史札记校证》，北京：中华书局，1984年，第36页。
② 司马迁：《史记·秦楚之际月表》，北京：中华书局，1959年，第759页。
③ 司马迁：《史记·秦楚之际月表》，北京：中华书局，1959年，第759页。
④ 司马迁：《史记·陈涉世家》，北京：中华书局，1959年，第1952页。
⑤ 司马迁：《史记·淮阴侯列传》，北京：中华书局，1959年，第2629页。

以迎大王为名，实不可信。愿大王称疾毋往，以观其变。”[①]周勃、陈平时官至太尉、丞相，为三公，位极人臣，张武等说“其属意非止此”，这就暗示他们可能有更大的政治图谋，比如推翻刘氏另立新政权。但中尉宋昌力排众议，认为代王即位无虞。他提出三条理由，首条为：“夫秦失其政，诸侯豪桀并起，人人自以为得之者以万数，然卒践天子之位者，刘氏也，天下绝望。”[②]意思是说在无数人参加的逐鹿游戏中，刘邦胜出，最后登基立国，其余人也就不再有这样的想法。最后，果如宋昌所料，文帝安然即位，由此反映出众臣还是认可“逐鹿”游戏规则的。《史记·高祖本纪》记载刘邦称帝后，曾与群臣讨论其胜利的原因。

> （汉五年）高祖置酒洛阳南宫。高祖曰：“列侯诸将无敢隐朕，皆言其情。吾所以有天下者何？项氏之所以失天下者何？”高起、王陵对曰：“陛下慢而侮人，项羽仁而爱人。然陛下使人攻城略地，所降下者因以予之，与天下同利也。项羽妒贤嫉能，有功者害之，贤者疑之，战胜而不予人功，得地而不予人利，此所以失天下也。”高祖曰：“公知其一，未知其二。夫运筹策帷帐之中，决胜于千里之外，吾不如子房。镇国家，抚百姓，给馈饷，不绝粮道，吾不如萧何。连百万之军，战必胜，攻必取，吾不如韩信。此三者，皆人杰也，吾能用之，此吾所以取天下也。项羽有一范增而不能用，此其所以为我擒也。”[③]

君臣各抒己见，并无避讳。臣子认为刘邦能予人以利而不私有，以利来笼络人心，使部属尽心竭力。刘邦则认为自己善于使用人才，巧用众人

① 司马迁：《史记·孝文本纪》，北京：中华书局，1959年，第413页。
② 司马迁：《史记·孝文本纪》，北京：中华书局，1959年，第413页。
③ 司马迁：《史记·高祖本纪》，北京：中华书局，1959年，第380—381页。

的力量和智慧进而转弱为强击败西楚霸王项羽。总之，不管刘邦通过什么手段，唯有他逐鹿成功，成为狩猎游戏的最后赢家，作为游戏的其他参与者，既然失败了，就要恪守游戏的规则，听命于刘氏政权。

二是功业观。传统政治观认为，据有统治权者需有功于民。大禹之父鲧，受命治理洪水，九年后，洪水仍未平息。舜"摄行天子之政，巡狩。行视鲧之治水无状，乃殛鲧于羽山以死。天下皆以舜之诛为是"[①]。鲧死后，舜又令禹治水，"禹伤先人父鲧功之不成受诛，乃劳身焦思，居外十三年，过家门不敢入"[②]，终于治水成功。他开九州、通九道、陂九泽、度九山、相地定贡，功业延于四方，"东渐于海，西被于流沙，朔、南暨：声教讫于四海"[③]。舜崩禹立，国号夏。禹死子继。《孟子·万章上》有段关于禹传子的讨论：

> 万章问曰："人有言，'至于禹而德衰，不传于贤，而传于子'。有诸？"
>
> 孟子曰："否，不然也……舜之相尧、禹之相舜也，历年多，施泽于民久。启贤，能敬承继禹之道。益之相禹也，历年少，施泽于民未久。"[④]

大禹死后，原本禅位于益，但益"佐禹日浅，天下未洽"[⑤]，故大位徙于禹之子启。

殷代祖先契辅佐大禹治水，被任命为司徒，教民五品有常，因功封于

① 司马迁：《史记·夏本纪》，北京：中华书局，1959年，第50页。
② 司马迁：《史记·夏本纪》，北京：中华书局，1959年，第51页。
③ 司马迁：《史记·夏本纪》，北京：中华书局，1959年，第77页。
④ 杨伯峻：《孟子译注》，北京：中华书局，2005年，第221—222页。
⑤ 司马迁：《史记·夏本纪》，北京：中华书局，1959年，第83页。

商，获赐子姓。《史记·殷本纪》盛赞他“功业著于百姓，百姓以平”①。其后十四世，成汤立。是时夏桀暴政，成汤灭之，代夏建商。

周代祖先弃好耕农，尧时为农师，舜时为稷，教民播时百谷，“天下得其利，有功”②。其后十五世，文王立。文王崩，武王伐纣，灭商立周。周灵王时，太子晋感叹创国之艰难，道：“自后稷以来宁乱，及文、武、成、康而仅克安民。自后稷之始基靖民，十五王而文始平之，十八王而康克安之，其难也如是。”③经过十几代的努力和积累，周方有天下。

可见，有功于民是获得政权合法性的必要条件，“德洽百姓，摄行政事，考之于天，然后在位”④。据传商汤曾对上古政权评论说：“古禹、皋陶久劳于外，其有功乎民，民乃有安。东为江，北为济，西为河，南为淮，四渎已修，万民乃有居。后稷降播，农殖百谷。三公咸有功于民，故后有立。”⑤正因为他们建有功绩，其后代才能立。

秦始皇时，功业对于政治的重要性被彻底凸显出来。《史记·秦始皇本纪》记载了嬴政二十六年议定尊号时的情形：

> （嬴政说：）“寡人以眇眇之身，兴兵诛暴乱，赖宗庙之灵，六王咸伏其辜，天下大定。今名号不更，无以称成功，传后世。其议帝号。”丞相（王）绾、御史大夫（冯）劫、廷尉（李）斯等皆曰：“昔者五帝地方千里，其外侯服夷服，诸侯或朝或否，天子不能制。今陛下兴义兵，诛残贼，平定天下，海内为郡县，法令由一统，自上古以来未尝有，五帝所不及。臣等谨与博士议曰：‘古有天皇，有地皇，有泰皇，泰皇最贵。’臣等昧死上尊号，王为‘泰皇’。命为‘制’，令为‘诏’，天

① 司马迁：《史记·殷本纪》，北京：中华书局，1959年，第91页。
② 司马迁：《史记·周本纪》，北京：中华书局，1959年，第112页。
③ 徐元诰撰，王树民、沈长云点校：《国语集解》，北京：中华书局，2002年，第100页。
④ 司马迁：《史记·秦楚之际月表》，北京：中华书局，1959年，第759页。
⑤ 司马迁：《史记·殷本纪》，北京：中华书局，1959年，第97页。

子自称曰‘朕。’”王曰：“去‘泰’，著‘皇’，采上古‘帝’位号，号曰‘皇帝’。他如议。”①

战国时，诸侯国君称为王，也有称帝者。但嬴政都觉不满意，最后自创“皇帝”一名——合“皇”（三皇）、“帝”（五帝）两个至贵尊号于一体，其之所以如此，就是要“称成功”，即符合其结束东周550年乱局而一统天下的不世之功。秦始皇巡行东方时，曾刻石数方，以此来颂扬其丰功伟绩，其中占内容最多的就是歌颂他统一六国、平定天下的壮举，足见在当时君臣眼中，定天下为秦第一宏业。如二十八年《峄山刻石》：“追念乱世，分土建邦，以开争理。功战日作，流血于野，自泰古始。世无万数，陀及五帝，莫能禁止。乃今皇帝，一家天下，兵不复起。灾害灭除，黔首康定，利泽长久。”②二十八年《泰山刻石》：“二十有六年，初并天下，罔不宾服。”③二十九年《之罘刻石》：“烹灭强暴，振救黔首，周定四极。”④二十九年《之罘东观刻石》：“圣法初兴，清理疆内，外诛暴强。武威旁畅，振动四极，禽灭六王。阐并天下，灾害绝息，永偃戎兵。”⑤三十二年《碣石刻石》：“皇帝奋威，德并诸侯，初一泰平。”⑥

可以说，秦平定天下的功业为其政权建立起最为坚不可摧的根基。同理，经过数年角逐，刘邦一统天下，这一事实也是其统治合法性最有力的来源。西汉开国功臣也恰恰是以此来劝谏刘邦称帝的。《汉书·高帝纪下》载：

① 司马迁：《史记·秦始皇本纪》，北京：中华书局，1959年，第236页。
② 王昶：《金石萃编》卷四秦，中国东方文化研究会历史文化分会编：《历代碑志丛书》（第四册），南京：江苏古籍出版社，1998年，第76页上栏。
③ 司马迁：《史记·秦始皇本纪》，北京：中华书局，1959年，第243页。
④ 司马迁：《史记·秦始皇本纪》，北京：中华书局，1959年，第249页。
⑤ 司马迁：《史记·秦始皇本纪》，北京：中华书局，1959年，第250页。
⑥ 司马迁：《史记·秦始皇本纪》，北京：中华书局，1959年，第252页。

(汉五年)诸侯上疏曰:"楚王韩信、韩王信、淮南王英布、梁王彭越、故衡山王吴芮、赵王张敖、燕王臧荼昧死再拜言,大王陛下:先时秦为亡道,天下诛之。大王先得秦王,定关中,于天下功最多。存亡定危,救败继绝,以安万民,功盛德厚。又加惠于诸侯王有功者,使得立社稷。地分已定,而位号比儗,亡上下之分,大王功德之著,于后世不宣。昧死再拜上皇帝尊号。"汉王曰:"寡人闻帝者贤者有也,虚言亡实之名,非所取也。今诸侯王皆推高寡人,将何以处之哉?"诸侯王皆曰:"大王起于细微,灭乱秦,威动海内。又以辟陋之地,自汉中行威德,诛不义,立有功,平定海内,功臣皆受地食邑,非私之也。大王德施四海,诸侯王不足以道之,居帝位甚实宜,愿大王以幸天下。"汉王曰:"诸侯王幸以为便于天下之民,则可矣。"于是诸侯王及太尉长安侯臣绾等三百人,与博士稷嗣君叔孙通谨择良日二月甲午,上尊号。汉王即皇帝位于汜水之阳。①

韩信等诸侯王认为刘邦存亡定危、平定宇内、安抚万民,于天下功最大,可为帝。西汉初年,陆贾还用高祖以寒微之身平定天下的事迹成功说服南越赵佗臣服汉室。《汉书·郦陆朱刘叔孙传》载陆贾对南越王赵佗说:"皇帝起丰沛,讨暴秦,诛强楚,为天下兴利除害,继五帝三王之业,统天下,理中国。中国之人以亿计,地方万里,居天下之膏腴,人众车舆,万物殷富,政由一家,自天地剖判未始有也。"②

以上两点是西汉政权得到众人认可的主要合法性依据。显然,它们都是基于刘邦荡平群雄、一统天下的事实。但传统政治合法性的资源绝不止此。西汉建国后,统治阶层不断进行更精细化的建构,其中一个重要内容便是对天命观的阐释。

---

① 班固:《汉书·高帝纪下》,北京:中华书局,1962年,第52页。

② 班固:《汉书·郦陆朱刘叔孙传》,北京:中华书局,1962年,第2112页。

第二节　天命观

天命思想起源于上古社会的原始宗教信仰，当时原始人无法理解自然界的种种现象，如风雨雷电等，往往把它们归为某种神灵的役使，认为人和自然背后有超自然力量在支配，并将其作为统治者行使权力的超验性依据和宗教性阐释。①

汉初，对天命观的阐释，主要通过两种途径达到：一是社会大众的主动接受。其逻辑为：(1)大前提：只要据有政权就是禀受天命之人；(2)小前提：刘邦据有政权；(3)结论：刘邦就是禀受天命之人。譬如陆贾说："五年之间，海内平定，此非人力，天之所建也。"②宋昌曰："此乃天授，非人力也。"③刘邦本人对此也很是坚信。《史记·高祖本纪》载：

> 高祖击(英)布时，为流矢所中，行道病。病甚，吕后迎良医。医入见，高祖问医。医曰："病可治。"于是高祖嫚骂之曰："吾以布衣提三尺剑取天下，此非天命乎？命乃在天，虽扁鹊何益！"遂不使治病，赐金五十斤罢之。④

刘邦竟因笃信天命而不治身亡。司马迁同样认为高祖乃上天所命，其业非人力可为："王迹之兴，起于闾巷，合从讨伐，轶于三代，乡秦之禁，适足以资贤者为驱除难耳。故愤发其所为天下雄，安在无土不王。此乃传

---

① 何平立：《两汉天命论：皇权政治的双刃剑》，《上海大学学报》(社会科学版)2005年第1期。

② 班固：《汉书·郦陆朱刘叔孙传》，北京：中华书局，1962年，第2111页。

③ 司马迁：《史记·孝文本纪》，北京：中华书局，1959年，第414页。

④ 司马迁：《史记·孝文本纪》，北京：中华书局，1959年，第391页。

之所谓大圣乎？岂非天哉，岂非天哉！非大圣孰能当此受命而帝者乎？”①

二是统治者的主动建构。这又分几种情况：(1)自我身份的神化。为了宣扬刘邦是受命于天的，统治阶层编造出种种祥瑞。祥瑞的特点是神异离奇、非常人可识，而这恰恰体现出受命者的与众不同。《史记·高祖本纪》记载了多处刘邦发迹前的祥瑞，如刘母感蛟龙产刘邦，刘邦相貌异于常人等。同时，还虚构出了刘邦赤帝子的身份。前述，赤帝子的传说本是为军事目的而编造的，但西汉建立后，它并未因军事目的的实现而消亡，而是被改造成为刘邦代秦的符应，成为刘氏享天命的证据。《史记·高祖本纪》载刘邦“隆准而龙颜，美须髯，左股有七十二黑子”。②《史记正义》曰：“《合诚图》云：‘赤帝体为朱鸟，其表龙颜，多黑子。’按：左，阳也。七十二黑子者，赤帝七十二日之数也。”可见，刘邦确被认为是赤帝子。汉代皇帝世代相传斩蛇宝剑。《西京杂记》言：“汉帝相传以秦王子婴所奉白玉玺、高祖斩白蛇剑。”③斩蛇剑还被立祠祭祀。宣帝神爵元年，“以方士言，为随侯、剑宝、玉宝璧、周康宝鼎立四祠于未央宫中”④，其中的“剑宝”即为斩蛇剑。皇帝出行还以斩蛇剑相随。《汉官旧仪》卷上云：“出殿则传跸，止人清道，建五旗，丞相、九卿执兵奉引。乘舆冠高山冠，飞羽之缨，帻耳赤，丹纨里，带七尺斩蛇剑，履虎尾絇履，诸王归国称从。”⑤《汉官仪》曰：“驾出，则一人负传国玺，操斩蛇剑乘。”⑥东汉皇帝即位，要授予斩蛇剑。《后汉书志·礼仪下》载：“三公奏《尚书·顾命》，太子即日即天子位于柩前，请太子即皇帝位……太尉升自阼阶，当柩御坐北面稽首，

---

① 司马迁：《史记·秦楚之际月表》，北京：中华书局，1959年，第760页。

② 班固：《史记·高祖本纪》，北京：中华书局，1959年，第342页。

③ 葛洪撰，周天游校注：《西京杂记》，西安：三秦出版社，2006年，第26页。

④ 班固：《汉书·郊祀志上》，北京：中华书局，1962年，第1250页。

⑤ 卫宏撰，纪昀等辑：《汉官旧仪》，周天游点校：《汉官六种》，北京：中华书局，1990年，第30页。

⑥ 应劭撰，孙星衍校集：《汉官仪》，周天游点校：《汉官六种》，北京：中华书局，1990年，第137页。

读策毕，以传国玉玺绶东面跪授皇太子，即皇帝位。中黄门掌兵以玉具、随侯珠、斩蛇宝剑授太尉，告令群臣，群臣皆伏称万岁。”①

另外，斩蛇剑还被视为皇帝信物，象征皇权。《后汉书·刘玄刘盆子列传》载：“樊崇乃将盆子及丞相徐宣以下三十余人肉袒降，上所得传国玺绶，更始七尺宝剑及玉璧各一。”②樊崇所献之物，不仅有传国玺绶，还有斩蛇剑，足见斩蛇剑地位之尊。而且此斩蛇剑原是更始帝刘玄之物，刘玄投降赤眉军后归刘盆子政权，这也能反映出斩蛇剑对于刘氏政权的特殊性。又如光武帝建武二年，赤眉军、延岑暴乱三辅，郡县大姓各拥兵众，大司徒邓禹不能平定，于是刘秀派遣冯异讨伐，临行前“赐以乘舆七尺具剑”③。光武帝所赐予的“七尺具剑”即是斩蛇剑。

关于斩蛇剑的长度，史载为七尺。《史记索隐》引崔豹《古今注》曰：“当高祖为亭长，理应提三尺剑耳；及贵，当别得七尺宝剑。”④其意是说刘邦称帝后，为了显示其最高的权威，特意铸造七尺巨剑。其实，两汉时期之所以要铸造斩蛇巨剑，并不仅仅是为了彰显皇帝的权威，更主要是出于一种政治信仰，即以斩蛇剑来说明刘邦以赤帝子斩白帝子故事的真实性，并以之作为受命于天的符应，从而增强刘氏政权的神圣性。而斩蛇剑长度之所以定为七尺，是因为赤属火，火尚七。从上引可见，斩蛇剑和传国玉玺常同时出现，何以如此？这是因为传国玉玺是汉帝最高权威的现实信物，只要拥有了玉玺就能享有最高的统治权力，而一旦被夺取玉玺也就表明最高权力的丧失；而斩蛇剑则是汉帝最高权威的神性信物，以此表明自己赤帝子的神性身份，以示自己的政权是上天授予的。所以无论是汉帝的即位还是出行，传国玉玺和斩蛇剑总是同时相随，这是在以两者的现实和

① 范晔：《后汉书·礼仪下》，北京：中华书局，1965年，第3143页。
② 范晔：《后汉书·刘玄刘盆子列传》，北京：中华书局，1965年，第485页。
③ 范晔：《后汉书·冯岑贾列传》，北京：中华书局，1965年，第645页。
④ 司马迁：《史记·高祖本纪》，北京：中华书局，1959年，第348页。

神性的双重象征意义，表明自己才是整个帝国的最高权威。

(2)异常天象。在传统中国社会，天学有两个主要部分：一是所谓的天数，即通过观察日月星辰的运行制定出历法，这是可算可推而不可违逆的大法统；一是所谓的天意，即对天象的解释。① 对于前者，能直接运用到民众的日常生活中去，方便他们安排农事或其他活动。制定颁行历法也是统治者一项重要的职责。《尚书·尧典》就说："(尧)乃命羲、和钦若昊天，历象日月星辰，敬授人时。"②对于后者，即通常所说的星占学，这是传统中国天学的重要内容。科技史专家江晓原提出了"政治天文学"的概念，以此说明中国古代天文及星占学的政治、文化功能，及其性质和地位，并指出这是"天人之际"主题中最核心的部分。③

星占学贯穿的根本原则是"天垂象，见吉凶"④。上天显以天象来昭示人间政治得失，政事清明则显吉兆，政事败坏则降凶兆，这样天命与政治就用天象连接了起来，天象成为上天显示其旨意的工具。

《史记·天官书》载："汉之兴，五星聚于东井。"⑤"五星"指金木水火土五大行星，"东井"即井宿，为二十八宿之一，乃秦地分野，所谓"五星聚于东井"指五星合聚于井宿。"五星合聚"，在占星学上，富有深意："有德，受庆，改立大人，掩有四方，子孙蕃昌；无德，受殃若亡。"⑥即有德者昌，无德者败。入关后，刘邦与民约法三章，去除秦酷法，"秦人大喜，争持牛羊酒食献飨军士。沛公又让不受……(秦)人又益喜，唯恐沛公不为秦王"⑦。随后而至的项羽，虽兵强势大，但"屠烧咸阳秦宫室，所过无不

① 萧延中：《中国古代"天学"理念与政治合法性信仰的建构》，《华东师范大学学报》(哲学社会科学版)2008 年第 1 期。

② 孔安国传，孔颖达疏：《尚书正义》，上海：上海古籍出版社，2007 年，第 38 页。

③ 江晓原：《星占学与传统文化》，上海：上海古籍出版社，1992 年，第 194 页。

④ 王弼注，孔颖达疏：《周易正义》，北京：北京大学出版社，1999 年，第 290 页。

⑤ 司马迁：《史记·天官书》，北京：中华书局，1959 年，第 1348 页。

⑥ 司马迁：《史记·天官书》，北京：中华书局，1959 年，第 1321 页。

⑦ 司马迁：《史记·高祖本纪》，北京：中华书局，1959 年，第 362 页。

残破。秦人大失望，然恐，不敢不服耳”[①]。显然，“有德，受庆”者乃刘邦也，该天象也被视为刘邦受命于天的征兆。《史记·张耳陈余列传》记载，陈余攻袭张耳，张耳败走。甘公劝之降刘邦，说：“汉王之入关，五星聚于东井。东井者，秦分也。先至必霸。楚虽强，后必属汉。”[②]可见当时，刘邦已被部分人视为受命之主。

与《史记》相比，《汉书》对此记载更为明确。《汉书·高帝纪上》云：“(汉)元年冬十月，五星聚于东井。”[③]《汉书·天文志》载：“汉元年十月，五星聚于东井，以历推之，从岁星也。此高皇帝受命之符也。故客谓张耳曰：‘东井秦地，汉王入秦，五星从岁星聚，当以义取天下。’秦王子婴降于枳道，汉王以属吏，宝器妇女亡所取，闭宫封门，还军次于霸上，以候诸侯。与秦民约法三章，民亡不归心者，可谓能行义矣，天之所予也。五年遂定天下，即帝位。此明岁星之崇义，东井为秦之地明效也。”[④]这是说该天象发生于汉元年十月，即汉历的一月，乃岁首也；岁星(木星)先至，《汉书·天文志》曰：“凡五星所聚宿，其国王天下：从岁以义……”[⑤]即刘邦是以义取天下。但这两个信息是有误的。黄一农指出，五星聚于东井不是发生在汉元年十月，而是汉二年四五月间，且是土星而非木星先至。[⑥]而《汉书》之所以将刘邦至灞上与异象发生的时间捏合到一起，不过是为了更好地证明刘邦王天下的天命属性。古代学者早已洞察到这一点，如高允曰：“是史官欲神其事，不复推之于理。”[⑦]刘攽云：“五星本以秦十月聚东井，高帝乃以夏十月入秦也，时人欲见汉德应天命，故合而言之。”[⑧]

① 司马迁：《史记·高祖本纪》，北京：中华书局，1959年，第365页。
② 司马迁：《史记·张耳陈余列传》，北京：中华书局，1959年，第2581页。
③ 班固：《汉书·高帝纪上》，北京：中华书局，1962年，第22页。
④ 班固：《汉书·天文志》，北京：中华书局，1962年，第1301—1302页。
⑤ 班固：《汉书·天文志》，北京：中华书局，1962年，第1286页。
⑥ 黄一农：《社会天文学史十讲》，上海：复旦大学出版社，2004年，第64页。
⑦ 魏收：《魏书·高允列传》，北京：中华书局，1974年，第1068页。
⑧ 方回：《续古今考》卷五，钦定四库全书本。

(3) 五德终始说。汉初各项制度并不完备，但刘邦亲自立水德为法定德运，并得到张苍的支持，足见汉朝最高统治阶层对德运问题的重视。文帝时，贾谊、公孙臣重议德运，并一度得到皇帝的支持，亦可见汉室对本朝德运的慎重。及至武帝，更以土德为新的法定德运。汉政府对德运的反复讨论乃至变更，其目的无非是从天命观的角度来阐释其正统地位。

第三章
西汉后期政治合法性的重构

汉初统治者虽然对其政治合法性进行了一定的建构，但相对而言，这并非他们所关注的核心的问题。当时，稳定政治秩序、恢复社会经济才是首务。因此，尽管彼时对政治合法性的论证不够精致，稍显粗糙，然无损实际的统治效果。不过，武帝后期随着政治危机的日益加剧，汉室统治的合法性便成为一大问题。相应地，如何重建其政治合法性，亦成为一重大政治课题。

第一节　合法性危机的缘由

一个政权为什么会出现合法性危机？简言之，就是实际的政治统治与合法性资源产生了重大的背离，或者说统治过程中所产生的问题无法再支撑合法性的依据。武帝后期，这一困境已出现，昭宣二帝时得以缓解，但元帝之后愈加严重，甚至成为西汉政府难以突破的死结，最后直至王莽代汉。

一、职责合法性

除了以上所提及的几种政治合法性资源，传统政治观中还有另一重要的合法性：职责合法性。为什么会存在统治阶级？其存在的价值或意义何在？统治阶级要使民众服从其统治，就必须陈述其存在的有用性(即职责)。

《尚书·梓材》曰："皇天既付中国民，越厥疆土，于先王肆。王惟德用和怿，先后迷民，用怿先王受命。"①大意是说，上帝把民众与土地赐予先王，后王只有施行德政，才能完成先王所承受的大命。这就将天命(即治权)、民、王、德四者联系起来。民非王之私有物，他们是上天降生，上天选择睿智超凡之人做君主来保护民众，所以人君是在代天理民。人君以善德保民就能享有天命，若以暴德虐民则会失去天命。因此，人君能否享有天命，即握有统治权，赖其保民的效果。同篇还言："欲至于万年惟王，子子孙孙永保民。"②意为要想周王朝的统治万年长存，周天子就要永远保护好他的民众。可见，保民是人君的重要职责。"天生民而立之君，使司牧之"③，君代替上天来管理民众，"助上帝宠之"④，故君又被称为民主、民父母。西方学者卡尔·宾格尔曾指出："中国的皇帝没有统治的'权力'，仅有'天命'，即一种必须履行的职责。皇帝有职责治理好国家。"⑤

那么，君王保民的内容是什么呢？主要有两点：其一，养民，即在经济上要满足民众的基本生活需求，以保障其生存权。《左传·文公七年》记载有一则晋国重臣郤缺与赵宣子的对话：

> 晋郤缺言于赵宣子曰："……《夏书》曰：'戒之用休，董之用威，劝之以《九歌》，勿使坏。'九功之德皆可歌也，谓之《九歌》。六府、

① 孔安国传，孔颖达疏：《尚书正义》，上海：上海古籍出版社，2007年，第567页。

② 孔安国传，孔颖达疏：《尚书正义》，上海：上海古籍出版社，2007年，第567页。

③ 杨伯峻：《春秋左传注·襄公十四年》，北京：中华书局，1981年，第1016页。

④ 杨伯峻：《孟子译注》，北京：中华书局，2005年，第31页。

⑤ 转引自赵鼎新：《"天命观"及政绩合法性在古代和当代中国的体现》，《经济社会体制比较》2012年第1期。

三事，谓之九功。水、火、金、木、土、谷，谓之六府；正德、利用、厚生，谓之三事。”①

郤缺所引《夏书》，后被伪古文尚书采入《大禹谟》中，其文为：

禹曰：“於，帝（引者注：指舜）念哉！德惟善政，政在养民。水、火、金、木、土、谷惟修，正德、利用、厚生惟和。九功惟叙，九叙惟歌。戒之用休，董之用威，劝之以九歌，俾勿坏。”帝曰：“俞。地平天成，六府、三事允治，万世永赖，时乃功。”②

孔颖达疏曰：“‘正德’者，自正其德，居上位者正己以治民，故所以率下人。‘利用’者，谓在上节俭，不为縻费，以利而用，使财物殷阜，利民之用，为民兴利除害，使不匮乏，故所以阜财。‘阜财’谓财丰大也。‘厚生’谓薄征徭，轻赋税，不夺农时，令民生计温厚，衣食丰足，故所以养民也。”依这种注解，利用、厚生都是从经济方面厚养民众，孔疏又云：“立君所以养民，人君若能如此，则为君之道备矣。”谓利用、厚生为人君之要事。东周时，这一认识成为通识。如楚大夫申叔时曰：“民生厚而德正，用利而事节。”③齐国晏子曰：“夫民，生厚而用利，于是乎正德以幅之。”④东方小国之君邾文公更是直截了当地点出：“（君）命在养民。”⑤战国时，赵武灵王亦云：“夫制国有常，而利民为本。”⑥秦始皇也将能够养民作为其功绩，如二十八年《琅邪刻石》：“皇帝之功，勤劳本事。上农除末，

① 杨伯峻：《春秋左传注·文公七年》，北京：中华书局，1981 年，第 563—564 页。
② 孔安国传，孔颖达疏：《尚书正义》，上海：上海古籍出版社，2007 年，第 126—127 页。
③ 杨伯峻：《春秋左传注·成公十六年》，北京：中华书局，1981 年，第 881 页。
④ 杨伯峻：《春秋左传注·襄公二十八年》，北京：中华书局，1981 年，第 1150 页。
⑤ 杨伯峻：《春秋左传注·文公十三年》，北京：中华书局，1981 年，第 598 页。
⑥ 刘向集录：《战国策·赵二》，上海：上海古籍出版社，1998 年，第 655 页。

黔首是富……诛乱除害，兴利致福。节事以时，诸产繁殖。”①三十二年《碣石刻石》：“男乐其畴，女修其业，事各有序。惠被诸产，久并来田，莫不安所。”②

其二，正民，“政以正民”③。君王在养民的基础上，还要维护社会的秩序，给民众提供一个安定有序的生存环境。“君，将纳民于轨、物者也。”④意为君王有制定法度以规范社会，使民不妄作的职责。《尚书·洪范》九畴之五为皇极，即君王的统治法则。“皇建其有极，敛时五福，用敷赐厥庶民”，“皇极之敷言，是彝是训，于帝其训”⑤。君王制定法则，广施于民众，民众应遵守奉行之。殷周时期，统治者注重用刑来正民，重在防民。《尚书·吕刑》云：“折民惟刑。”⑥折即制，这是说治理民众要靠刑罚。《尚书·盘庚上》曰：“以常旧服，正法度。”⑦在此，盘庚告诫群臣要效法先王旧制，饬正法纪。西周统治者还认识到不能滥用刑罚。周公告诫卫康叔：“敬明乃罚”⑧，“明德慎罚”⑨，“钦哉，钦哉！惟刑之恤哉！”⑩即应当慎重用刑；“明于刑之中”⑪，“用中罚”⑫，意为用刑应坚持适中的原则。到了春秋时，统治者更强调用礼来顺民，重在导民。“夫礼，所以整民也。”⑬在礼的规范下，“君臣、上下、父子、兄弟、内外、大小皆有威仪”⑭。官民各行其事：“在礼，家施不及国，民不迁，农不移，工贾不变，

① 司马迁：《史记·秦始皇本纪》，北京：中华书局，1959年，第245页。
② 司马迁：《史记·秦始皇本纪》，北京：中华书局，1959年，第252页。
③ 杨伯峻：《春秋左传注·桓公二年》，北京：中华书局，1981年，第92页。
④ 杨伯峻：《春秋左传注·隐公五年》，北京：中华书局，1981年，第42页。
⑤ 孔安国传，孔颖达疏：《尚书正义》，上海：上海古籍出版社，2007年，第459、464页。
⑥ 孔安国传，孔颖达疏：《尚书正义》，上海：上海古籍出版社，2007年，第776页。
⑦ 孔安国传，孔颖达疏：《尚书正义》，上海：上海古籍出版社，2007年，第340页。
⑧ 孔安国传，孔颖达疏：《尚书正义》，上海：上海古籍出版社，2007年，第536页。
⑨ 孔安国传，孔颖达疏：《尚书正义》，上海：上海古籍出版社，2007年，第532页。
⑩ 孔安国传，孔颖达疏：《尚书正义》，上海：上海古籍出版社，2007年，第88页。
⑪ 孔安国传，孔颖达疏：《尚书正义》，上海：上海古籍出版社，2007年，第777页。
⑫ 孔安国传，孔颖达疏：《尚书正义》，上海：上海古籍出版社，2007年，第698页。
⑬ 杨伯峻：《春秋左传注·庄公二十三年》，北京：中华书局，1981年，第226页。
⑭ 杨伯峻：《春秋左传注·襄公三十一年》，北京：中华书局，1981年，第1194页。

士不滥，官不滔，大夫不收公利。”[1]民众按照礼的原则行事，即能安身立命。“民受天地之中以生，所谓命也。是以有动作礼义威仪之则，以定命也。”[2]礼还是“国之干”[3]，可以“经国家，定社稷，序民人，利后嗣”[4]。荀子就说：“国无礼则不正。礼之所以正国也，譬之犹衡之于轻重也，犹绳墨之于曲直也，犹规矩之于方圆也，既错之而人莫之能诬也。”[5]又说：“制礼义以分之，使有贫富贵贱之等，足以相兼临者，是养天下之本也。”[6]这都是在强调礼在稳定秩序中的重要功效。秦朝时，正民依然被视为皇帝的应然职责，如二十八年《泰山刻石》：“贵贱分明，男女礼顺，慎遵职事。”[7]二十八年《琅邪刻石》：“端平法度，万物之纪……除疑定法，咸知所辟……尊卑贵贱，不踰次行……欢欣奉教，尽知法式。”[8]二十九年《之罘刻石》：“大圣作治，建定法度，显箸纲纪……普施明法，经纬天下，永为仪则。”[9]

总之，君王根本的职责就是保民，析言之为养民和正民，其中养民是前提，为生人之道；正民是核心，为成人之道。儒家对此论述颇明。《论语·子路》记载：“子适卫，冉有仆。子曰：‘庶矣哉！’冉有曰：‘既庶矣，又何加焉？’曰：‘富之。’曰：‘既富矣，又何加焉？’曰：‘教之。’”[10]在孔子看来，为政就是要富而教之。《孟子·梁惠王上》载，孟子对齐宣王陈说王道曰：“无恒产而有恒心者，惟士为能。若民，则无恒产，因无恒心。苟

① 杨伯峻：《春秋左传注·昭公二十年》，北京：中华书局，1981年，第1480页。
② 杨伯峻：《春秋左传注·成公十三年》，北京：中华书局，1981年，第860页。
③ 杨伯峻：《春秋左传注·僖公十一年》，北京：中华书局，1981年，第338页。
④ 杨伯峻：《春秋左传注·隐公十一年》，北京：中华书局，1981年，第76页。
⑤ 王先谦撰，沈啸寰、王星贤点校：《荀子集解》，北京：中华书局，1988年，第209—210页。
⑥ 王先谦撰，沈啸寰、王星贤点校：《荀子集解》，北京：中华书局，1988年，第152页。
⑦ 司马迁：《史记·秦始皇本纪》，北京：中华书局，1959年，第243页。
⑧ 司马迁：《史记·秦始皇本纪》，北京：中华书局，1959年，第245页。
⑨ 司马迁：《史记·秦始皇本纪》，北京：中华书局，1959年，第249页。
⑩ 杨伯峻：《论语译注》，北京：中华书局，2009年，第134—135页。

无恒心，放辟邪侈，无不为已。”“五亩之宅，树之以桑，五十者可以衣帛矣。鸡豚狗彘之畜，无失其时，七十者可以食肉矣。百亩之田，勿夺其时，八口之家可以无饥矣。谨庠序之教，申之以孝悌之义，颁白者不负戴于道路矣。老者衣帛食肉，黎民不饥不寒，然而不王者，未之有也。”[①]孟子认为治民首先要使其饱食暖衣逸居，有一定的经济财产；之后再施以教化，使其懂得礼义之理。如此才能至王道，服天下。又《荀子·大略篇》曰：“不富无以养民情，不教无以理民性。故家五亩宅，百亩田，务其业而勿夺其时，所以富之也；立大学，设庠序，修六礼，明十教，所以道之也。《诗》曰：‘饮之食之，教之诲之。’王事具矣。”[②]这跟孟子的观点几乎一致。

人君负有代天保民的重任，若不能履行这一神圣职责，上天便会抛弃之。周厉王时大夫芮良夫云：“后除民害，不惟民害；害民，乃非后，惟其仇。后作类。后弗类，民不知后，惟其怨。民至亿兆，后一而已。寡不敌众，后其危哉！”[③]这是说君王要行善除害，若不能为之，就是民众的仇敌，民众就有权推翻他。民众繁多，君王仅有一人，众寡悬殊，君王就很危险了。前559年，卫献公被逐。对此，晋悼公与师旷有段评论。《左传·襄公十四年》载：

> 师旷侍于晋侯。晋侯曰：“卫人出其君，不亦甚乎？”对曰：“或者其君实甚。良君将赏善而刑淫，养民如子，盖之如天，容之如地；民奉其君，爱之如父母，仰之如日月，敬之如神明，畏之如雷霆，其可出乎？夫君，神之主而民之望也。若困民之主，匮神乏祀，百姓绝

---

① 杨伯峻：《孟子译注》，北京：中华书局，2005年，第17页。

② 王先谦撰，沈啸寰、王星贤点校：《荀子集解》，北京：中华书局，1988年，第498—499页。

③ 黄怀信：《逸周书校补注释》，西安：三秦出版社，2006年，第364页。

望，社稷无主，将安用之？弗去何为？天生民而立之君，使司牧之，勿使失性。……天之爱民甚矣，岂其使一人肆于民上，以从其淫，而弃天地之性？必不然矣。”①

晋悼公站在君主的立场，认为卫人赶走其国君，太过分了。但师旷认为若君主不能承担其职责，反而恣意凌民，推翻他就是正当的，正所谓“天之生民，非为君也。天之立君，以为民也”②。民、君的关系是民主君客，君虽有统治权，但其统治并非为己而是为民，并非为私而是为公。前548年，齐庄公因与崔杼妻棠姜私通，被崔杼杀死。晏子的随从询问他是陪死还是逃亡，晏子答道：“君民者，岂以陵民？社稷是主。臣君者，岂为其口实，社稷是养。故君为社稷死，则死之；为社稷亡，则亡之。若为己死，而为己亡，非其私暱，谁敢任之？”③在他看来，人君为民、国而死，朝臣亦当效之，这是在尽职；但若人君因个人私事而被杀或遭逐，则朝臣就没有必要同随了。在此，他区分了人君的两种行为：为私、己还是为民、国。上天立君乃为民，君不为民，反暴民虐民，是失职。战国时，孟子提出了“民为贵，社稷次之，君为轻”④的观点，其实这绝非旷世高论，而是当时主流的认识。

另外，还有一个问题是如何保民？答案为“德”，以德保民。这一思想早在西周时期便出现了。周公曰：“惟殷先哲王德，用康乂民，作求。”⑤召公曰：“天亦哀于四方民，其眷命用懋，王其疾敬德。”⑥芮伯训诫周厉王：“予惟民父母，致厥道，无远不服；无道，左右臣妾乃违。民归于德，德

① 杨伯峻：《春秋左传注·襄公十四年》，北京：中华书局，1981年，第1016—1018页。
② 王先谦撰，沈啸寰、王星贤点校：《荀子集解》，北京：中华书局，1988年，第504页。
③ 杨伯峻：《春秋左传注·襄公二十五年》，北京：中华书局，1981年，第1098页。
④ 杨伯峻：《孟子译注》，北京：中华书局，2005年，第328页。
⑤ 孔安国传，孔颖达疏：《尚书正义》，上海：上海古籍出版社，2007年，第545页。
⑥ 孔安国传，孔颖达疏：《尚书正义》，上海：上海古籍出版社，2007年，第580—581页。

则民戴，否则民仇。”[①]到了春秋时期，这种观念仍然未变。《左传》隐公四年载，卫国州吁弑桓公自立。鲁大夫众仲指出，“夫州吁弑其君，而虐用其民，于是乎不务令德”，应当“以德和民”。[②] 僖公二十四年，周大夫富辰曰：“大上以德抚民。”[③]襄公九年，智武子曰：“我之不德，民将弃我。”[④]昭公二十六年，齐景公与晏婴有一段对话：

> 齐侯与晏子坐于路寝，公叹曰：“美哉室！其谁有此乎?”晏子曰：“敢问，何谓也?”公曰：“吾以为在德。”对曰：“如君之言，其陈氏乎！陈氏虽无大德，而有施于民。豆、区、釜、钟之数，其取之公也薄，其施之民也厚。公厚敛焉，陈氏厚施焉，民归之矣。《诗》曰：‘虽无德与女，式歌且舞。’陈氏之施，民歌舞之矣。后世若少惰，陈氏而不亡，则国其国也已。”[⑤]

齐景公作为一代国君，能认识到以德保民，说明其并非无能寡智之辈。但可惜，他空有这种认识并没有付之于政，国命渐为陈氏所夺而无能为力。

儒家更是提出德治的治国方略，主张以道德教化为主要手段来维持统治。孔子就说：“为政以德，譬如北辰居其所而众星共之”，“道之以德，齐之以礼，有耻且格。”[⑥]

综上可知，君王建立政权后，并非一劳永逸、高枕无忧，而是必须履行其保民的职责。若君不能履行其职责，民众就可以推翻他的统治，由此

---

① 黄怀信：《逸周书校补注译》，西安：三秦出版社，2006 年，第 363 页。
② 杨伯峻：《春秋左传注・隐公四年》，北京：中华书局，1981 年，第 36 页。
③ 杨伯峻：《春秋左传注・僖公二十四年》，北京：中华书局，1981 年，第 420 页。
④ 杨伯峻：《春秋左传注・襄公九年》，北京：中华书局，1981 年，第 969 页。
⑤ 杨伯峻：《春秋左传注・昭公二十六年》，北京：中华书局，1981 年，第 1480 页。
⑥ 杨伯峻：《论语译注》，北京：中华书局，2009 年，第 11、12 页。

又产生出另一种论证政权合法性的观念——罪责观。

为什么要推翻旧政权呢？对于新政权而言，论证自己政治合法性的一个简捷有效途径即宣扬旧政权有罪。旧政权有罪就为新政权举兵讨伐提供了一个道义上的正当性，给自己的行为笼罩上了一层合法的外衣，所谓“替天行道”是也。试举几例：

(1)商汤灭夏

《尚书·汤誓》：

> (商汤誓师道：)“今尔有众，汝曰我后不恤我众，舍我穑事而割正夏。予惟闻汝众言，夏氏有罪，予畏上帝，不敢不正。今汝其曰夏罪其如台。夏王率遏众力，率割夏邑，有众率怠弗协，曰：时日曷丧？予及汝皆亡！夏德若兹，今朕必往。”①

夏桀耗尽民力，民众不愿拥护他，宁愿与其一同灭亡。夏政败坏，故上帝命我商汤征伐之，我商汤畏惧天命，不敢不如此。

(2)武王伐纣

《尚书·牧誓》：

> (武王道：)“古人有言曰：‘牝鸡无晨。牝鸡之晨，惟家之索。’今商王受惟妇言是用，昏弃厥肆祀弗答，昏弃厥遗王父母弟不迪。乃惟四方之多罪逋逃是崇、是长，是信、是使，是以为大夫、卿士，俾暴虐于百姓，以奸宄于商邑。今予发惟恭行天之罚。”②

---

① 孔安国传，孔颖达疏：《尚书正义》，上海：上海古籍出版社，2007年，第285页。

② 孔安国传，孔颖达疏：《尚书正义》，上海：上海古籍出版社，2007年，第423—425页。

《逸周书·商誓解》：

王(引者按：指武王)曰："嗟！尔众：予言非敢顾天命，予来致上帝之威命明罚……在昔后稷，惟上帝之言，克播百谷，登禹之绩。凡在天下之庶民，罔不维后稷之元谷用蒸享。在商先哲王，明祀上帝，□□□□，亦维我后稷之元谷用告和，用胥饮食。肆商先哲王维厥故，斯用显我西土。今在商纣，昏忧天下，弗显上帝，昏虐百姓，奉天之命。上帝弗显，乃命朕文考曰：'殪商之多罪纣。'肆予小子发不敢忘天命。"①

……

王曰："百姓，我闻古商先哲王成汤克辟上帝，保生商民，克用三德，疑商民弗怀，用辟厥辟。今纣弃成汤之典，肆上帝命我小国曰：'革商国。'"②

《尚书·酒诰》：

在昔殷先哲王迪畏天，显小民，经德秉哲。自成汤咸至于帝乙，成王畏相。惟御事厥棐有恭，不敢自暇自逸，矧曰其敢崇饮？……在今后嗣王(引者按：指纣)酣身，厥命罔显于民，祗保越怨，不易。诞惟厥纵淫泆于非彝……罔爱于殷，惟逸。天非虐，惟民自速辜。③

《国语·周语上》：

至于文王、武王，昭前之光明，而加之以慈和，事神保民，莫弗

---

① 黄怀信：《逸周书校补注译》，西安：三秦出版社，2006年，第208—209页。
② 黄怀信：《逸周书校补注译》，西安：三秦出版社，2006年，第212页。
③ 孔安国传，孔颖达疏：《尚书正义》，上海：上海古籍出版社，2007年，第555—558页。

欣喜。商王帝辛大恶于民，庶民不忍，欣戴武王，以致戎于商牧。是先王非务武也，勤恤民隐而除其害也。①

《逸周书·克殷解》：

（克殷后）尹逸策曰："殷末孙受（引者按：指纣），德迷先成汤之明，侮灭神祇不祀，昏暴商邑百姓，其彰显闻于昊天上帝。"②

总结上述言论，周代统治者认为商纣王对内淫逸腐化，酗酒无度，听信妇言；对外侮灭神祇，不祀神灵，暴虐百姓。纣王罪恶滔天，故周人顺应天命伐之。

（3）秦灭六国

二十九年《之罘刻石》：

六国回辟，贪戾无厌，虐杀不已。皇帝哀众，遂发讨师，奋扬武德。③

三十七年《会稽刻石》：

六王专倍，贪戾慠猛，率众自强。暴虐恣行，负力而骄，数动甲兵。阴通间使，以事合从，行为辟方。内饰诈谋，外来侵边，遂起祸殃。义威诛之，殄熄暴悖，乱贼灭亡。④

---

① 徐元诰撰，王树民、沈长云点校：《国语集解》，北京：中华书局，2002年，第5页。
② 黄怀信：《逸周书校补注译》，西安：三秦出版社，2006年，第168页。
③ 司马迁：《史记·秦始皇本纪》，北京：中华书局，1959年，第249页。
④ 司马迁：《史记·秦始皇本纪》，北京：中华书局，1959年，第261页。

秦以六国的背信弃义、贪戾无厌、虐杀众民、不行道义为自己征灭行为提供了正当的借口。如此说来，秦灭六国，完全是基于道义，没有任何私心。

职责观与罪责观可谓相反相成。一个政权不管是用何种手段建立的，建立之后，从理论上来讲，统治阶层绝不能依仗权力为所欲为，而是要担负艰巨的为政职责，这是其政权稳固的关键；倘若其不能履行为政职责，不能代天以德保民，反而对内骄奢荒诞，对外不恤民情，惟欲满足一己之利，那么其政权就是有罪责的，他者就可以推翻之。他者的征讨行为，正是以旧政权的有罪责为首要前提的。旧政权不能谨守其职责，上天便要重新选择能保民的代言人，因此他者的征伐也是在遵行天命。

汉初经济凋敝，民众生活极为艰难。经过惠、吕、文、景等几代的苦心经营，经济得到复苏并有很大的发展，社会呈现出富足安康的局面。《汉书·食货志上》描述道："至武帝之初七十年间，国家亡事，非遇水旱，则民人给家足，都鄙廪庾尽满，而府库余财。京师之钱累百巨万，贯朽而不可校。太仓之粟陈陈相因，充溢露积于外，腐败不可食。众庶街巷有马，仟佰之间成群，乘牸牝者摈而不得会聚。守闾阎者食粱肉；为吏者长子孙；居官者以为姓号。"①因此，尽管汉初政治合法性建构得不够精致，但并不影响民众对其政权的认可度。不过，武帝后期，随着政治治理效果的每况愈下，统治者愈来愈不能有力地担负起其为政职责，这种状况的存在不断侵蚀着汉室的执政之基。

---

① 班固：《汉书·食货志上》，北京：中华书局，1962 年，第 1135 页。

二、现实政治治理的困境

汉武帝可谓一代雄主，在政事、文治、武功[①]等方面都有着巨大的成就。不过其统治期间，由于求仙[②]、巡狩[③]、营建[④]、开漕渠[⑤]等人为原因和河决[⑥]、灾荒[⑦]等自然原因，尤其是连年的征伐，政府开支庞大、耗费靡

① 赵翼《廿二史札记》卷二《汉书武帝纪赞不言武功》盛赞汉武帝赫赫战功曰："抑思帝之雄才大略，正在武功。因匈奴屡入寇，则使卫青七出塞，击，收河南地，置朔方郡。公孙敖筑受降城，徐自为筑五原塞，千余里列亭障，至卢朐，徙贫民实之。又使霍去病六出塞，击匈奴右地，降浑邪王，筑令居以西，置酒泉、武威、张掖、敦煌四郡。又使李广利伐大宛，斩其王母寡。自燉煌西至盐泽，起亭障，屯田于轮台、渠黎。此开境于西与北者也。使伏波将军路博德、楼船将军杨仆等取南粤，以其地为儋耳、珠崖、南海、苍梧、郁林、合浦、交趾、九真、日南九郡。此开境于极南者也。又使杨仆及横海将军韩说等击东越，东越人杀其王余善降，遂徙东越之民于江淮而空其地。此开境于东境者也。又使唐蒙、司马相如讽谕西南诸夷，继遣中郎郭昌、卫广等平南夷为牂柯郡，邛都为越嶲郡，莋都为沈黎郡，冉駹为文山郡，白马为武都郡。夜郎、滇王先后入朝，以滇地为益州郡。此开境于西南者也。又使杨仆及左将军荀彘击朝鲜，以其地为真番、临屯、乐浪、玄菟四郡。此开境于东北者也。又使张骞等通西域，而三十六国君长皆慕化入贡。此开境于极西者也。其中有秦所本有，已沦入外国而武帝恢复之者，如朔方、朝鲜、南越、闽越，秦时虽已内属，然不过羁縻附隶，至武帝始郡县其地也。并有秦所本无而新辟之者，西北则酒泉、敦煌等郡，南则九真、日南等郡，西南则益州等郡。而西域三十六国，又秦时所未尝闻也。统计武帝所辟疆土，视高、惠、文、景时几至一倍，西域之通尚无与中国重轻，其余所增地，永为中国四至，千万年皆食其利。故宣帝时韦玄成等议，以武帝丰功伟烈，奉为世宗，永为不毁之庙。"

② 吕思勉《秦汉史》第五章第九节"武帝求神仙"，详列武帝求神仙诸事，最后他总结说："终武帝世，方士之所费，盖十倍于秦始皇。"上海：上海古籍出版社，1983年，第138页。

③ 《汉书·食货志下》载："天子北至朔方，东封泰山，巡海上，旁北边以归。所过赏赐，用帛百余万匹，钱金以巨万计。"同书《武帝纪》载有元封元年巡狩朔方事，云武帝领兵十八万骑，"出长城，北登单于台，至朔方，临北河"，"旌旗径千余里，威震匈奴"。声势如此之大，所费资财之多亦可想见也。

④ 譬如《汉书·食货志下》载："是时粤欲与汉用船战逐，乃大修昆明池，列馆环之。治楼船，高十余丈，旗织加其上，甚壮。于是天子感之，乃作柏梁台，高数十丈。宫室之修，由此日丽。"

⑤ 《汉书·食货志下》载："其后番系欲省底柱之漕，穿汾、河渠以为溉田；郑当时为渭漕回远，凿漕直渠自长安至华阴；而朔方亦穿溉渠。作者各数万人，历二三期而功未就，费亦各以巨万十数。"

⑥ 《汉书·食货志下》载："先是十余岁，河决，灌梁、楚地，固已数困，而缘河之郡隄塞河，辄坏决，费不可胜计。"

⑦ 《汉书·食货志下》载："其明年，山东被水灾，民多饥乏，于是天子遣使虚郡国仓廪以振贫。犹不足，又募豪富人相假贷。尚不能相救，乃徙贫民于关以西，及充朔方以南新秦中，七十余万口，衣食皆仰给于县官。数岁，贷与产业，使者分部护，冠盖相望，费以亿计，县官大空。"

多、民竭财尽，造成了十分严重的后果。

第一，吏道败坏。为了应付庞大的战争开支，政府允许民间人士以奴婢和财物充公为郎，还可以买爵为吏。《汉书·食货志下》载：

其后，卫青岁以数万骑出击匈奴，遂取河南地，筑朔方。时又通西南夷道，作者数万人，千里负担馈饷，率十余钟致一石，散币于邛僰以辑之。数岁而道不通，蛮夷因以数攻，吏发兵诛之。悉巴蜀租赋不足以更之，乃募豪民田南夷，入粟县官，而内受钱于都内。东置沧海郡，人徒之费疑于南夷。又兴十余万人筑卫朔方，转漕甚远，自山东咸被其劳，费数十百巨万，府库并虚。乃募民能入奴婢得以终身复，为郎增秩，及入羊为郎，始于此。①

"募民能入奴婢得以终身复，为郎增秩"条，颜师古注曰："庶人入奴婢则复终身，先为郎者就增其秩也。一曰入奴婢少者复终身，多者得为郎，旧为郎更增秩也。"征伐需要大量兵员和资财，所以鼓励民间捐奴婢或财物，以补充军队之需。捐献少者免除终身服役，多者可补为郎，已为郎者增加其俸禄。《汉书·食货志下》又记：

此后四年，卫青比岁十余万众击胡，斩捕首虏之士受赐黄金二十余万斤，而汉军士马死者十余万，兵甲转漕之费不与焉。于是大司农陈臧钱经用，赋税既竭，不足以奉战士。有司请令民得买爵及赎禁锢免减罪；请置赏官，名曰武功爵，级十七万，凡直三十余万金。诸买武功爵官首者试补吏，先除；千夫如五大夫；其有罪又减二等；爵得至乐卿，以显军功。军功多用超等，大者封侯卿大夫，小者郎。吏道

① 班固：《汉书·食货志下》，北京：中华书局，1962年，第1158页。

杂而多端，则官职秏废。[①]

卫青征伐匈奴，所费甚多，以致赋税枯竭，于是政府规定买爵可补吏。此后为吏多法，不用寻常的仕进途径，吏道废矣。

第二，正常的经济秩序遭到破坏。如政府为了聚财，颁行了盐铁官营、算缗等措施，与民争利。告缗实行后，众多富户破产，民众惰于生产。史称："杨可告缗遍天下，中家以上大氐皆遇告。杜周治之，狱少反者。乃分遣御史廷尉正监分曹往，即治郡国缗钱，得民财物以亿计，奴婢以千万数，田大县数百顷，小县百余顷，宅亦如之。于是商贾中家以上大氐破，民媮甘食好衣，不事畜臧之业。"[②]

第三，社会动荡，酷吏大兴。《汉书》录有 17 名酷吏，而武帝一朝竟达 11 人。此时酷吏的大兴，打击了豪强大姓，有利于加强皇帝的专制权威，不过从中也透露出社会的动荡不稳，需要酷吏来维持社会秩序。《汉书·酷吏传》曰："当是之时，吏治若救火扬沸，非武健严酷，恶能胜其任而媮快乎？言道德者，溺于职矣。"[③]这是说社会动荡之时，难以采用道德说教，非酷吏不能止乱。但事实上，酷吏虽"以斩杀缚束为务"[④]"杀伐为治"[⑤]"酷烈为声"[⑥]，尚"严峻"[⑦]"暴酷骄恣"[⑧]，却并未使得社会更加安定，反而"吏民益轻犯法，盗贼滋起"[⑨]。

第四，民众起事。社会的败落、百姓生活的困苦，使得起义频发，

---

① 班固：《汉书·食货志下》，北京：中华书局，1962 年，第 1159 页。
② 班固：《汉书·食货志下》，北京：中华书局，1962 年，第 1170 页。
③ 班固：《汉书·酷吏传》，北京：中华书局，1962 年，第 3645 页。
④ 班固：《汉书·酷吏传》，北京：中华书局，1962 年，第 3655 页。
⑤ 班固：《汉书·酷吏传》，北京：中华书局，1962 年，第 3663 页。
⑥ 班固：《汉书·酷吏传》，北京：中华书局，1962 年，第 3676 页。
⑦ 班固：《汉书·酷吏传》，北京：中华书局，1962 年，第 3652 页。
⑧ 班固：《汉书·酷吏传》，北京：中华书局，1962 年，第 3650 页。
⑨ 班固：《汉书·酷吏传》，北京：中华书局，1962 年，第 3662 页。

“民力屈，财用竭，因之以凶年，寇盗并起”[①]。据载：“南阳有梅免、百政，楚有段中、杜少，齐有徐勃，燕赵之间有坚卢、范主之属。大群至数千人，擅自号，攻城邑，取库兵，释死罪，缚辱郡守都尉，杀二千石，为檄告县趣具食；小群以百数，掠卤乡里者不可称数。”[②]“奸邪横暴，群盗并起，至攻城邑，杀郡守，充满山谷，吏不能禁。”[③]

总之，武帝末期出现了严重的统治危机，“衰象暴露，几于不可为继”[④]。其穷兵黩武，破坏尤大。史载，当时“外事四夷，内兴功利，役费并兴，而民去本”[⑤]；“功费愈甚，天下虚耗，人复相食”[⑥]；“军旅连出，师行三十二年，海内虚耗”[⑦]。文景时期安康之状已不复存在，“父战死于前，子斗伤于后，女子乘亭鄣，孤儿号于道，老母寡妇饮泣巷哭，遥设虚祭，想魂乎万里之外”[⑧]，一幅无比凄凉悲怆之象！宣帝时，朝廷议论是否为武帝庙奏乐，夏侯胜就反对说：“武帝虽有攘四夷广土斥境之功，然多杀士众，竭民财力，奢泰亡度，天下虚耗，百姓流离，物故者半。蝗虫大起，赤地数千里，或人民相食，畜积至今未复，亡德泽于民，不宜为立庙乐。”[⑨]今人钱穆也指出：“汉武一朝，自其外面观之，确为西汉一代之全盛；而就其内情论之，亦实可谓是汉室之中衰也。”[⑩]

武帝也认识到民生凋敝、社会衰败的现状，于是下轮台罪己诏，说“当今务在禁苛暴，止擅赋，力本农，修马复令，以补缺，毋乏武备而

① 班固：《汉书·西域传下》，北京：中华书局，1962年，第3929页。
② 班固：《汉书·酷吏传》，北京：中华书局，1962年，第3662页。
③ 班固：《汉书·萧望之传》，北京：中华书局，1962年，第3278页。
④ 钱穆：《秦汉史》，北京：三联书店，2005年，第203页。
⑤ 班固：《汉书·食货志上》，北京：中华书局，1962年，第1137页。
⑥ 班固：《汉书·食货志上》，北京：中华书局，1962年，第1137页。
⑦ 班固：《汉书·西域传下》，北京：中华书局，1962年，第3912页。
⑧ 班固：《汉书·严朱吾丘主父徐严终王贾传下》，北京：中华书局，1962年，第2833页。
⑨ 班固：《汉书·眭两夏侯京翼李传》，北京：中华书局，1962年，第3156页。
⑩ 钱穆：《秦汉史》，北京：三联书店，2005年，第206页。

已”[1]；又“封丞相车千秋为富民侯，以明休息，思富养民也”[2]。西汉政权，从此时的困局重新得以复兴，乃赖昭、宣之力。昭帝“承孝武奢侈余敝师旅之后，海内虚耗，户口减半”[3]之状登位，但他能够“轻徭薄赋，与民休息”[4]，以致“百姓充实”[5]，治理颇有成效。之后的宣帝被称为中兴之主，史书盛赞他“功光祖宗，业垂后嗣，可谓中兴，侔德殷宗、周宣”[6]，其朝“吏称其职，民安其业”[7]。

元帝之后，西汉步入衰世。东汉崔寔《政论》云：“及元帝即位，多行宽政，卒以堕损，威权始夺，遂为汉室基祸之主。”[8]吕思勉说：“汉室盛衰，当以宣、元为界。”[9]当时“天下俗贪财贱义，好声色，上侈靡，廉耻之节薄，淫辟之意纵，纲纪失序，疏者踰内，亲戚之恩薄，婚姻之党隆，苟合徼幸，以身设利。”[10]同时灾异频起，元帝难以应付。《汉书·元帝纪》载，“(初元元年)夏四月，诏曰：‘……间者地数动而未静，惧于天地之戒，不知所由’”；“(初元二年三月)诏曰：‘……今朕恭承天地，讬于公侯之上，明不能烛，德不能绥，灾异并臻，连年不息……天惟降灾，震惊朕师’”；“(永光二年)三月壬戌朔，日有蚀之。诏曰：‘……天见大异，以戒朕躬，朕甚悼焉’”。[11] 其子成帝耽于酒色，疏于政事，统治危机愈加深重，“百姓财竭力尽，愁恨感天，灾异屡降，饥馑仍臻。流散冗食，餧死于道，以百万数”[12]。西汉阴阳灾异说，有“诗妖”一说：“君炕阳而暴虐，臣畏刑而柑

---

① 班固：《汉书·西域传下》，北京：中华书局，1962 年，第 3914 页。
② 班固：《汉书·西域传下》，北京：中华书局，1962 年，第 3914 页。
③ 班固：《汉书·昭帝纪》，北京：中华书局，1962 年，第 233 页。
④ 班固：《汉书·昭帝纪》，北京：中华书局，1962 年，第 233 页。
⑤ 班固：《汉书·昭帝纪》，北京：中华书局，1962 年，第 233 页。
⑥ 班固：《汉书·宣帝纪》，北京：中华书局，1962 年，第 275 页。
⑦ 班固：《汉书·宣帝纪》，北京：中华书局，1962 年，第 275 页。
⑧ 范晔：《后汉书·崔骃列传》，北京：中华书局，1965 年，第 1727 页。
⑨ 吕思勉：《秦汉史》，上海：上海古籍出版社，1983 年，第 172 页。
⑩ 班固：《汉书·匡张孔马传》，北京：中华书局，1962 年，第 3333—3334 页。
⑪ 班固：《汉书·元帝纪》，北京：中华书局，1962 年，第 279，281，289 页。
⑫ 班固：《汉书·谷永杜邺传》，北京：中华书局，1962 年，第 3462 页。

口，则怨谤之气发于歌谣，故有诗妖。”[①]意为君主暴虐无恩泽于臣民，臣民害怕刑罚而不敢言，那么臣民所久聚的怨谤之气就以歌谣的形式表达出来，此谓“诗妖”。歌谣体现出一定的民意，可反映政事的好坏，尤其是童谣。时人认为，“童谣是荧惑星自天而降，化为儿童，由儿童唱出来的天籁之声。凡儿童所歌之童谣，都出自天意，非人所教，因此，从童谣中可以辨吉凶，知祸福，明灾祥。”[②]“人们普遍认为儿童天真无知，他们所传的谣谚必非出于自撰，肯定出自天意。”[③]《汉书・五行志中之上》共记载有西汉的三条童谣，它们都出自元、成之时。[④] 从其内容来看，都反映了汉室的衰败没落，预示着汉朝的灭亡。

哀帝时，“阴阳错谬，岁比不登，天下空虚，百姓饥馑，父子分散，流离道路，以十万数。而百官群职旷废，奸轨放纵，盗贼并起，或攻官寺，杀长吏”[⑤]。鲍宣上书指出百姓有“七亡七死”：

> 凡民有七亡：阴阳不和，水旱为灾，一亡也；县官重责更赋租税，二亡也；贪吏并公，受取不已，三亡也；豪强大姓蚕食亡厌，四亡也；苛吏徭役，失农桑时，五亡也；部落鼓鸣，男女遮列，六亡也；盗贼劫略，取民财物，七亡也。七亡尚可，又有七死：酷吏殴杀，一死也；治狱深刻，二死也；冤陷亡辜，三死也；盗贼横发，四

---

① 班固：《汉书・五行志中之上》，北京：中华书局，1962 年，第 1377 页。

② 谢贵安：《中国谶谣文化研究》，海口：海南出版社，1998 年，第 59 页。

③ 谢贵安：《中国谶谣文化研究》，海口：海南出版社，1998 年，第 63 页。

④ 这三条童谣分别是：(1)元帝时：“井水溢，灭灶烟，灌玉堂，流金门。”井水属阴，灶烟属阳，玉堂、金门乃至尊之居，这就预示着阴盛阳，臣凌君，乃“窃有宫室之应也。王莽生于元帝初元四年，至成帝封侯，为三公辅政，因以篡位”。(2)成帝时：“燕燕尾涎涎，张公子，时相见。木门仓琅根。燕飞来，啄皇孙，皇孙死，燕啄矢。”燕指赵飞燕，该童谣预言赵飞燕凭美色被立为皇后，但皇帝将无子。事实正是如此，赵氏姊妹自被宠幸后，两人便把持后宫，不让成帝接近其他宫女，偶有怀孕者即遭戕害，故成帝没有子嗣。(3)成帝时：“邪径败良田，谗口乱善人。桂树华不实，黄爵巢其颠。故为人所羡，今为人所怜。”“桂，赤色，汉家象。华不实，无继嗣也。王莽自谓黄，象黄爵巢其颠也。”其意思也是说成帝无后嗣，汉朝必被取代。

⑤ 班固：《汉书・匡张孔马传》，北京：中华书局，1962 年，第 3358 页。

死也；怨雠相残，五死也；岁恶饥饿，六死也；时气疾疫，七死也。①

天灾、人祸逼得民众无法生存。平帝时，社会更加混乱，申屠刚论道：

> 今承衰乱之后，继重敝之世，公家屈竭，赋敛重数，苛吏夺其时，贪夫侵其财，百姓困乏，疾疫夭命。盗贼群辈，且以万数，军行众止，窃号自立，攻犯京师，燔烧县邑，至乃讹言积弩入宫，宿卫惊惧。自汉兴以来，诚未有也。国家微弱，奸谋不禁，六极之效，危于累卵。②

西汉衰落至此，已危在旦夕。

综上可见，西汉后期社会治理出现了严重的问题，这种糟糕的政绩与统治阶层所应履行的职责产生了严重的偏离，而这极大地冲击着刘氏继续统治的合法性。

第二节　“厌汉”与“保汉”

西汉中后期日益严重的政治危机加剧了民众生活的困苦，愈到后期，民众的反抗愈频繁，所以民众存在对西汉王朝的不满愤恨之情。若单看文字，眭孟、盖宽饶等人的言论中甚至出现了“禅让”的字眼。基于此，不少研究者认为当时社会上蔓延着一股强大的“厌汉”心理。顾颉刚说：“自武帝好大喜功，弄得四海困穷之后，人民已不愿汉家再居天位……‘汉室将亡，贱人将兴’，在武帝后九十年中，自庶人以至于天子，已成了公同的

---

① 班固：《汉书·王贡两龚鲍传》，北京：中华书局，1962 年，第 3088 页。

② 范晔：《后汉书·申屠刚鲍永郅恽列传》，北京：中华书局，1965 年，第 1013 页。

信念了，但老不实现。”[①]王葆玹说：“汉武帝去世以后，经济状况十分恶劣，儒者普遍有强烈的不满情绪，于是有人提出了‘禅让’的要求。”[②]史建刚认为：“在试图解决西汉中后期社会危机所进行的一系列的改制或改革失败之后，社会各阶层以社会上流行的灾异、阴阳五行以及谶纬等学说或以其他方式表达对西汉王朝的不满情绪和对改朝换代的渴望心态与价值取向。它是一股质疑或是彻底否定汉祚合理性的言论。”[③]从逻辑上来讲，这种说法似乎合理：既然西汉政府统治出现了严重的危机，则舆论上当然就会出现厌汉心理，不愿意刘氏继续统治。不过其中也存在问题：武帝之后便出现了厌汉心理，至西汉灭亡长达九十余年，占到整个西汉王朝统治时间的近乎一半，也就是说，西汉王朝210余年间，舆论上几乎有近百年在反对其统治，而西汉王朝竟然能如此长久而不受影响的统治下去，这有些不合情理。再者政治危机，古往今来任何一个政府都会面临，但问题是其损害的一定是部分人(主要是民众)的利益，而不会是社会全部，一定存在着既得利益者，而这些人则是维护本政权的，即便这个政权早已腐败至极。因此当政权出现问题时，有反对者，也有维护者。西汉政府在元、成进入颓势后，仍能维持较长时间的统治，与其支持者有莫大关系，而这个支持者主体就是官僚集团。如果说厌汉是反对汉朝统治合法性的话，那么继续维持汉政权统治的可称之为保汉。尽管官僚集团也会对汉帝严词劝诫，但其目的是希望汉帝有所改进以便更好的统治，即出于保汉而不是厌汉，厌汉并未成为西汉后期的主流舆论。

傅乐成从学术倾向上将元、成时期的西汉官僚集团分为两大派：儒生派和现实派。又认为成帝末年经过儒生派的打击，现实派趋于瓦解，所以

① 顾颉刚：《五德终始说下的政治和历史》，《古史辨》(五)，上海：上海古籍出版社，1982年，第481页。

② 王葆玹：《今古文经学新论》，北京：中国社会科学出版社，1997年，第448页。

③ 史建刚：《厌汉舆论与儒士阶层的伦理天命观》，《唐都学刊》2009年第4期。

哀帝之后便主要是儒生派了。[①] 傅氏认为现实派，像陈咸、陈汤、萧育、朱博等人，具有法家的色彩，成分复杂，出身不一，他们虽然对国家大计并未提出鲜明的政策，但均极能干，更注重事功。比如陈咸，为南阳太守时，“豪强执服，令行禁止”[②]。陈汤，曾与西域都护甘延寿诛杀匈奴郅支单于，元帝下诏盛赞其功曰：“立功万里之外，威震百蛮，名显四海。为国除残，兵革之原息，边竟得以安。”[③]故赐陈汤关内侯、食邑三百户、黄金百斤。后来陈汤获罪远徙敦煌，议郎耿育还上书为其鸣不平：“为圣汉扬钩深致远之威，雪国家累年之耻，讨绝域不羁之君，系万里难制之虏，岂有比哉!”[④]王章，素来刚直敢言，官至京兆尹。成帝时期，外戚王凤专权，王章上书讼曰：“灾异之发，为大臣颛政者也。今闻大将军(引者按：指王凤)猥归日蚀之咎于定陶王，建遣之国，苟欲使天子孤立于上，颛擅朝事以便其私，非忠臣也。”[⑤]王章不满外戚专权，终为王凤陷害致死。萧育，名臣萧望之之子，有才能，“威信素著”[⑥]。哀帝因南郡江中多盗贼，拜之南郡太守，命剿灭群贼，为民除害。萧育到任后，果有政绩，“盗贼静”[⑦]。朱博，本武吏，治郡颇有法，“常令属县各用其豪桀以为大吏，文武从宜。县有剧贼及它非常，博辄移书以诡责之。其尽力有效，必加厚赏；怀诈不称，诛罚辄行。以是豪强慹服”[⑧]。后官拜廷尉，“职典决疑，当谳平天下狱……为平处其轻重，十中八九”[⑨]。综上可见，陈汤等人俱为干吏、能吏，他们不似儒生派食古不化，而是以其才干忠心保汉。至于傅

① 傅乐成：《西汉的几个政治集团》，《汉唐史论集》，台湾：联经出版事业公司，1977 年，第 29—35 页。
② 班固：《汉书·公孙刘田王杨蔡陈郑传》，北京：中华书局，1962 年，第 2901 页。
③ 班固：《汉书·傅常郑甘陈段传》，北京：中华书局，1962 年，第 3020 页。
④ 班固：《汉书·傅常郑甘陈段传》，北京：中华书局，1962 年，第 3027 页。
⑤ 班固：《汉书·元后传》，北京：中华书局，1962 年，第 4020 页。
⑥ 班固：《汉书·萧望之传》，北京：中华书局，1962 年，第 3290 页。
⑦ 班固：《汉书·萧望之传》，北京：中华书局，1962 年，第 3290 页。
⑧ 班固：《汉书·薛宣朱博传》，北京：中华书局，1962 年，第 3401 页。
⑨ 班固：《汉书·薛宣朱博传》，北京：中华书局，1962 年，第 3403—3404 页。

氏所说的儒生派，钱穆又将其分为两派：改革派和复古派。前者主张变法和让贤，其理论始自战国时期邹衍的阴阳五行学说，下及董仲舒公羊学“通三统”说；该派主张政治教化随时变革，认为不存在万世不变的政制，他们所认为的历史演进过程为：圣人受命→天降符瑞→推德定制→封禅告成功→王朝德衰，天降灾异→禅国让贤→新圣人受命。后者主张礼乐和教化，其理论源于战国时期的荀子，至汉有贾谊、董仲舒、王吉、贡禹等人；该派认为政治最大责任在于兴礼乐、讲教化，以使社会遵循一种有秩序有意义的生活，所以主张稽古复礼。① 无论改革派还是复古派，都将西汉王朝作为实施其政治抱负的舞台，倘若西汉王朝灭亡，他们将难以施展其志，故其拥汉之心可以想见。当然，当西汉王朝堕落到让儒家两派无法达到心中的理想而对其失去信心时，他们也会转而反对汉室。② 不过儒生派的这一转变是一个渐进的过程，而非突然间的剧变。

研究者们在讨论厌汉思潮时，常引用眭孟、刘向、谷永等人的言论。眭孟等人都言阴阳灾异，史称“汉兴推阴阳言灾异者，孝武时有董仲舒、夏侯始昌，昭、宣则眭孟、夏侯胜，元、成则京房、翼奉、刘向、谷永，哀、平则李寻、田终术”③，其学术派别属于钱穆所说的改革派。改革派认为当王朝德衰时，天会降灾异，而天降灾异的主要目的是警戒汉帝，使其知有过失当改进。董仲舒说：“国家将有失道之败，而天乃先出灾害以谴告之，不知自省，又出怪异以警惧之，尚不知变，而伤败乃至。以此见天心之仁爱人君而欲止其乱也。”④谷永也说：“灾异，皇天所以谴告人君过

① 钱穆：《国史大纲》，北京：商务印书馆，1991 年，第 150—152 页。

② 对该问题，陈启云先生论之甚详，可参阅其《我怎样研究汉儒与王莽》《汉儒理念与价值观研究的方法论问题之理论篇》《汉儒理念与价值观研究的方法论问题之考论篇》《后汉的儒·法·道家思想》《荀悦与后汉思潮》等论文，收录于氏著《儒学与汉代历史文化》(桂林：广西师范大学出版社，2007 年)和《中国古代思想文化的历史论析》(北京：北京大学出版社，2001 年)。

③ 班固：《汉书·眭两夏侯京翼李传》，北京：中华书局，1962 年，第 3194—3195 页。

④ 班固：《汉书·董仲舒传》，北京：中华书局，1962 年，第 2498 页。

失，犹严父之明诫。畏惧敬改，则祸销福降；忽然简易，则咎罚不除。”[①]从史料反映来看，眭孟等人言论旨趣大抵如此，并不是有的研究者所谓的主张汉帝禅让、改朝换代之意。兹逐条分析眭孟等人言论如下，以观其意。

汉帝禅让说，首见于《汉书·眭两夏侯京翼李传》：

> 孝昭元凤三年正月，泰山莱芜山南匈匈有数千人声，民视之，有大石自立，高丈五尺，大四十八围，入地深八尺，三石为足。石立后有白乌数千下集其旁。是时昌邑有枯社木卧复生，又上林苑中大柳树断枯卧地，亦自立生，有虫食树叶成文字，曰“公孙病已立”，孟推《春秋》之意，以为“石柳皆阴类，下民之象，泰山者岱宗之岳，王者易姓告代之处。今大石自立，僵柳复起，非人力所为，此当有从匹夫为天子者。枯社木复生，故废之家公孙氏当复兴者也。”孟意亦不知其所在，即说曰：“先师董仲舒有言，虽有继体守文之君，不害圣人之受命。汉家尧后，有传国之运。汉帝宜谁差天下，求索贤人，禅以帝位，而退自封百里，如殷周二王后，以承顺天命。”孟使友人内官长赐上此书。时，昭帝幼，大将军霍光秉政，恶之，下其书廷尉。奏赐、孟妄设袄言惑众，大逆不道，皆伏诛。后五年，孝宣帝兴于民间，即位，征孟子为郎。[②]

禅让一说，是对武帝后期以来严重政治危机所提出的解决之道。但眭孟不过是墨守董仲舒阴阳灾异之学罢了，并没有什么不轨之心。再者其主张应禅让之的贤人，也并非一定是异姓。《汉书·宣帝纪》载，宣帝为戾太子之孙，本名病已，因遭巫蛊之乱，少时长于民间。司马光就认为“公孙

① 班固：《汉书·谷永杜邺传》，北京：中华书局，1962 年，第 3450 页。
② 班固：《汉书·眭两夏侯京翼李传》，北京：中华书局，1962 年，第 3153—3154 页。

病已立”乃“宣帝兴于民间之符”。[1] 所以宣帝即位后，不仅没有追究眭孟，反而征其子为郎。

《汉书 · 眭两夏侯京翼李传》又载：

天道有常，王道亡常，亡常者所以应有常也。必有非常之主，然后能立非常之功……汉家郊兆寝庙祭祀之礼多不应古，臣奉诚难亶居而改作，故愿陛下迁都正本……臣闻三代之祖积德以王，然皆不过数百年而绝……臣愿陛下因天变而徙都，所谓与天下更始者也。天道终而复始，穷则反本，故能延长而亡穷也。今汉道未终，陛下本而始之，于以永世延祚，不亦优乎！……唯陛下留神，详察万世之策。[2]

翼奉善言灾异之学。他认为“王道亡常”，即一姓的政权不是永固的，终会结束，现在上天降以灾异，汉帝应该迁都以应天变。唯如此，汉室才能“永世延祚”。翼奉还劝告元帝“详察万世之策”，以便“延长而亡穷”。倘若翼奉真的主张汉帝禅让，又怎么会说“汉道未终”，还提出“迁都正本”的建议以使汉朝长存呢？

又《汉书 · 楚元王传》载：

久之，营起昌陵，数年不成，复还归延陵，制度泰奢。（刘）向上疏谏曰：“臣闻《易》曰：‘安不忘危，存不忘亡，是以身安而国家可保也。’故贤圣之君，博观终始，穷极事情，而是非分明。王者必通三统，明天命所授者博，非独一姓也。孔子论《诗》，至于‘殷士肤敏，

---

① 司马光：《资治通鉴 · 汉纪十五 · 昭帝元凤三年》，北京：中华书局，1956 年，第 767 页。
② 班固：《汉书 · 眭两夏侯京翼李传》，北京：中华书局，1962 年，第 3176—3177 页。

裸将于京'，喟然叹曰：'大哉天命！善不可不传于子孙，是以富贵无常；不如是，则王公其何以戒慎，民萌何以劝勉？'盖伤微子之事周，而痛殷之亡也。虽有尧舜之圣，不能化丹朱之子；虽有禹汤之德，不能训末孙之桀纣。自古及今，未有不亡之国也。昔高皇帝既灭秦，将都雒阳，感寤刘敬之言，自以德不及周，而贤于秦，遂徙都关中，依周之德，因秦之阻。世之长短，以德为效，故常战栗，不敢讳亡。孔子所谓'富贵无常'，盖谓此也。"①

刘向上奏的这篇《谏营昌陵疏》，指出古往今来未有不亡之国，上天不会永远厚待某政权，只有明德慎行才能更长久地享有大位，所以该疏本意是劝谏成帝要修德。刘向乃楚元王刘交之后，为汉皇室，自认为保汉乃义不容辞之责，他曾对陈汤说："灾异如此，而外家日盛，其渐必危刘氏。吾幸得同姓末属，累世蒙汉厚恩，身为宗室遗老，历事三主。上以我先帝旧臣，每进见常加优礼，吾而不言，孰当言者？"②刘向"讥刺王氏及在位大臣，其言多痛切，发于至诚"③，成帝亦"心知向忠精"④。因此，刘向尽管提到"天命所授者博，非独一姓"，但绝无禅让之意，反而是希望成帝能修德谨行以更长久地占有天命。

又《汉书·谷永杜邺传》载：

臣闻天生蒸民，不能相治，为立王者以统理之，方制海内非为天子，列土封疆非为诸侯，皆以为民也。垂三统，列三正，去无道，开有德，不私一姓，明天下乃天下之天下，非一人之天下也。王者躬行

① 班固：《汉书·楚元王传》，北京：中华书局，1962年，第1950—1951页。
② 班固：《汉书·楚元王传》，北京：中华书局，1962年，第1958页。
③ 班固：《汉书·楚元王传》，北京：中华书局，1962年，第1966页。
④ 班固：《汉书·楚元王传》，北京：中华书局，1962年，第1950页。

道德，承顺天地，博爱仁恕，恩及行苇，籍税取民不过常法，宫室车服不踰制度，事节财足，黎庶和睦，则卦气理效，五徵时序，百姓寿考，庶草蕃滋，符瑞并降，以昭保右。失道妄行，逆天暴物，穷奢极欲，湛湎荒淫，妇言是从，诛逐仁贤，离逖骨肉，群小用事，峻刑重赋，百姓愁怨，则卦气悖乱，咎徵著邮，上天震怒，灾异屡降，日月薄食，五星失行，山崩川溃，水泉踊出，妖孽并见，茀星耀光，饥馑荐臻，百姓短折，万物夭伤。终不改寤，恶洽变备，不复谴告，更命有德。《诗》云："乃眷西顾，此惟予宅。"

夫去恶夺弱，迁命贤圣，天地之常经，百王之所同也……下有其萌，然后变见于上，可不致慎！祸起细微，奸生所易。愿陛下正君臣之义，无复与群小媟黩燕饮；中黄门后庭素骄慢不谨尝以醉酒失臣礼者，悉出勿留。勤三纲之严，修后宫之政，抑远骄妒之宠，崇近婉顺之行，加惠失志之人，怀柔怨恨之心。保至尊之重，秉帝王之威，朝觐法出而后驾，陈兵清道而后行，无复轻身独出，饮食臣妾之家。三者既除，内乱之路塞矣。①

谷永善言灾异，他虽提到天不永命，不私一姓，但最终目的却是以灾异来警戒成帝：若不修德政，上天就降下灾异，甚至易其天命。谷永提出勿与群小宴饮等三条建议，说唯有行此，内乱方消，灾异可止。他谆谆告诫道："下有其萌，然后变见于上，可不致慎！"倘若谷永真有让汉帝禅让之心，何必要劝告成帝要谨行呢？

汉帝明确提出禅让之事发生在哀帝时。《汉书·佞幸传》载：

后上(引者按：指哀帝)置酒麒麟殿，(董)贤父子亲属宴饮，王闳

① 班固：《汉书·谷永杜邺传》，北京：中华书局，1962年，第3466—3470页。

兄弟侍中中常侍皆在侧。上有酒所，从容视贤笑，曰："吾欲法尧禅舜，何如？"闳进曰："天下乃高皇帝天下，非陛下之有也。陛下承宗庙，当传子孙于亡穷。统业至重，天子亡戏言！"上默然不说，左右皆恐。于是遣闳出，后不得复侍宴。①

关于此事，王葆玹评论说："假若认识到当时朝野公认禅让之不可避免的背景，便不难理解哀帝的心理，他对必将禅位的前景不敢怀疑，却又无可奈何，便故意挑选一个不会为舆论所接受的受禅人选，这是对禅让的前景的一种嘲弄，亦是对他未能'再获受命'的境遇的嘲讽。"②事实果如王教授所云的"当时朝野公认禅让之不可避免"吗？引文中王闳所言的哀帝应传位于刘氏子孙，而不是禅让异姓就是一个针锋相对的回应。萧咸曾对王闳说："董公为大司马，册文言'允执其中'，此乃尧禅舜之文，非三公故事，长老见者，莫不心惧。"③既然说"长老见者，莫不心惧"，显然不是"当时朝野公认禅让之不可避免"之意。倘若哀帝真欲禅位于董贤，则如此严肃重大的事情断不会在宴饮上提出。其实从哀帝的"笑曰"，即能反映出这不过是其酒后戏言而已。

盖宽饶的言论也常被研究者引用来说明当时盛行的禅让之风。《汉书·盖诸葛刘郑孙毋将何传》载：

是时上方用刑法，信任中尚书宦官，宽饶奏封事曰："方今圣道浸废，儒术不行，以刑余为周召，以法律为《诗》《书》。"又引《韩氏易传》言："五帝官天下，三王家天下，家以传子，官以传贤，若四时之运，功成者去，不得其人则不居其位。"书奏，上以宽饶怨谤终不改，

① 班固：《汉书·佞幸传》，北京：中华书局，1962 年，第 3738 页。
② 王葆玹：《今古文经学新论》，北京：中国社会科学出版社，1997 年，第 454 页。
③ 班固：《汉书·佞幸传》，北京：中华书局，1962 年，第 3738 页。

下其书中二千石。时执金吾议，以为宽饶指意欲求禅，大逆不道。谏大夫郑昌愍伤宽饶忠直忧国，以言事不当意而为文吏所诋挫，上书颂宽饶曰："臣闻山有猛兽，藜藿为之不采；国有忠臣，奸邪为之不起。司隶校尉宽饶居不求安，食不求饱，进有忧国之心，退有死节之义，上无许、史之属，下无金、张之托，职在司察，直道而行，多仇少与，上书陈国事，有司劾以大辟，臣幸得从大夫之后，官以谏为名，不敢不言。"上不听，遂下宽饶吏。宽饶引佩刀自刭北阙下，众莫不怜之。①

盖宽饶身为司隶校尉，有察举之责。此时在位的宣帝好法度，不喜儒术，又重用宦官弘恭、石显，故盖宽饶上书批评之。其引《韩氏易传》语，意在批评宣帝用人失当，应"官以传贤"，但并无要求宣帝退位之意。宣帝亦知盖宽饶并无异心，只是不喜其"怨谤终不改"，故下其书。但执金吾以盖氏所引的"不得其人则不居其位"一语弹劾其有异心，盖氏不忍受辱，自刎而亡。倘若盖氏真有异心，又怎么会说他"志在奉公"呢？众臣又怎会哀怜其亡死呢？郑昌又怎会替其申诉并称其"忠直忧国"呢？其实盖氏之所以有上述言论，恰好表明其"刚直高节，志在奉公"②的风格；而他为人诬陷，遭受大患，实因其性格所致，据说其人"深刻喜陷害人，在位及贵戚人与为怨，又好言事刺讥，奸犯上意"③，可见，由于他树敌太多，又常违拗君意，故遭陷害。

以上几则史料常被研究者征引来阐释西汉中后期出现的所谓禅让之风，以此说明武帝之后舆论上流行的厌汉心态。但细察史料，可见言者多是指出一姓不会永远享有政权，汉政府也逃脱不了这个命运。但他们的本

① 班固：《汉书·盖诸葛刘郑孙毋将何传》，北京：中华书局，1962 年，第 3247—3248 页。
② 班固：《汉书·盖诸葛刘郑孙毋将何传》，北京：中华书局，1962 年，第 3245 页。
③ 班固：《汉书·盖诸葛刘郑孙毋将何传》，北京：中华书局，1962 年，第 3245—3246 页。

意并非逼迫汉帝禅位，而更多的是一种警戒之意，希望汉帝能端正自身德行，以使国运昌祚。

至于复兴派，其政治主张虽与改革派有所差异——他们希望西汉能以周礼的标准行事，但其政治态度则同于改革派，即都希望西汉王朝能长久稳定地统治。宣帝时，王吉曾说："臣愿陛下承天心，发大业，与公卿大臣延及儒生，述旧礼，明王制，驱一世之民济之仁寿之域，则俗何以不若成康，寿何以不若高宗？窃见当世趋务不合于道者，谨条奏，唯陛下财择焉。"①王吉看到社会上存在举止行事不合道者，所以主张复兴旧礼。元帝时，贡禹提出"循古节俭"②"(民)儿七岁去齿乃出口钱"③"罢采珠玉金银铸钱之官，亡复以为币。市井勿得贩卖，除其租铢之律，租税禄赐皆以布帛及谷"④等主张，其复古乃出于"道便"⑤，以解决当时严重的政治危机。成帝时，匡衡有郊祀之议，认为"违俗复古，循圣制，定天位，如礼便"⑥，其旨欲"为万世基"⑦，他又说："立基桢，天下幸甚!"⑧其实复古派，无论主张为何，其维护汉室统治的目的则一。

除了上面所提到的现实派和儒生派，官僚集团中还有一个群体：宗室和外戚。他们主要因血缘之故而荣登仕途以致封侯拜相，甚至不需要现实派的才干和儒生派的学识，他们的尊贵富足皆赖汉室，依汉而存，随汉而亡，可以说他们是最不希望汉亡的附庸群体，当然就不会存在什么厌汉的想法。关于外戚王莽的篡汉，虽有汉儒政治理想的自然趋势(希望王莽能实现儒家的政治理想)，但更有诸多机遇(成帝无子、哀帝早崩、元后听

---

① 班固：《汉书·王贡两龚鲍传》，北京：中华书局，1962年，第3063—3064页。
② 班固：《汉书·王贡两龚鲍传》，北京：中华书局，1962年，第3069页。
③ 班固：《汉书·王贡两龚鲍传》，北京：中华书局，1962年，第3075页。
④ 班固：《汉书·王贡两龚鲍传》，北京：中华书局，1962年，第3076页。
⑤ 班固：《汉书·王贡两龚鲍传》，北京：中华书局，1962年，第3076页。
⑥ 班固：《汉书·郊祀志下》，北京：中华书局，1962年，第1254页。
⑦ 班固：《汉书·郊祀志下》，北京：中华书局，1962年，第1255页。
⑧ 班固：《汉书·匡张孔马传》，北京：中华书局，1962年，第3344页。

政)。平帝末年，王莽篡汉之形始兆，此前言王莽专权有之，谓其早有篡汉之心，恐不合适。钱穆《刘向歆父子年谱》缜细地剖析了王莽代汉的整个过程，读者可详阅。

综上所述，尽管西汉后期出现了严重的政治危机，社会舆论存在许多不满怨愤之情，但官僚集团总体上还是拥护汉室政权的。而对于舆论上那些不满或质疑汉室合法统治的呼声，西汉政权的拥护者们就有重新论证本朝统治合法性以做回应的必要。

不过，此时期政治合法性的建构思路与汉初有较大不同。汉五年，在击败项羽后，众诸侯及将相共推刘邦为皇帝，他们拥戴的理由可谓冠冕堂皇，但事实则是刘邦为当时的最强者，众人的势力皆不足以与之相抗衡，故不得不臣服于他。刘邦以最强者的身份据有最大的权力实乃自然之事，其以武力夺取天下的事实乃汉政权具有合法性的最强证据。因此刘邦时期，虽也对其政治合法性进行过一些简单粗糙的论证，但从根本上讲，这是无关宏旨的问题。譬如，与后世帝王想方设法神化、美化自身形象有所不同，刘邦并不讳言其发迹前不堪的形象。汉九年，未央宫建成，刘邦大宴群臣。席间，刘邦为太上皇刘太公祝寿，说："始大人常以臣无赖，不能治产业，不如仲力。今某之业所就孰与仲多?"①"无赖"，《史记集解》提供了两种解释："无利入于家也。或曰江淮之间谓小儿多诈狡猾为'无赖'。"这两种含义皆为贬义，但颇符合刘邦彼时的所作所为，也可见当初刘太公对其并不喜欢。面对满朝群臣，刘邦的这番话所展现出的恰是其洋洋自得的"无赖"姿态。尽管如此，这丝毫不影响臣民对其政权的认可。不过，一旦政权建立，其政治合法性最重要的依据便转到职责观上，而检验统治阶层是否称职的标准便是保民的实际效果。倘若他们未有好的政绩，譬如导致民生困苦、经济萧条、社会混乱，他人就有权推翻之。刘邦之后

---

① 司马迁：《史记·高祖本纪》，北京：中华书局，1959年，第387页。

的几位统治者，务在恢复民力，君民关系较为融洽。班固赞曰："孝惠、高后之时，海内得离战国之苦，君臣俱欲无为，故惠帝拱已，高后女主制政，不出房闼，而天下晏然，刑罚罕用，民务稼穑，衣食滋殖。"[①]"至于孝文，加之以恭俭，孝景遵业，五六十载之间，至于移风易俗，黎民醇厚。周云成康，汉言文景，美矣！"[②]因此，此时期的执政基础甚为坚实。但到了西汉中后期，政治统治出现了严重的危机，百姓揭竿而起者此起彼伏，显然统治者没有很好地履行保民的职责，这样汉室治权的合法性就受到严重的质疑。因此，靠保民这种职责式的政权合法性论证方式，不仅无法证明西汉统治的正当性，反而恰恰说明汉室享有政权的不合法。对于此时的合法性建构者来说，必须另辟蹊径，于是天命观，尤其是其中的五德终始说的优越性便凸显出来了。尽管传统上将天命视为人间治权合法性的终极来源，但对天命的阐述却离不开人为的解释，这种人为的解释带有相当的主观性，甚至是无中生有的编造，因此，对于天命观的论证实际上是一种目的明确的人为建构。至于五德终始说，其长处在于讲社会运行的大趋势，与统治者是否履行职责无关。换言之，只要某政权仍然处于历史大势中，不管其统治出现了何种问题，都具有正当性。显然，在西汉后期，这是最有效的政治合法性论证工具，因为它完全可以回避现实政治统治中业已出现的深重危机。对于政治合法性建构者来讲，只要能够成功证明西汉仍处于五德终始原理下的历史谱系中，就表明天命尚在，亦即西汉王朝依然具有治权的正当性。

当时，这一任务是由两派承担并完成的。一是宗室刘向、刘歆父子。他们创立了新五德终始说，为汉室再证政权的合法性。一是方士之流。他们多为在野之人，但热衷政治投机，揣度统治者喜好以谋取利益。成、哀之时，他们造作谶纬，宣扬汉家赤帝火德，还提出汉家更受命的主张，也

---

① 班固：《汉书·高后纪》，北京：中华书局，1962年，第104页。
② 班固：《汉书·景帝纪》，北京：中华书局，1962年，第153页。

在为汉朝论证其政权的合法性。

第三节　建构的两大前提

是时，这两派在论证时摒弃了汉初五行相胜型的五德终始说转而使用五行相生型的新五德终始说。这两种德运说，所采用的五行理论不同，所纳入的政权亦不尽相同，而且同一政权的德运也可能不同。造成这些差异的根本原因是，新五德终始说被预设了两大前提：汉室火德和汉家尧后，为此，论证者们对以往政权进行了重新编排。

一、汉室火德

汉帝自认为是赤帝子，赤为火色，属火德，而武帝太初改制时，定汉运为土德，这样汉帝自身所代表的火德似乎与现实政治中的土德不相吻合。但从学理上讲，这并非一个问题。武帝的定土德，是遵循五行相胜型德运说，秦为水德，汉代秦，因土克水，故汉为土德。而汉帝的赤帝子身份只是表明其神性地位，与五德终始说无关，因此作为赤帝子的汉帝并不妨碍其行土德。但到了西汉后期，因政治危机的加剧，在浓厚天命观的笼罩下，这就被视为一严重的矛盾。既然汉帝是赤帝子，自然应当采用火德，以合天道。《汉书·高帝纪下》便说："断蛇著符，旗帜上赤，协于火德，自然之应，得天统矣。"①

二、汉家尧后

"汉家尧后"是说刘氏出自帝尧一系，乃古圣王后裔。关于该说的来源，学界有不同的意见。

---

① 班固：《汉书·高帝纪下》，北京：中华书局，1962 年，第 82 页。

(1)认为它出自眭弘(字孟)。《汉书·眭两夏侯京翼李传》载:“先师董仲舒有言,虽有继体守文之君,不害圣人之受命。汉家尧后,有传国之运。汉帝宜谁差天下,求索贤人,禅以帝位,而退自封百里,如殷周二王后,以承顺天命。”[①]这是“汉家尧后”最早的文献来源,为昭帝时的眭孟所言。清人苏舆指出:“董(仲舒)未尝以汉为尧后,盖自(眭)弘创,而(刘)向歆因之耳。且殷周二王皆易代,若如弘说,则欲汉禅位易世,安得不害受命,与董说悖矣。弘盖借其受命之语,造为异说。自是以后,图谶烦兴,经学杂矣。”[②]即认为眭孟编造该说。不过,虽然眭孟最先提到“汉家尧后”四个字,但不能说这一说法就是他创立的,可能仅是转引而已。其实,从史料的记载看,认为眭孟造作此说,实夸大了其个人能力。眭孟曾“从嬴公受《春秋》”[③],而嬴公为董仲舒弟子。《汉书·儒林传》云:“(董仲舒)弟子遂之者,兰陵褚大,东平嬴公,广川段仲,温吕步舒。大至梁相,步舒丞相长史,唯嬴公守学不失师法,为昭帝谏大夫,授东海孟卿、鲁眭孟。”[④]可见在董氏众位弟子中,嬴公最守家法。董仲舒所传授的是《春秋》,“言《春秋》……于赵则董仲舒”[⑤],其特点是“以《春秋》灾异之变推阴阳所以错行”[⑥],即通过分析灾异来推测阴阳的运行正常与否,以平衡阴阳来行事。既然眭孟的《春秋》师于嬴公,嬴公又受业于董仲舒,且嬴公最守家法,则眭孟应得董氏《春秋》真传。既然董氏《春秋》重在以灾异之变来推阴阳运行,则眭孟从嬴公处所习得的也应是此法。联系眭孟论说的上下文语境,可知其主张汉室禅位的依据正是董氏阴阳灾异之学。泰山中的大石自立,昌邑的枯社木卧而重生,上林苑中的大柳树断枯卧地又自立生,皆为

① 班固:《汉书·眭两夏侯京翼李传》,北京:中华书局,1962年,第3154页。
② 苏舆:《春秋繁露义证》,北京:中华书局,1992年,第200页。
③ 班固:《汉书·眭两夏侯京翼李传》,北京:中华书局,1962年,第3153页。
④ 班固:《汉书·儒林传》,北京:中华书局,1962年,第3616页。
⑤ 班固:《汉书·儒林传》,北京:中华书局,1962年,第3593页。
⑥ 班固:《汉书·董仲舒传》,北京:中华书局,1962年,第2524页。

灾象。石柳为阴类，为下民之象，而泰山乃帝王封禅告天之处，眭孟根据董氏的阴阳灾异之学推断当有匹夫为天子。但眭孟并不知道代刘氏天下的匹夫所在，故提出汉室应该求索贤人，自动禅位，以承顺天命。可见，眭孟并非如苏舆所说的“造为异说”，他仅仅是依从董仲舒之说，对当时异象的一种推论而已。其实他不过是一个恪守家法的寻常经师罢了。

(2)认为它是当时的通行说法。钱穆说：“眭孟言汉为尧后，不述所本，以事属当时共信，无烦引据也。”①杨向奎也认为：“‘汉家尧后’说在当时是一般学者的主张。”②那么这种所谓的“共信”“主张”是依据什么得出的，一种观点总不能无缘无故就变为一般性的认识吧？它最初起源自什么时候？但从两位先生的观点中，我们无法获得有效信息，问题被回避了。

(3)认为它出自谶纬。杨权认为“眭弘所未道及的‘汉家尧后’说的发明者，是某位或某几位谶纬家”③，又认为该说“当产生于武帝之后眭弘被杀之前，即昭帝始元元年(公元前86年)至元凤三年(公元前78年)之间”④。但审视杨氏论证过程，即不难发现其论证存在问题。关于谶纬出现的时间，古今有不少说法，现在学界一般断为西汉后期。杨氏为了将“汉家尧后”定在西汉中期，就需要证明谶纬出现于此时，为此他引用了李学勤和安居香山、中村璋八的观点，认为“有理由相信在昭帝时期(甚至更早)已有谶纬书流传”⑤。但事实是，至今尚未发现西汉中期的谶纬，为此他以西汉后期乃至东汉的资料来证明谶纬中存在着“汉家尧后”说法，这种论证显然是不当的。退一步讲，即便西汉中期已出现谶纬，但这绝不表示在这些

---

① 钱穆：《两汉经学今古文平议》，北京：商务印书馆，2001年，第11页。

② 杨向奎：《西汉经学与政治》，台湾：独立出版社，2000年，第93页。

③ 杨权：《新五德理论与两汉政治——“尧后火德”说考论》，北京：中华书局，2006年，第82页。

④ 杨权：《新五德理论与两汉政治——“尧后火德”说考论》，北京：中华书局，2006年，第81页。

⑤ 杨权：《新五德理论与两汉政治——“尧后火德”说考论》，北京：中华书局，2006年，第83页。

谶纬中就产生了“汉家尧后”的观点。

(4)认为它出自《史记》。张书豪认为：“不管是刘向或眭弘，所有西汉关于刘姓起源的说法，全部都可从《太史公书》中找到相应的文献根据”，“与其说‘汉家尧后’出于《左传》，毋宁说西汉后期学者是从《太史公书》中找到立说的根据。”[①]从《史记》中确可寻出刘氏先祖的一些信息，但它显然并非原始资料，因此，从史源学的角度，这种说法就难以成立。再者司马迁在《五帝本纪》《夏本纪》《殷本纪》《周本纪》《秦本纪》《楚世家》《赵世家》等篇目中对各家的世系都有详尽的记述，对齐、越、魏、韩等世系不太清楚的家族也进行了长时段的勾勒，可见，陈述帝王世系乃《史记》体例，但在《高祖本纪》中却未如此，仅言及其父，若刘氏家世原本就被记录在《史记》中，司马迁了如指掌，那么他为何不遵从体例呢？因此，这种说法于理也不合。

(5)认为它出自武帝所命名的“尧母门”。宋艳萍说：“眭弘是西汉中后期第一个提出‘汉家尧后’的人，这一思想并非空穴来风，应该是受了汉武帝‘尧母门’的影响。武帝把昭帝比附为尧，实际上将刘汉视为尧的后代，眭弘的‘汉家尧后’思想正源于此。”[②]武帝晚期宠姬钩弋夫人生刘弗陵时，竟孕育了十四个月，武帝认为这跟尧的情形相同，因此命其所生之门为尧母[③]，而并非宋氏所说的武帝把刘弗陵比附为尧，故有尧母门。

以上五种观点，除了第二种外，其余说法都是寻找文献上的来源。眭孟之前，还未发现他人说过此语，因此他就是造说者；或认为眭孟所言定有依据，于是从文献中寻找答案，有的寻到《史记》，有的寻到谶纬；或从文献中涉尧的记载出发，于是寻到武帝所命名的尧母门。

---

① 张书豪：《西汉“尧后火德”说的成立》，《汉学研究》2011 年第 29 卷第 3 期。

② 宋艳萍：《论“尧母门”对西汉中后期政治格局以及政治史观的影响》，《史学集刊》2015 年第 4 期。

③ 《汉书·外戚传上》载：“(钩弋夫人)任身十四月乃生，上曰：‘闻昔尧十四月而生，今钩弋亦然。’乃命其所生门曰尧母门。”

暂且把文献放一边，我们提两个问题：(1)对自家身世最清楚的是谁呢？莫过自己吧。(2)皇帝拥有生杀予夺之权，外人岂敢妄议皇室的血统？眭孟没有这个胆量，谶纬也无这个必要。汉家尧后的说法可能不需他人绞尽脑汁的建构，汉室应早已知晓。

刘邦出身卑微，但不能据此认为刘氏祖先的源流情况不可知。《汉书·郊祀志上》载："后四岁，天下已定，(高祖)诏御史令丰治枌榆社，常以时，春以羊彘祠之。令祝立蚩尤之祠于长安。长安置祠祀官、女巫。其梁巫祠天、地、天社、天水、房中、堂上之属；晋巫祠五帝、东君、云中君、巫社、巫祠、族人炊之属；秦巫祠杜主、巫保、族累之属；荆巫祠堂下、巫先、司命、施糜之属；九天巫祠九天：皆以岁时祠宫中。其河巫祠河于临晋，而南山巫祠南山、秦中。"①九天巫、河巫、南山巫是以所祠者命名的，而梁巫、晋巫、秦巫和荆巫四者则是以国别命名的。至于为何有这四种巫，班固曰："及高祖即位，置祠祀官，则有秦、晋、梁、荆之巫。"②颜师古注："应劭曰：'先人所在之国，悉致祠巫祝，博求神灵之意也。'文颖曰：'巫，掌神之位次者也。范氏世仕于晋，故祠祀有晋巫。范会支庶，留秦为刘氏，故有秦巫。刘氏随魏都大梁，故有梁巫。后徙丰，丰属荆，故有荆巫也。'"刘邦先人先后在这四国居住，故汉祠设置了这四国巫。李祖德依据这段记载，对刘邦祭祖的过程作了还原，兹摘录于此：

> 祭祀是在一年一度的"春祭"进行。
>
> 在祝官的主持下，在庙门外祭祀五帝、日神、云神。
>
> 祭主入庙门，奏"永至"之乐。祝官迎神(晋巫、秦巫、梁巫、荆巫)于庙门，奏"嘉至"之乐，堂上唱《迎灵颂歌》。祭主对枌榆社的

---

① 班固：《汉书·郊祀志上》，北京：中华书局，1962年，第1210—1211页。
② 班固：《汉书·高帝纪下》，北京：中华书局，1962年，第81页。

“社神”进行祭拜。在祭祀祖先之前，祭主要向皇祖禀告，某日某事(如用牲等)祭祀是否吉利。祭主根据卜辞请祖先(晋巫)再“占”。祖先(晋巫)通过祝官告诉祭主：“占曰吉。”于是祭祖活动正式开始。……等祭品供上，祭主率领族人根据音乐节奏先对祖先杜伯(秦巫)进行祭祀。祭主歌颂杜伯的丰功伟绩，杜伯(秦巫)通过祝官给孝子孝孙祝福。接着又祭祀刘姓始祖刘累，祭主歌颂刘累御龙的丰功伟绩，刘累(秦巫)通过祝官给刘姓的后裔子子孙孙降福，仪礼与杜伯一样。祭祖中祭主与祖先对答，祭拜仪式就此结束。(注：刘邦在魏(梁)、在荆祖先社会地位低下，或无丰功伟绩可言，对答祭拜仪式阙如)……祖先们享用三次“三饭”的供品后“告饱”。接着又受祭主、主妇、族人宾客的“三献”。祖先们在孝子孝孙献酒的同时，也一一回敬。代表祖先的晋巫、秦巫、梁巫、荆巫之间，也互相酌请，“以通其欢情”。祝官代表祭主又对祖先们不断劝酒劝食。在祖先享用祭品的过程中，奏“美神明既飨”的“休成”之乐。祖先们酒醉饭饱后起身而退，从房中走到“堂上”，堂上在音乐的伴奏下唱《送灵颂歌》或《诸神歌诗(三篇)》。……祖先们出了庙门以后，祭主与族人回到庙内祭拜“木主”牌位，让祖先的神灵归位而有所依附。祭祀结束。①

另外，高祖还令唐山夫人编制了《房中祠乐》。有学者认为作于汉七年至八年，其目的是为了祭祀先祖，所祠神主“为高祖自范氏至丰公的历代祖先而非他”②。可见，高祖对其祖先的血统及迁徙的大体情形是了解的，所以专门置巫设乐来祭祀之。

① 李祖德：《刘邦祭祖考——兼论春秋战国以来的社会变革》，《中国史研究》2012年第4期。

② 许云和：《汉〈房中祠乐〉与〈安世房中歌〉十七章》，《中山大学学报》(社会科学版)2010年第2期。

高祖得知这些信息的来源，可能为家族的口耳相传，所以仅能知晓大概而不知详情，对于先人具体的迁徙路线、时间可能并不了解。这一问题后为刘向所解决。《汉书・高帝纪下》曰：“赞曰：《春秋》晋史蔡墨有言，陶唐氏既衰，其后有刘累，学扰龙，事孔甲，范氏其后也。而大夫范宣子亦曰：‘祖自虞以上为陶唐氏，在夏为御龙氏，在商为豕韦氏，在周为唐杜氏，晋主夏盟为范氏。’范氏为晋士师，鲁文公世奔秦。后归于晋，其处者为刘氏。刘向云战国时刘氏自秦获于魏。秦灭魏，迁大梁，都于丰，故周市说雍齿曰‘丰，故梁徙也’。是以颂高祖云：‘汉帝本系，出自唐帝。降及于周，在秦作刘。涉魏而东，遂为丰公。’”①而刘向的依据，班固已指出是《春秋》，不过它并非指本经，而是其传——《左传》。

关于《左传》的真伪，以前学术界有过许多争论。刘逢禄、康有为、崔适、顾颉刚等认为《左传》乃刘歆伪造。后钱穆作《刘向歆父子年谱》指出刘歆伪造诸经有二十八点不可通，以此证明《左传》非刘歆伪造，这一观点为学术界所认可。事实上，自左丘明之后，《左传》代有传人。孔颖达《正义》引刘向《别录》云：“左丘明授曾申，申授吴起，起授其子期，期授楚人铎椒。铎椒作《抄撮》八卷，授虞卿；虞卿作《抄撮》九卷，授荀卿；荀卿授张苍。”②这表明，《左传》传承不绝，汉初已传至张苍。《隋书・经籍志一》即云：“《左氏》，汉初出于张苍之家。”③而关于西汉时期，《左传》的传授情况，《汉书・儒林传》也有详细的记载：“汉兴，北平侯张苍及梁太傅贾谊、京兆尹张敞、太中大夫刘公子皆修《春秋左氏传》。谊为《左氏传》训故，授赵人贯公，为河间献王博士，子长卿为荡阴令，授清河张禹长子。禹与萧望之同时为御史，数为望之言《左氏》，望之善之，上书数以称说。后望之为太子太傅，荐禹于宣帝，征禹待诏，未及问，会疾死。授尹更始，更始

① 班固：《汉书・高帝纪下》，北京：中华书局，1962年，第81页。
② 杜预注，孔颖达正义：《春秋左传正义》，北京：北京大学出版社，1999年，第2页。
③ 魏征、令狐德棻：《隋书・经籍志一》，北京：中华书局，1973年，第933页。

传子咸及翟方进、胡常。常授黎阳贾护季君，哀帝时待诏为郎，授苍梧陈钦子佚，以《左氏》授王莽，至将军。而刘歆从尹咸及翟方进受。由是言《左氏》者本之贾护、刘歆。”①可谓代有传承，未有间断。景帝子河间献王刘德以“修学好古”著称，他甚至还设置了“《左氏春秋》博士”②。综上可见，《左传》在西汉虽未被列于官学，但已为不少人传习。而刘歆则为其一，还以此“数以难(其父刘)向，向不能非间也”③，显然刘向也是阅读过《左传》的，否则怎能与之辩驳？

《左传》中关于刘氏血统的源流有三处记载。

文公十三年：

> 晋人患秦之用士会也，夏，六卿相见于诸浮。赵宣子曰：“随会在秦，贾季在狄，难日至矣，若之何?”中行桓子曰：“请复贾季，能外事，且由旧勋。”郤成子曰：“贾季乱，且罪大，不如随会。能贱而有耻，柔而不犯，其知足使也。且无罪。”乃使魏寿余伪以魏叛者，以诱士会。执其帑于晋，使夜逸。请自归于秦，秦伯许之。履士会之足于朝。秦伯师于河西，魏人在东。寿余曰：“请东人之能与夫二三有司言者，吾与之先。”使士会。士会辞，曰：“晋人，虎狼也。若背其言，臣死，妻、子为戮，无益于君，不可悔也。”秦伯曰：“若背其言，所不归尔帑者，有如河!”乃行。绕朝赠之以策，曰：“子无谓秦无人，吾谋适不用也。”既济，魏人譟而还。秦人归其帑。其处者为刘氏。④

士会即范武子，乃晋卿，又被称为随会、范会。后来士会奔秦，晋人

---

① 班固：《汉书·儒林传》，北京：中华书局，1962年，第3620页。
② 班固：《汉书·景十三王传》，北京：中华书局，1962年，第2410页。
③ 班固：《汉书·楚元王传》，北京：中华书局，1962年，第1967页。
④ 杨伯峻：《春秋左传注·文公十三年》，北京：中华书局，1981年，第594—596页。

以计迫其归晋，其留在秦国的后代为刘氏。

襄公二十四年：

> 二十四年春，穆叔如晋，范宣子逆之，问焉，曰："古人有言曰，'死而不朽'，何谓也？"穆叔未对。宣子曰："昔匄之祖，自虞以上为陶唐氏，在夏为御龙氏，在商为豕韦氏，在周为唐杜氏，晋主夏盟为范氏，其是之谓乎！"①

范宣子乃士会之孙。他论述其宗族世系为：陶唐氏——御龙氏——豕韦氏——唐杜氏——范。

昭公二十九年：

> （蔡墨言：）有陶唐氏既衰，其后有刘累，学扰龙于豢龙氏，以事孔甲，能饮食之。夏后嘉之，赐氏曰御龙，以更豕韦之后。龙一雌死，潜醢以食夏后。夏后飨之，既而使求之。惧而迁于鲁县，范氏其后也。②

蔡墨为晋国大史，他提到范氏之先为夏代的刘累，被赐氏御龙，而刘累为陶唐氏后裔。

综合以上这三段《左传》引文，可以绘制出刘氏的宗族世系大致为：陶唐氏—御龙氏（夏代）—豕韦氏（商代）—唐杜氏（周代）—范（晋国）—刘（秦国）。由此看来，刘氏的远祖乃陶唐氏。陶唐，乃帝尧之氏。《世本》曰："帝尧为陶唐氏。"③这就说明刘氏为帝尧之后。班彪《王命论》曰："刘

---

① 杨伯峻：《春秋左传注·襄公二十四年》，北京：中华书局，1981 年，第 1087—1088 页。
② 杨伯峻：《春秋左传注·昭公二十九年》，北京：中华书局，1981 年，第 1501—1502 页。
③ 秦嘉谟等辑：《世本八种》，北京：中华书局，2008 年，第 24 页。

氏承尧之祚，氏族之世，著于《春秋》。”[①]又东汉贾逵曰：“五经家皆无以证图谶明刘氏为尧后者，而《左传》独有明文。”[②]这都指出刘氏的世系可从《左传》中寻出。

还有一个问题是，既然刘邦已知其先人的大致情形，那么为何没有作颂歌以赞先人的丰功伟绩呢？对此，《汉书·礼乐志》有段评价：

> 诗乐施于后嗣，犹得有所祖述。昔殷周之《雅》《颂》，乃上本有娀、姜原，卨、稷始生，玄王、公刘、古公、大伯、王季、姜女、大任、太姒之德，乃及成汤、文、武受命，武丁、成、康、宣王中兴，下及辅佐阿衡、周、召、太公、申伯、召虎、仲山甫之属，君臣男女有功德者，靡不褒扬。功德既信美矣，褒扬之声盈乎天地之间，是以光名著于当世，遗誉垂于无穷也。今汉郊庙诗歌，未有祖宗之事……[③]

殷周作《雅》《颂》来夸耀褒扬先人的业绩，甚至于有功的臣属、女性也被赞颂，而汉室的宗庙歌《安世房中歌》十七章却没有一个此类的内容，因此班固认为这是一个缺憾。对此，许云和认为有两个原因：一是“与惠帝时统治上层对高帝在宗庙中的位置所作出的定位有极为密切的关系”。即以高祖作为太祖，“由于汉室天子宗庙中的第一个祖宗是高帝而不是高帝之前的其他任何人，作为宗庙祭祀乐的《安世房中歌》当然就只能是歌高祖这位第一祖先的功德而不是高帝以前的其他祖先的功德了”。二是“汉王朝独特的庙制及新的庙乐制度决定了《安世房中歌》就只能歌汉高帝功德而不言祖宗之事”。西汉诸帝都有自己独立的庙宇，并非合祭一处，且各庙有其

① 班固：《汉书·叙传上》，北京：中华书局，1962年，第4208页。
② 范晔：《后汉书·郑范陈贾张列传》，北京：中华书局，1965年，第1237页。
③ 班固：《汉书·礼乐志》，北京：中华书局，1962年，第1070—1071页。

所奏乐曲，不能随意使用他庙的，因此“专为高帝庙制作以歌高帝功德的《安世房中歌》又怎么可以违制去歌其他祖先的功德呢?”[①]除此之外，笔者认为还有一原因便是刘氏得政权的方式与殷周不同。殷周是通过“积善累功”而建，所以有功绩的先人莫不有奠基之功，对其进行祭祀必要而合理；但西汉的建立与刘氏先祖无任何关系，它不过是刘邦集团武力争夺的结果，自然就无需颂扬刘氏先祖。东汉初年，光武帝曾欲效仿周代郊祀其祖后稷之礼来郊祀刘氏始祖帝尧，但杜林表示反对，其理由便是“周室之兴，祚由后稷，汉业特起，功不缘尧”[②]，意思是周汉之兴并不相同，周代基业本于后稷，且后稷近周，民众皆知之，而东汉创建并非帝尧之功，而是绍续高祖之业，所以应当郊祀高祖[③]。光武帝从之。

尧虽为刘氏始祖，不过至少在武帝时，尧并未受到过分礼遇。武帝仰慕圣王伟业，表示要“绍休圣绪”[④]，他所提及的圣王主要是五帝三王，而以尧舜最多，两者常并称。如“朕闻昔在唐虞，画象而民不犯，日月所烛，莫不率俾”[⑤]；“上参尧舜，下配三王”[⑥]；“朕嘉唐虞而乐殷周”[⑦]。在两者中，武帝似乎更青睐舜。在对董仲舒的策问中，武帝三次发问，都提到舜的业绩，仅一次提及尧，且与舜并称：“盖闻五帝三王之道，改制作乐而天下洽和，百王同之。当虞氏之乐莫盛于韶，于周莫盛于勺”；“盖闻虞舜之时，游于岩郎之上，垂拱无为，而天下太平”；“朕垂问乎天人之应，上

---

① 许云和：《汉〈房中祠乐〉与〈安世房中歌〉十七章》，《中山大学学报》(社会科学版)2010年第2期。

② 范晔：《后汉书·宣张二王杜郭吴承郑赵列传》，北京：中华书局，1965年，第937页。

③ 司马彪《后汉书志·祭祀上》刘昭补注引《东观书》详载“汉起不因缘尧”，故应以高帝配祀的理由。杜林曰：“政卑易行，礼简易从。民无愚智，思仰汉德，乐承汉祀。基业特起，不因缘尧。尧远于汉，民不晓信，言提其耳，终不悦谕。后稷近于周，民户知之。世据以兴，基由其祚，本与汉异。郊祀高帝，诚从民望，得万国之欢心，天下福应，莫大于此。民奉种祀，且犹世主，不失先俗。群臣佥荐鲧，考绩不成，九载乃殛。宗庙至重，众心难违，不可卒改。”

④ 班固：《汉书·武帝纪》，北京：中华书局，1962年，第166页。

⑤ 班固：《汉书·武帝纪》，北京：中华书局，1962年，第160页。

⑥ 班固：《汉书·武帝纪》，北京：中华书局，1962年，第161页。

⑦ 班固：《汉书·武帝纪》，北京：中华书局，1962年，第169页。

嘉唐虞，下悼桀纣。”[①]元封五年，武帝行南巡狩时，还亲自“望祀虞舜于九嶷”[②]，这种待遇是尧所没有的。元和二年，东汉章帝始令人祭祀帝尧于成阳。[③]

到了西汉后期，刘氏与尧的关系才常被提及，与汉初对尧的不闻不问已不可同日而语。为什么会有这一巨大差异？这可能与血统在这两个时期政治合法性建构中的作用有关。

政权的建立与血统有无关系，在西汉之前的传统政治观中认为两者是有关的。西周分封的对象，除了亲族、功臣外，还有一类——古帝王之后：“褒封神农之后于焦，黄帝之后于祝，帝尧之后于蓟，帝舜之后于陈，大禹之后于杞。”[④]《国语·郑语》记载史伯对郑桓公说：

> 夫成天地之大功者，其子孙未尝不章，虞、夏、商、周是也。虞幕能听协风，以成物乐生者也。夏禹能单平水土，以品处庶类者也。商契能和合五教，以保于百姓者也。周弃能播殖百谷蔬，以衣食民人者也。其后皆为王公侯伯。祝融亦能昭显天地之光明，以生柔嘉材者也，其后八姓，于周未有侯伯……融之兴者，其在芈姓乎！芈姓夔越，不足命也。闽芈蛮矣，惟荆实有昭德，若周衰，其必兴矣。姜、嬴、荆芈，实与诸姬代相干也。姜，伯夷之后也；嬴，伯翳之后也。伯夷能礼于神以佐尧者也，伯翳能议百物以佐舜者也。其后皆不失祀而未有兴者，周衰其将至矣。[⑤]

---

① 班固：《汉书·董仲舒传》，北京：中华书局，1962 年，第 2496，2506，2513 页。

② 班固：《汉书·武帝纪》，北京：中华书局，1962 年，第 196 页。

③ 司马彪《后汉书志·祭祀中》云：“(汉章帝元和二年)二月，上东巡狩，将至泰山，道使使者奉一太牢祠帝尧于济阴成阳灵台。”

④ 司马迁：《史记·周本纪》，北京：中华书局，1959 年，第 127 页。

⑤ 徐元诰撰，王树民、沈长云点校：《国语集解》，北京：中华书局，2002 年，第 466—469 页。

史伯认为虞夏商周之祖先都有大功，因此其后享有政权。姜、嬴、荆芈的祖先也有功，其后代也将兴盛。从中可发现这样的信息，不是所有人都有资格成为统治者，统治者有着血统上的要求，即他们须为古帝王或者首领的后裔。这与西汉之前的政权为世袭的贵族统治的特点是吻合的。

《国语·鲁语上》载，展禽曾说：

> 夫圣王之制祀也，法施于民则祀之，以死勤事则祀之，以劳定国则祀之，能御大灾则祀之，能捍大患则祀之。非是族也，不在祀典。昔烈山氏之有天下也，其子曰柱，能殖百谷百蔬。夏之兴也，周弃继之，故祀以为稷。共工氏之伯九有也，其子曰后土，能平九土，故祀以为社。黄帝能成命百物，以明民共财，颛顼能修之，帝喾能序三辰以固民，尧能单均刑法以仪民，舜勤民事而野死，鲧鄣洪水而殛死，禹能以德修鲧之功，契为司徒而民辑，冥勤其官而水死，汤以宽治民而除其邪，稷勤百谷而山死，文王以文昭，武王以武烈，去民之秽。故有虞氏禘黄帝而祖颛顼，郊尧而宗舜。夏后氏禘黄帝而祖颛顼，郊鲧而宗禹。商人禘喾而祖契，郊冥而宗汤。周人禘喾而郊稷，祖文王而宗武王。①

根据祀礼，有功于民者方能被祭祀。《礼记·丧服小记》曰："王者禘其祖之所自出，以其祖配之。"②有虞氏、夏后氏出自黄帝、颛顼之后，故"禘黄帝而祖颛顼"；商人出自帝喾，其始祖为契，故"商人禘喾而祖契"；周人出自帝喾，其始祖为后稷，故"禘喾而郊稷"。展禽为春秋时

① 徐元诰撰，王树民、沈长云点校：《国语集解》，北京：中华书局，2002年，第154—160页。

② 郑玄注，孔颖达疏：《礼记正义》，北京：北京大学出版社，1999年，第962页。

鲁国人，从其论述礼制可知，当时，虞夏商周之祖先都被认为出自黄帝一系。

《五帝德》与《帝系》[①]叙述了黄帝、颛顼、帝喾、帝尧、帝舜和禹的世系和事迹，前篇更是借孔子之口。不过，汉儒似乎不太认可。《史记索隐》曰："以二者皆非正经，故汉时儒者以为非圣人之言，故多不传学也。"[②]但司马迁则将其整理到《史记》中，定为首篇，即《五帝本纪》。根据《五帝本纪》《夏本纪》《殷本纪》《周本纪》的记载，古帝王之间存在血缘关系，列图如下：

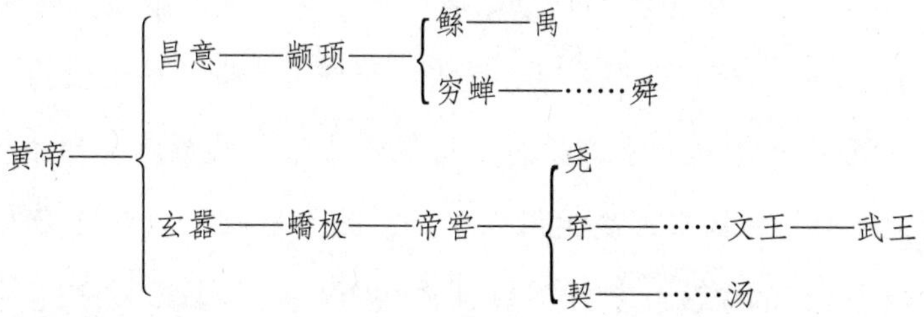

颛顼为黄帝之孙，帝喾为黄帝曾孙，尧、禹、契（商代先祖）、弃（周代先祖）为黄帝玄孙，舜为黄帝远孙。另据《史记·秦本纪》载，"秦之先，帝颛顼之苗裔孙曰女脩"[③]，知秦之祖先也是黄帝之后。由此可见，西汉之前的统治者皆为古帝王，尤其是黄帝之后，应是当时流行的一种观念。

但西汉的开国之君刘邦却是庶人。帝王身份的这一转变，可谓前无古人，对此，班固惊叹道："夫大汉之开原也，奋布衣以登皇极，由数期而创万世，盖六籍所不能谈，前圣靡得而言焉。"[④]刘邦出身寒微，众所周知，但若了解其寒微的程度，就会知班氏所言并不夸张。

---

① 两篇详见王聘珍：《大戴礼记解诂》，北京：中华书局，1983 年。
② 司马迁：《史记·五帝本纪》，北京：中华书局，1959 年，第 47 页。
③ 司马迁：《史记·秦本纪》，北京：中华书局，1959 年，第 173 页。
④ 范晔：《后汉书·班彪列传下》，北京：中华书局，1965 年，第 1359 页。

刘邦“起于细微”[①]“闾巷”[②]，在发迹前都没有正式的名号。《史记·高祖本纪》曰：“高祖，沛丰邑中阳里人，姓刘氏，字季。父曰太公，母曰刘媪。”[③]《史记索隐》曰：“汉高祖长兄名伯，次名仲，不见别名，则季亦是名也。故项岱云‘高祖小字季，即位易名邦，后因讳邦不讳季，所以季布犹称姓也’。”伯仲季乃排序用字，刘季意为刘家的第三子，并不是正式的名字，仅表示兄弟次序而已，所以高祖即位后并不讳季。从文献记载来看，高祖未被推举为沛公之前，始终被叫做“刘季”，并未用“刘邦”这一名字。如“刘季固多大言，少成事”[④]；“（刘）季所居上常有云气，故从往常得季”[⑤]；“平生所闻刘季诸珍怪，当贵，且卜筮之，莫如刘季最吉”[⑥]。高祖使用“刘邦”这一名字，应如项岱所言为即位后更改的。至于高祖的父母，亦无从考其名字，甚至刘母的姓氏都无法察知。皇甫谧《帝王世纪》云，高祖父名执嘉，高祖母名含始，此不足信。[⑦]《史记集解》中提到高祖“母温氏”的说法。对此，颜师古注《汉书》“母媪”条曰：“媪，女老称也……史家不详著高祖母之姓氏，无得记之，故取当时相呼称号而言也。其下王媪之属，意义皆同。至如皇甫谧等妄引谶记，好奇骋博，强为高祖父母名字，皆非正史所说，盖无取焉。宁有刘媪本姓实存，史迁肯不详载？”[⑧]高祖父刘太公，高祖母刘媪仅仅是时人日常交往中的惯用称呼，意思同与今天常说的刘大爷、刘大娘之类，并不是真实的

---

① 班固：《汉书·高帝纪下》，北京：中华书局，1962年，第52页。

② 司马迁：《史记·秦楚之际月表》，北京：中华书局，1959年，第760页。

③ 司马迁：《史记·高祖本纪》，北京：中华书局，1959年，第341页。

④ 司马迁：《史记·高祖本纪》，北京：中华书局，1959年，第344页。

⑤ 司马迁：《史记·高祖本纪》，北京：中华书局，1959年，第348页。

⑥ 司马迁：《史记·高祖本纪》，北京：中华书局，1959年，第350页。

⑦ 《帝王世纪》曰：“丰公生执嘉，即太上皇也。太上皇之妃曰媪，是为昭灵后。生子邦，字季，是为汉高皇帝。”“丰公家于沛之丰邑中，其妻梦赤鸟若龙，戏己而生执嘉，是为太公，即太上皇也。太上皇之妃曰媪，是为昭灵后，名含始。游于洛池，有玉鸡衔赤珠出，刻曰玉英，吞此者王。含始吞之，生邦，字季。”

⑧ 班固：《汉书·高帝纪上》，北京：中华书局，1962年，第1页。

姓名。

但就是这样一个身份卑微、发迹前甚至没有正式名字的人竟然能一统天下，这一事实反而衬托出刘邦的神异，更能增加西汉王朝统治的权威。司马迁不禁惊呼："非大圣孰能当此受命而帝者乎？"①这样血统上的劣势竟然转变成为优势。然而，到了西汉后期，因统治危机的加剧，出于重构政治合法性的需要，刘向考订刘氏血统源流来"说明汉家天子在宗法的意义上具有绍述圣统的资格"②。

汉室火德、汉家尧后，前者是说汉家在五德终始的天道中居于火德，后者是说刘氏在血缘宗法上为古圣王帝尧的后裔，这两种观点经刘向父子的加工成功地联系到一起。在邹衍五行相胜型的德运说中，黄帝土德之后便是夏的木德，但黄帝与夏并不直接承袭，两者之间还有颛顼、帝喾、尧、舜四位帝王，可见邹衍所谓的黄帝土德，是将五帝全部视为土德，而尧处在其中，自然是土德。不过在此时新德运说中，尧为火德。为何呢？因为汉被认定为火德，作为其始祖的尧便被追授为火德。这样，尧与汉同宗同德。班固对以上两种观点间的关系作了说明："汉承尧运，德祚已盛，断蛇著符，旗帜上赤，协于火德，自然之应，得天统矣。"③"汉承尧运"实为尧承汉运，但此处反客为主，认为汉德运源自始祖尧，应为火德；而由高祖斩蛇附会出汉帝为赤帝子，赤属火，这跟尧的火德契合。所谓"得天统"，颜师古注引臣瓒曰："汉承尧绪，为火德。秦承周后，以火代木，得天之统序，故曰得天统。"周为木德，木生火，故接续者为火德，而秦为水德，不合天统，汉为火德，正合天统。

---

① 司马迁：《史记·秦楚之际月表》，北京：中华书局，1959年，第760页。

② 杨权：《新五德理论与两汉政治——"尧后火德"说考论》，北京：中华书局，2006年，第160页。

③ 班固：《汉书·高帝纪下》，北京：中华书局，1962年，第82页。

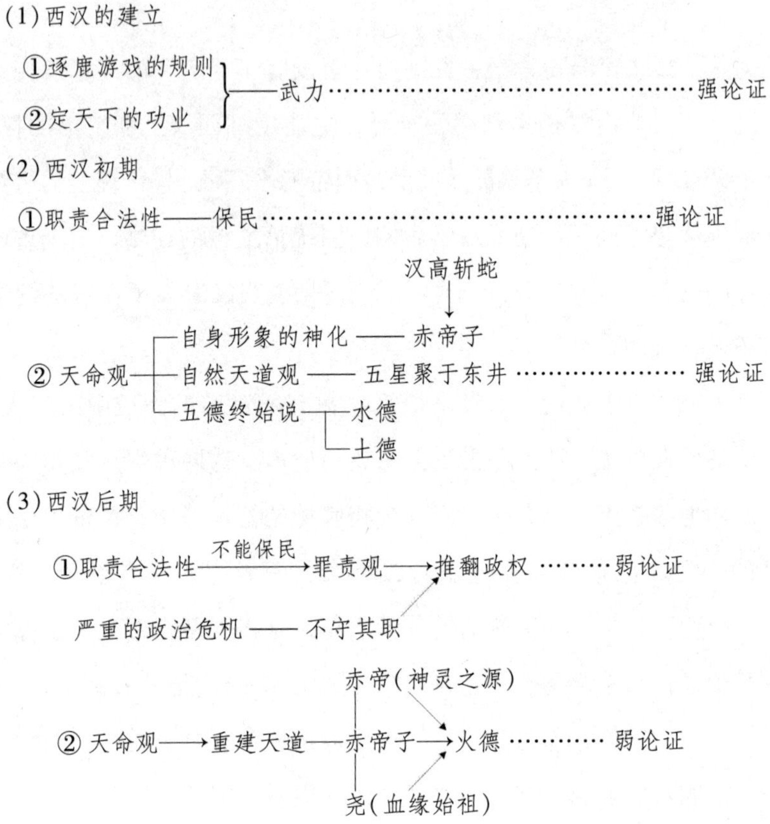

西汉政治合法性的构建示意图

第四节 刘向父子的建构

一、所用理论

《汉书·郊祀志下》曰："刘向父子以为帝出于震，故包羲氏始受木德，其后以母传子，终而复始，自神农、黄帝下历唐虞三代而汉得火焉。"①可见，新五德说采用的理论为五行相生说，从木德开始，其后依次为火德、

① 班固：《汉书·郊祀志下》，北京：中华书局，1962年，第1270—1271页。

土德、金德、水德。为何始于木德，《周易·说卦》云：“帝出乎震”；“万物出乎震。震，东方也。”[①]孔颖达疏曰：“震是东方之卦，斗柄指东为春，春时万物出生也。”这是说东方所对应季节为春，春为万物生发时节，春属木，故帝德始于木。

新五德终始说为何要改变传统的五行相胜说而使用五行相生说呢？顾颉刚认为这是出于王莽代汉的需要。传统中国，建国手段无非两种：革命与禅让。五行理论也恰有两种：相胜与相生。革命式的建国暴力、激烈，是以强胜弱，这符合五行相胜的特点。而禅让式立国方式，体现了政权的和平顺承，符合五行相生的特点。一些研究者认为在政权的转变中，禅让比革命温和，社会破坏性小，所以以禅让的方式建立政权更为理智。如王葆玹说：“鼓吹禅让或不反对禅让的理由，是认识到汉朝的衰亡已不可避免，真正有意义的事情不过是在暴烈的‘革命’和温和的‘禅让’之间进行选择，大家都害怕剧烈的社会动荡，愿意通过不流血的方式来实现权力的转移。刘歆正是在这种背景下，创立了古文经学，编排了有利于重演尧舜禅让故事的帝王世系，并将‘五行相胜’的帝王运次改为‘五行相生’的运次。”[②]汪高鑫指出：“随着西汉末年政治危机愈益加重，王氏代刘已成为不可逆转之势。面对这样一种政治局面，西汉学者们所能做到的，便是希望刘家天子能够效法古圣王那样禅让于王莽，故而积极鼓吹禅让制度。为了证明禅让的合理性，他们不但俯拾先儒的禅让陈说，而且一改传统的五行相胜之五德终始说，而代之以五行相生之五德终始说来解说历史。道理很简单，因为相胜说只能说明以革命方式完成的王朝更替，而相生说则能说明以禅让的方式完成的王朝更替，而这正是西汉末年政权更替所需要的理论依据。”“刘歆创立五行相生之五德终始说，为禅让制寻求历史依据，也是看到王氏代汉已经成为一个无法扭转的事实，与其革命推翻，不如和平

① 王弼注，孔颖达疏：《周易正义》，北京：北京大学出版社，1999 年，第 327 页。
② 王葆玹：《今古文经学新论》，北京：中国社会科学出版社，1997 年，第 454 页。

禅让。因此他鼓吹禅让，与其说是为王莽代汉服务，倒不如说是为刘汉政权能实现和平过渡服务。”①

以上这些观点都是基于相生型德运说是为王莽代汉寻求政治合法性这一前提而得出的。不过相生型德运说的初衷并非是为了媚新而是保汉。

徐兴无还提出一种解释：“邹衍的五行相胜说是战国争霸的政治局面的产物，秦始皇、汉高祖以武力得天下，秦始皇又自诩功盖五帝三王，故而相信此说。但相胜说不利于在一个统一稳定的社会中建立国家权威下的秩序，同时带有强烈的反传统色彩。相胜说是斗争而非统一的理论。其圣圣相传的过程是后圣对前圣的否定，而帝国神话则要求后圣绍述前圣，前圣禅让后圣，以此保证帝国的制度和文化传统得以长久延续，标榜帝国的德治精神。此外，相胜说过于局限于纯物质运动的意义之中，过分归属于实验的范围，极易被人从常识的范围攻破。”②在这里，徐氏提出两点理由：第一，从政治现实来看，相胜说不利于运用到早已稳定统一的政权中，因为它讲斗争对抗，不利于保障传统的延续；第二，基于理论上的缺陷，相胜说容易被人攻破。但这两条原因无法成立。先看前者。武帝太初改制时所确立的五行相胜型原理下的土德，不就是在统一稳定而且是在全盛时期实行的吗？西汉中后期虽然危机四伏，但帝国统一稳定的局面并没有改变，为什么就不能实行五行相胜型的德运呢？武断地判定相胜说适合应用到斗争混战的政局中而不能在统一稳定的环境下实行并不正确。其实一个王朝决定到底采用何种性质的五德终始说，是根据多方面因素综合考虑的，不存在混乱——相胜说、安定——相生说式简单化的结论。再看后者。徐氏认为五行相胜说归属于实验的范围，易被攻破。这很正确，其实不唯相胜说，相生说也如此。五行生克之理，本是从大千世界的繁杂现象中归纳出来的经验性

---

① 汪高鑫：《论刘歆的新五德终始历史学说》，《中国文化研究》2002年夏之卷。

② 徐兴无：《谶纬文献与汉代文化构建》，北京：中华书局，2003年，第168页。

认识，并非必然性的物质间生灭规律，所以经不住反复诘责。《墨子·经说下》即言："五行毋常胜，说在宜。"它认为五行之间并无相克关系，在不同的使用中能体现出不同的关系。"火烁金，火多也；金靡炭，金多也。"[①]火能熔化金属，是因火多；金属能熄灭炭火，是因金属多。所以火能克金，金也能克火。《孙子兵法·虚实》亦云："五行无常胜。"[②]不过五行学说自从战国时代逐渐被发展成为用于解释宇宙万物运动变化的理论工具之后，就变为一种通则而被普遍接受，并没有被深究其内在的问题，所以相胜型五德终始说能被秦汉两朝同时采用，而它的被弃用也不是由于学说自身的矛盾。

笔者认为西汉后期之所以采用相生型的德运说，应该不是什么抽象或空洞的理由，可能有两方面的现实原因：一是宗族上的顺承关系。尧为古帝王，生生不息以至刘氏。二是基于对始祖盛德的效仿传承心态，这自然当抱有一种崇敬而非对抗的心理。

二、诸政权德运的再定

在邹衍的德运说中，黄帝为土德，其后是夏木德、商金德、周火德。土色黄，从黄帝的名号便知其德运；若以五行相生说，则夏、商、周的德运都会发生改变。秦始皇统一六国后，定水德。而此时，汉德已由武帝时所立的土德更为火德。此外，原本与黄帝同德的尧因汉始祖的缘故也被追认为火德。这样，黄帝土德、尧火德、秦水德和汉火德为四个已知确定的德运。因此，对于刘向父子而言，他们的任务便是如何在既定德运的基础上建构一个从木德始至火德终的政权新序列。图式如下：

① 吴毓江撰，孙启治点校：《墨子校注》，北京：中华书局，1993年，第527页。
② 杨丙安校理：《十一家注孙子校理》，北京：中华书局，1999年，第125页。

德运	终始一	终始二	终始三
木	?	?	?
火	?	尧	汉
土	黄帝	?	
金	?	?	
水	?	秦	

1. 黄帝之前的木德、火德政权

刘向父子的建构并非凭空臆造，而是有充分的文献依据，不过对这些资料，他们进行了主观上的剪裁。先秦文献中出现了不少古帝王。《庄子·缮性》曰："逮德下衰，及燧人、伏羲始为天下，是故顺而不一。德又下衰，及神农、黄帝始为天下，是故安而不顺。"①在黄帝之前，还有燧人、伏羲、神农三位帝王。《胠箧》更是列举了容成氏、大庭氏、伯皇氏、中央氏、栗陆氏、骊畜氏、轩辕氏、赫胥氏、尊卢氏、祝融氏、伏羲氏、神农氏等十二位古帝王。不过，刘向父子并未从中取材，而是从《周易》中择出了炮牺氏(即伏羲氏)和神农氏。刘歆《世经》曰："稽之于《易》，炮牺、神农、黄帝相继之世可知。""炮牺继天而王，为百王先，首德始于木，故为帝太昊。…… 以火承木，故为炎帝。教民耕农，故天下号曰神农氏。"②这样，黄帝之前的木德便是伏羲氏，火德便是神农氏。

2. 黄帝至西汉之间的政权

尧，在《五帝德》《帝系》中为五帝之一，《史记·五帝本纪》也接受这种观点。这五帝的顺序为：黄帝、颛顼、帝喾、尧、舜。既然尧有了自己的德运，则其余三帝也当有各自的德运。若从黄帝土德开始，则依次为颛顼金德、帝喾水德、尧木德、舜火德，这就与既定的尧火德不符；若从尧

① 郭庆藩：《庄子集释》，北京：中华书局，1961 年，第 551 页。
② 班固：《汉书·律历志下》，北京：中华书局，1962 年，第 1011—1012 页。

火德逆推，则为黄帝金德、颛顼水德、帝喾木德，这便与黄帝土德不符，如下：

（a）

土	金	水	木	火
黄帝	颛顼	帝喾	尧	舜

（b）

土	金	水	木	火
	黄帝	颛顼	帝喾	尧

之所以造成这两种不符的情况，是因土德与火德之间共有三个德运，而黄帝与尧之间却只间隔两位帝王，而五行是无法变化的，因此对于刘向父子而言，在同时满足黄帝土德、尧火德的前提下，唯一的办法便是添加一位帝王，以达到三个德运分配三位帝王的要求，如下：

土	金	水	木	火
黄帝	？	？	？	尧

但问题是，新增的帝王应该置于哪个位置？根据《五帝德》《帝系》《五帝本纪》的记载，颛顼为黄帝之孙，帝喾为黄帝曾孙、尧为黄帝玄孙，显然在此世系中缺少了黄帝之子，换言之，新增的帝王居于黄帝与颛顼之间最合适。重定的德运如下：

土	金	水	木	火
黄帝	？	颛顼	帝喾	尧

但紧接的新问题又出现了，新增的帝王应当是哪位？刘向父子定为少昊。对此，时人看得很清楚。东汉初期的贾逵曰：“五经家皆言颛顼代黄帝，而尧不得为火德。《左氏》以为少昊代黄帝，即图谶所谓帝宣也。如令尧不得为火，则汉不得为赤。其所发明，补益实多。”①李贤注：“《史记》曰‘黄帝崩，其孙昌意之子立，是为帝颛顼’。当时五经家同为此说。若以颛顼代黄帝以土德王，即颛顼当为金德，高辛为水德，尧为木德。汉承尧后，自然不得为火德也。”可见，少昊被增入的原因就是为了证得尧的火德。

且看刘向父子的论证。《世经》曰：“《春秋》昭公十七年‘郯子来朝’，传曰昭子问少昊氏鸟名何故，对曰：‘吾祖也，我知之矣。昔者，黄帝氏以云纪，故为云师而云名；炎帝氏以火纪，故为火师而火名；共工氏以水纪，故为水师而水名；太昊氏以龙纪，故为龙师而龙名。我高祖少昊挚之立也，凤鸟适至，故纪于鸟，为鸟师而鸟名’。言郯子据少昊受黄帝，黄帝受炎帝，炎帝受共工，共工受太昊，故先言黄帝，上及太昊。”②这段话出自《左传·昭公十七年》：

> 秋，郯子来朝，公与之宴。昭子问焉，曰：“少皞氏鸟名官，何故也？”郯子曰：“吾祖也，我知之。昔者黄帝氏以云纪，故为云师而云名；炎帝氏以火纪，故为火师而火名；共工氏以水纪，故为水师而水名；大（引者按：即太）皞氏以龙纪，故为龙师而龙名。我高祖少皞挚之立也，凤鸟适至，故纪于鸟，为鸟师而鸟名：凤鸟氏，历正也；玄鸟氏，司分者也；伯赵氏，司至者也；青鸟氏，司启者也；丹鸟氏，司闭者也。祝鸠氏，司徒也；鴡鸠氏，司马也；鸤鸠氏，司空也；

① 范晔：《后汉书·郑范陈贾张列传》，北京：中华书局，1965年，第1237页。
② 班固：《汉书·律历志下》，北京：中华书局，1962年，第1011页。

爽鸠氏，司寇也；鹘鸠氏，司事也。”①

在此提到了黄帝、炎帝、共工、太昊、少昊五位古帝王命官的方式，但并未指出五者的替代顺序，更未说明黄帝与少昊的血缘关系，但《世经》竟编制出太昊→共工→炎帝→黄帝→少昊的次序，而其中的太昊、炎帝便是黄帝之前的木德伏羲氏、火德神农氏，这个被刘向父子认为代黄帝者少昊便为金德。

少昊，先秦时即为人所知。当初，周武王灭殷后，分封周公旦“于少昊之虚曲阜，是为鲁公”②。《左传·定公四年》曰：“因商奄之民，命以《伯禽》而封于少皞之虚。”③杜预注：“少皞虚，曲阜也，在鲁城内。”可见，周人已知少昊。此外，他还被秦人视为白帝，受到祭祀。东周初，秦襄公“自以为主少皞之神，作西畤，祠白帝”④。后秦文公、秦献公又分别作鄜畤、畦畤来祭祀少昊。不过，少昊是否为曾拥有天下的古帝王还存疑。管仲曾说：“古者封泰山禅梁父者七十二家，而夷吾所记者十有二焉。昔无怀氏封泰山，禅云云；虙羲封泰山，禅云云；神农封泰山，禅云云；炎帝封泰山，禅云云；黄帝封泰山，禅亭亭；颛顼封泰山，禅云云；帝俈(喾)封泰山，禅云云；尧封泰山，禅云云；舜封泰山，禅云云；禹封泰山，禅会稽；汤封泰山，禅云云；周成王封泰山，禅社首：皆受命然后得封禅。”⑤他所记得的这十二家受命而王者，有伏羲、神农、炎帝、黄帝、颛顼等广为人知的上古帝王，但并无少昊。又展禽曰：“昔烈山氏之有天下也……共工氏之伯九有也……黄帝能成命百物，以明民共财，颛顼能修

① 杨伯峻：《春秋左传注·昭公十七年》，北京：中华书局，1981年，第1386—1388页。
② 司马迁：《史记·鲁周公世家》，北京：中华书局，1959年，第1515页。
③ 杨伯峻：《春秋左传注·定公四年》，北京：中华书局，1981年，第1537页。
④ 司马迁：《史记·封禅书》，北京：中华书局，1959年，第1358页。
⑤ 司马迁：《史记·封禅书》，北京：中华书局，1959年，第1361页。

之，帝喾能序三辰以固民，尧能单均刑法以仪民，舜勤民事而野死……"①烈山氏，即炎帝。他所列的这几位有功而王者，亦无少昊。至于少昊与黄帝的关系也暧昧不明。《左传·文公十八年》曰："昔帝鸿氏有不才子，掩义隐贼，好行凶德，丑类恶物。顽嚚不友，是与比周，天下之民谓之浑敦。少皞氏有不才子，毁信废忠，崇饰恶言，靖谮庸回，服谗蒐慝，以诬盛德，天下之民谓之穷奇。颛顼有不才子，不可教训，不知话言；告之则顽，舍之则嚚，傲很明德，以乱天常，天下之民谓之梼杌。"②杜预注："帝鸿，黄帝。"少昊处黄帝与颛顼之间，可能与黄帝有些关联。《国语·楚语下》曰："及少皞之衰也，九黎乱德，民神杂糅，不可方物。夫人作享，家为巫史，无有要质。民匮于祀，而不知其福。烝享无度，民神同位。民渎齐盟，无有严威。神狎民则，不蠲其为。嘉生不降，无物以享。祸灾荐臻，莫尽其气。颛顼受之，乃命南正重司天以属神，命火正黎司地以属民，使复旧常，无相侵渎，是谓绝地天通。"③可知，少昊之后为颛顼。《山海经·大荒东经》曰："东海之外大壑，少昊之国。少昊孺帝颛顼于此，弃其琴瑟。"郝懿行曰："此言少皞孺养帝颛顼于此……少皞即颛顼之世父，颛顼是其犹子。"④这是说少昊为颛顼的父辈。但这些记载都未清楚地讲明少昊与黄帝的血缘关系。

既然刘向父子已设定少昊为黄帝与颛顼之间的王者，则有必要将少昊的信息精致化，为此他们做了两项主要工作：

(1)建立起黄帝与少昊间的血统。《世经》曰："《考德》曰少昊曰清。清者，黄帝之子清阳也，是其子孙名挚立。"⑤《考德》，颜师古注曰："《考

① 徐元诰撰，王树民、沈长云点校：《国语集解》，北京：中华书局，2002年，第155—157页。

② 杨伯峻：《春秋左传注·文公十八年》，北京：中华书局，1981年，第638—640页。

③ 徐元诰撰，王树民、沈长云点校：《国语集解》，北京：中华书局，2002年，第514—515页。

④ 郝懿行：《山海经笺疏》，成都：巴蜀书社，1985年，第434页。

⑤ 班固：《汉书·律历志下》，北京：中华书局，1962年，第1012页。

德》者，考五帝德之书也”，但具体指哪些书不明，不过显然并非《五帝德》《帝系》，因为两书并无少昊的信息。在此，刘向父子通过少昊的名字建立起其与黄帝的血缘关系：少昊的名字叫清，也称清阳，而黄帝有一子叫青阳。少昊“曰清”的依据应出自《逸周书·尝麦解》：

> 王若曰：“宗掩、大正，昔天之初，□作二后，乃设建典，命赤帝分正二卿，命蚩尤于宇少昊，以临四方，司□□上天末成之庆。蚩尤乃逐帝，争于涿鹿之河，九隅无遗。赤帝大慑，乃说于黄帝，执蚩尤，杀之于中冀。以甲兵释怒，用大正顺天思序，纪于大帝，用名之曰绝辔之野。乃命少昊请司马鸟师，以正五帝之官，故名曰质。天用大成，至于今不乱。①

黄怀信等《汇校》曰：“请，诸本作‘清’。”可见，此处的“少昊清”同于《世经》所说的“少昊曰清”，但并未说“清者，黄帝之子清阳也”，该语应为刘向父子的推断，但却是连接少昊与黄帝关系的最关键一环。不过，这里面的问题殊多。

史载黄帝有一子叫青阳，而非清阳。《帝系》曰：“黄帝居轩辕之丘，娶于西陵氏之子，谓之嫘祖氏，产青阳及昌意。青阳降居泜水，昌意降居若水。”②《五帝本纪》载：“黄帝居轩辕之丘，而娶于西陵之女，是为嫘祖。嫘祖为黄帝正妃，生二子，其后皆有天下：其一曰玄嚣，是为青阳，青阳降居江水；其二曰昌意，降居若水。”③可见，黄帝子玄嚣，曰青阳，亦即刘向父子所云的少昊。关于江水、若水，《史记索隐》曰：“江水、若水皆

---

① 黄怀信、张懋镕、田旭东：《逸周书汇校集注》，上海：上海古籍出版社，2007 年，第 730—736 页。

② 王聘珍撰，王文锦点校：《大戴礼记解诂》，北京：中华书局，1983 年，第 127 页。

③ 班固：《史记·五帝本纪》，北京：中华书局，1959 年，第 10 页。

在蜀，即所封国也。”王聘珍谓：“泜水即江水也。”这显然与周公旦所封之少昊之墟非同地也。此外，孔颖达还提到清阳与青阳的姓也不同。他说：“《晋语》称青阳与黄帝同德，故为姬姓。黄帝之子十四人，为十二姓。其十二有姬，有己。青阳既为姬姓，则己姓非青阳之后。而《世本》己姓出自少皞，非青阳也。”①

退一步讲，假如少昊清阳就是黄帝子玄嚣青阳，然玄嚣并未得立。《五帝本纪》曰：“自玄嚣与蟜极皆不得在位。”②玄嚣的无位就与金德之少昊不符，由此也可看出少昊非玄嚣也。《史记索隐》提到了这一问题：“皇甫谧及宋衷皆云玄嚣青阳即少昊也。今此纪下云‘玄嚣不得在帝位’，则太史公意青阳非少昊明矣。而此又云‘玄嚣是为青阳’，当是误也。……宋衷又云：‘玄嚣青阳是为少昊，继黄帝立者，而史不叙，盖少昊金德王，非五运之次，故叙五帝不数之也。’”皇甫谧、宋衷认为玄嚣青阳即少昊，这是接受了刘向父子的观点，但司马迁并未指出玄嚣青阳与少昊间的关系，《史记》所载并无矛盾。而宋衷认为少昊金德不合五行之次，故不在五帝之列，则背离了刘向父子的初义。少昊之所以被硬拉入五帝之列，就是为了迎合五行相生次序的需要。

此外，挚也存在问题。“是其子孙名挚立”，则挚为少昊清阳的子孙。但《逸周书·尝麦解》却说：“少昊请司马鸟师，以正五帝之官，故名曰质”，又前引郯子述其先祖少昊名曰挚，则“质”同“挚”。清人丁宗洛即指出：“质，清登帝位复名质，《左传》《世纪》作挚，义同。”③如此，则少昊清阳名曰挚，这就与刘向父子的观点不合。据载，黄帝后裔中确有名挚者为帝。《五帝本纪》曰：“帝喾娶陈锋氏女，生放勋。娶娵訾氏女，生挚。

① 杜预注，孔颖达疏：《春秋左传正义》，北京：北京大学出版社，1999 年，第 1360 页。
② 班固：《史记·五帝本纪》，北京：中华书局，1959 年，第 13 页。
③ 黄怀信、张懋镕、田旭东：《逸周书汇校集注》，上海：上海古籍出版社，2007 年，第 736 页。

帝喾崩，而挚代立。帝挚立，不善，而弟放勋立，是为帝尧。”[①]《史记正义》引《帝王纪》云：“帝俈(引者按：即喾)有四妃，卜其子皆有天下。元妃有邰氏女，曰姜嫄，生后稷。次妃有娀氏女，曰简狄，生卨。次妃陈丰氏女，曰庆都，生放勋。次妃娵訾氏女，曰常仪，生帝挚。”“帝挚之母于四人中班最在下，而挚于兄弟最长，得登帝位。封异母弟放勋为唐侯。挚在位九年，政微弱，而唐侯德盛，诸侯归之，挚服其义，乃率群臣造唐而致禅。唐侯自知有天命，乃受帝禅。乃封挚于高辛。”可见，帝挚为帝喾长子，立九年，后禅位于异母弟放勋(即尧)。按照世系，帝挚确为玄嚣青阳之后(玄嚣→蟜极→帝喾→帝挚)。

(2)确定了少昊的氏号。以上列举了几条以少昊作为黄帝子不能自圆其说之处，但在刘向父子的设计中，唯有少昊以金德的身份才能满足黄帝土德、尧火德的五行次序，为了坐实少昊的金德身份，刘向父子又为其增加了氏号：金天氏。在先秦古籍中，唯《左传》出现过此名。子产曰：“昔金天氏有裔子曰昧，为玄冥师，生允格、台骀。台骀能业其官，宣汾、洮，障大泽，以处大原。帝用嘉之，封诸汾川，沈、姒、蓐、黄实守其祀。”[②]可知，金天氏后裔中名昧者曾为玄冥师，即水官之长。蔡墨曰：“少皞氏有四叔，曰重、曰该、曰修、曰熙，实能金、木及水。使重为句芒，该为蓐收，修及熙为玄冥，世不失职，遂济穷桑，此其三祀也。”[③]孔颖达疏曰：“少皞氏有四叔，四叔是少皞之子孙，非一时也，未知于少皞远近也。”[④]则少昊后裔名修、熙者也曾为玄冥。孔颖达将金天氏、少昊氏合而释之：“昧为金天裔子，当是修、熙之后。《释例》曰：‘修及熙，皆为玄冥。’未知昧为谁之子，或是其子孙也。”孔颖达如此解释有依据，因为在刘

① 班固：《史记·五帝本纪》，北京：中华书局，1959年，第14页。
② 杨伯峻：《春秋左传注·昭公元年》，北京：中华书局，1981年，第1218—1219页。
③ 杨伯峻：《春秋左传注·昭公二十九年》，北京：中华书局，1981年，第1503页。
④ 杜预注，孔颖达疏：《春秋左传正义》，北京：北京大学出版社，1999年，第1510页。

向父子处，少昊即为金天氏。但金天氏这一氏号，不合惯例。黄帝及其子孙都以居住地命名其氏号。黄帝轩辕氏："黄帝居轩辕之丘。"①《史记集解》引皇甫谧语："受国于有熊，居轩辕之丘，故因以为名，又以为号。"颛顼高阳氏："帝颛顼高阳者，黄帝之孙而昌意之子也。"②《史记索隐》引张晏云："高阳者，所兴地名也。"帝喾高辛氏："帝喾高辛者，黄帝之曾孙也。"③《史记索隐》引宋衷曰："高辛地名，因以为号。"帝尧陶唐氏：《史记正义》引《帝王纪》曰："尧都平阳，于《诗》为唐国。"又引徐才《宗国都城记》云："唐国，帝尧之裔子所封。"④帝舜有虞氏：《史记索隐》："虞，国名，在河东大阳县。"⑤而金天并非居所。当然，在黄帝之前，有些古帝王的氏号并不因地而名。《史记集解》："张晏曰：'少昊以前，天下之号象其德。颛顼以来，天下之号因其名。高阳、高辛皆所兴之地名；颛顼与喾皆以字为号：上古质故也。'"⑥比如神农氏：《史记集解》引班固语："教民耕农，故号曰神农。"⑦但从"金天氏"中也无法反映出少昊之德，可见其亦非因德而名。有趣的是，张晏说明了少昊之前和之后命氏的特点，独没有提到金天氏的特点，足见，这一氏号不合惯例。

对于金天氏的命名，顾颉刚云："要寻一个'□□氏'来配少昊，古书里多得很，仅仅《庄子》一书已可找出二十个来，要凑凑场面原不为难。但少皞的得居于古帝中第四位，以金德王，事出偶然，毫无的据，容易给人窥破。他们感到应当替他找出'以金德王'的根据的需要，所以不在古书里检出一'□□氏'，而径自杜撰了一个'金天氏'，使得他的金德可以直接从名氏上表现出来，像炎帝、黄帝的从帝号上表现出他们的火德、土德一

① 班固：《史记·五帝本纪》，北京：中华书局，1959年，第10页。
② 班固：《史记·五帝本纪》，北京：中华书局，1959年，第11页。
③ 班固：《史记·五帝本纪》，北京：中华书局，1959年，第13页。
④ 班固：《史记·五帝本纪》，北京：中华书局，1959年，第15页。
⑤ 班固：《史记·五帝本纪》，北京：中华书局，1959年，第31页。
⑥ 班固：《史记·五帝本纪》，北京：中华书局，1959年，第13页。
⑦ 班固：《史记·五帝本纪》，北京：中华书局，1959年，第3页。

样，于是'少皞金天氏'一个名字就成立了！"[1]刘向父子是否编造这一氏号不得而知，但将其归入少昊名下，则应为他们。

综上可见，刘向父子以少昊金天氏来充当金德王者，存在着不少纰漏，不过总算补齐了黄帝与尧之间的空缺，使得尧居于火德的地位。接替尧者乃舜，其后为三代，以至于秦汉。德运如下：

火	土	金	水	木	（水）	火
尧	舜	夏	商	周	（秦）	汉

但秦的水德，无法合理地安排进五行相生的德运之列。木生火，故代周木德的为火德，然秦却是水德，这是毋庸置疑的事实，无法改变，因此，如何解释秦水德便成为又一难题。

3. 秦的闰统地位

为解决秦水德的尴尬地位，刘向父子创制了秦的闰统地位。因为秦是水德，不合五行相生之序，不能代周的木德，故不合天道、不为正统，为闰统。但若只设计秦是闰统，古无先例，不免有些单薄，于是他们又寻出一个与秦情形一致的共工氏。"共工氏以水德间于木火，与秦同运，非其次序，故皆不永。"[2]正因为共工氏、秦不合天道，故其统治皆短促。欲将德运史编订得更精致些，还应增添上帝喾木德、尧火德间的闰水，不过刘向父子未道明。经过上述的安排，五行相生型的新德运史便出炉了。《世经》中，详细地记载了历代的德运状况：

太昊帝《易》曰："炮牺氏之王天下也。"言炮牺继天而王，为百王

① 顾颉刚：《五德终始说下的政治与历史》，《古史辨》（五），上海：上海古籍出版社，1982年，第579页。

② 班固：《汉书·郊祀志下》，北京：中华书局，1962年，第1271页。

先，首德始于木，故为帝太昊。作罔罟以田渔，取牺牲，故天下号曰炮牺氏。《祭典》曰："共工氏伯九域。"言虽有水德，在火木之间，非其序也。任知刑以强，故伯而不王。秦以水德，在周、汉木火之间。周人迁其行序，故《易》不载。

炎帝《易》曰："炮牺氏没，神农氏作。"言共工伯而不王，虽有水德，非其序也。以火承木，故为炎帝。教民耕农，故天下号曰神农氏。

黄帝《易》曰："神农氏没，黄帝氏作。"火生土，故为土德。与炎帝之后战于阪泉，遂王天下。始垂衣裳，有轩冕之服，故天下号曰轩辕氏。

少昊帝《考德》曰少昊曰清。清者，黄帝之子清阳也，是其子孙名挚立。土生金，故为金德，天下号曰金天氏。周迁其乐，故《易》不载，序于行。

颛顼帝《春秋外传》曰，少昊之衰，九黎乱德，颛顼受之，乃命重黎。苍林昌意之子也。金生水，故为水德。天下号曰高阳氏。周迁其乐，故《易》不载，序于行。

帝喾《春秋外传》曰，颛顼之所建，帝喾受之。清阳玄嚣之孙也。水生木，故为木德。天下号曰高辛氏。帝挚继之，不知世数。周迁其乐，故《易》不载。周人禘之。

唐帝《帝系》曰，帝喾四妃，陈丰生帝尧，封于唐。盖高辛氏衰，天下归之。木生火，故为火德，天下号曰陶唐氏。让天下于虞，使子朱处于丹渊为诸侯。即位七十载。

虞帝《帝系》曰，颛项生穷蝉，五世而生瞽叟，瞽叟生帝舜，处虞之妫汭，尧嬗以天下。火生土，故为土德。天下号曰有虞氏。让天下于禹，使子商均为诸侯。即位五十载。

伯禹《帝系》曰，颛项五世而生鲧，鲧生禹，虞舜嬗以天下。土生金，故为金德。天下号曰夏后氏。继世十七王，四百三十二岁。

成汤《书经·汤誓》：汤伐夏桀。金生水，故为水德。天下号曰商，后曰殷。

武王《书经·牧誓》：武王伐商纣。水生木，故为木德。天下号曰周室。

汉高祖皇帝，著《纪》，伐秦继周。木生火，故为火德。天下号曰汉。①

以图表展示如下：

德运	终始一	终始二	终始三
木	伏羲	帝喾	周
闰水	共工		秦
火	炎帝	尧	汉
土	黄帝	舜	
金	少昊	夏	
水	颛顼	商	

这样，在新德运史中，汉与其始祖尧皆为火德，合乎五行之序，“得天统”②。

第五节　谶纬中的建构

谶纬源于何时，古今说法不一，钟肇鹏梳理出十二种观点，譬如太古

① 班固：《汉书·律历志下》，北京：中华书局，1962年，第1011—1013，1015，1023页。
② 班固：《汉书·郊祀志下》，北京：中华书局，1962年，第1271页。

说、周代说、春秋说、孔子说、战国说、邹衍说、秦说、西汉末说等。[①]实际上，谶与纬原本不同。早在先秦时，谶已出现，纬则始于西汉，而谶纬则盛于西汉末。《说文》曰："谶，验也。有征验之书，河洛所出书曰谶。"[②]这是说谶是一种有征验性的神秘预言，而且还有汇集起来的谶书。它"一般是以隐语的形式对人世历史的未来发展进程做出先兆式的启示，而且这个启示多是托名天帝或神灵作出的"[③]。《史记·赵世家》记载有一则秦国谶语[④]，即是此类政治预言。进入西汉时期，谶仍然存在。贾谊《鹏鸟赋》云："异物来崒，私怪其故，发书占之，谶言其度。曰'野鸟入室，主人将去。'"[⑤]异物指鹏鸟，是一种不祥之鸟，《史记集解》晋灼语引《异物志》曰："有山鸮，体有文色，土俗因形名之曰服。不能远飞，行不出域。"[⑥]贾谊看到鹏鸟飞到座位旁边，乃占卜，谶书言"野鸟入室，主人将去"，这是大凶之兆。《淮南子·说山训》也提到"谶"，曰："六畜生多耳目者不详，谶书著之。"[⑦]综上可知，谶本为神秘性的预言，昭示人间吉凶祸福，始于西汉之前，西汉时期仍在流行。

但纬，则出现在西汉特殊的文化环境下。《释名·释典艺》曰："纬，围也，反复围绕以成经也。"[⑧]王先谦《释名疏证补》引苏舆语曰："纬之为书，比傅于经，辗转牵合，以成其谊，今所传《易纬》《诗纬》诸书，可得其

① 详见钟肇鹏：《谶纬论略》，沈阳：辽宁教育出版社，1991年，第11—26页。

② 许慎撰，段玉裁注：《说文解字注》，上海：上海古籍出版社，1981年，第90页。

③ 丁鼎、杨洪权：《神秘的预言——中国古代谶言研究》，太原：山西人民出版社，1993年，第1页。

④ 《史记·赵世家》记载："赵简子疾，五日不知人，大夫皆惧。医扁鹊视之，出，董安于问。扁鹊曰：'血脉治也，而何怪！在昔秦缪公尝如此，七日而寤。寤之日，告公孙支与子舆曰：'我之帝所甚乐。吾所以久者，适有学也。帝告我：晋国将大乱，五世不安；其后将霸，未老而死；霸者之子且令而国男女无别。'公孙支书而藏之，秦谶于是出矣。'"

⑤ 班固：《汉书·贾谊传》，北京：中华书局，1962年，第2226页。

⑥ 司马迁：《史记·屈原贾生列传》，北京：中华书局，1959年，第2497页。

⑦ 何宁：《淮南子集释》，北京：中华书局，1998年，第1121页。

⑧ 刘熙：《释名》，北京：中华书局，1985年，第99页。

大概，故云反覆围绕以成经。”[①]武帝罢黜百家、独尊儒术之后，儒家五经拥有了崇高的权威性。而纬则依附于五经而存在，它也在解释经书，不过其所使用的是神学化的语言，并且含有不少谶语，因此谶、纬逐步合流。谶纬泛滥于西汉后期。《隶释》卷十一《小黄门谯敏碑》曰：“故国师谯赣深明典奥，谶录图纬，能精微天意，传道与京君明。”[②]谯赣即焦赣，字延寿；京君明乃元帝时期灾异学和易学大师京房，君明为其字。此碑文中“谶纬”两字连用，可能为汉代文献中记载最早者，约在宣元时代。成帝时，李寻提到了“五经六纬”[③]一说。颜师古注曰：“六纬者，五经之纬及乐纬也。”可见，西汉后期，纬书解经早已流行。

成、哀之时，社会危机严重，谶纬很是盛行。而方士们也以自己独特的方式参与到如何解决政治危机这一时代主题中——造作神性型历史谱系以重建汉室的政治合法性，并在现实中提出具体的解决方案，即再受命，以期汉朝渡过“天地之大终”[④]。成帝时的甘忠可、哀帝时的夏贺良就是其中的活跃者。

《汉书·哀帝纪》载：

> (建平二年六月)待诏夏贺良等言赤精子之谶，汉家历运中衰，当再受命，宜改元易号。诏曰：“汉兴二百载，历数开元。皇天降非材之佑，汉国再获受命之符，朕之不德，曷敢不通！夫基事之元命，必与天下自新，其大赦天下。以建平二年为太初元将元年。号曰陈圣刘太平皇帝，漏刻以百二十为度。”……八月，诏曰：“待诏夏贺良等建言改元易号，增益漏刻，可以永安国家。朕过听贺良等言，冀为海内

---

① 王先谦：《释名疏证补》，上海：上海古籍出版社，1984 年，第 309 页。
② 洪适：《隶释》卷十一，四部丛刊三编史部，上海涵芬楼影印固安刘氏藏明万历刊本。
③ 班固：《汉书·眭两夏侯京翼李传》，北京：中华书局，1962 年，第 3179 页。
④ 班固：《汉书·眭两夏侯京翼李传》，北京：中华书局，1962 年，第 3192 页。

获福，卒亡嘉应。皆违经背古，不合时宜。六月甲子制书，非赦令也，皆蠲除之。贺良等反道惑众，下有司。”皆伏辜。①

又《汉书·眭两夏侯京翼李传》载：

哀帝久寝疾，几其有益，遂从贺良等议。于是诏制丞相御史：“……惟汉兴至今二百载，历纪开元，皇天降非材之右，汉国再获受命之符，朕之不德，曷敢不通夫受天之元命，必与天下自新。其大赦天下，以建平二年为太初(元将)元年，号曰陈圣刘太平皇帝。漏刻以百二十为度。布告天下，使明知之。”后月余，上疾自若。贺良等复欲妄变政事，大臣争以为不可许。……上以其言无验，遂下贺良等吏，而下诏曰：“朕获保宗庙，为政不德，变异屡仍，恐惧战栗，未知所由。待诏贺良等建言改元易号，增益漏刻，可以永安国家。朕信道不笃，过听其言，几为百姓获福，卒无嘉应，久旱为灾。以问贺良等，对当复改制度，皆背经谊，违圣制，不合时宜。夫过而不改，是为过矣。六月甲子诏书，非赦令也，皆蠲除之。贺良等反道惑众，奸态当穷竟。”皆下狱，光禄勋平当、光禄大夫毛莫如与御史中丞、廷尉杂治，当贺良等执左道，乱朝政，倾覆国家，诬罔主上，不道。贺良等皆伏诛。②

从上可知，建平二年，哀帝为了摆脱严重的政治危机，听从方士夏贺良等人建议，改元易号，变更制度，实行火德制，以再受命期望国祚昌运。但后来夏贺良等干预朝政，又没应验，故哀帝废除改制，夏贺良等也被诛杀。

① 班固：《汉书·哀帝纪》，北京：中华书局，1962年，第340页。
② 班固：《汉书·眭两夏侯京翼李传》，北京：中华书局，1962年，第3193页。

谶纬的内容十分驳杂，但其中一个重要的主题即是历史谱系。这一谱系共分十纪，《春秋命历序》曰：“自开辟至获麟二百二十七万六千岁，分为十纪，凡世七万六百年。一曰九头纪，二曰五龙纪，三曰摄提纪，四曰合雒纪，五曰连通纪，六曰序命纪，七曰修蜚之纪，八曰回提纪，九曰禅通纪，十曰流讫纪。”①这十纪又分为皇和帝两个大阶段。在诸皇时代，统治者号为皇，其中最早的为九头纪时的天地人三皇。据说，“天地初立，有天皇氏，十二头，澹泊无所施为而俗自化，木德王，岁起摄提。兄弟十二人，立各一万八千岁。地皇十一头，火德王，一姓十一人，兴于熊耳、龙门等山，亦各万八千岁。人皇九头，乘云车，驾六羽，出谷口，分长九州，各立城邑。凡一百五十世，合四万五千六百年。”②至伏羲时，进入诸帝时代，“人始伏牺，帝位生”③。诸帝统治时间，说法不一，《易纬稽览图》云：“甲寅伏羲氏，至无怀氏，五万七千八百八十二年，神农五百四十年，黄帝一千五百二十年，少昊四百年，颛顼五百年，帝喾三百五十年，尧一百年，舜五十年，禹四百三十一年，殷四百九十六年，周八百六十七年，秦五十年。”④而《春秋命历序》曰：“黄帝一曰帝轩辕，传十世，二千五百二十岁。次曰帝宣，曰少昊，一曰金天氏，则穷桑氏，传八世，五百岁。次曰颛顼，则高阳氏，传二十世，三百五十岁。次是帝喾，即高辛氏，传十世，四百岁。”⑤此外，还有其他一些说法。

---

① ［日］安居香山、中村璋八：《纬书集成·春秋命历序》，石家庄：河北人民出版社，1994年，第885页。

② ［日］安居香山、中村璋八：《纬书集成·春秋命历序》，石家庄：河北人民出版社，1994年，第876—877页。

③ ［日］安居香山、中村璋八：《纬书集成·春秋元命包》，石家庄：河北人民出版社，1994年，第597页。

④ ［日］安居香山、中村璋八：《纬书集成·易纬稽览图》，石家庄：河北人民出版社，1994年，第153—154页。

⑤ ［日］安居香山、中村璋八：《纬书集成·春秋命历序》，石家庄：河北人民出版社，1994年，第881—882页。

在诸帝时代，采用五德制①。《易纬乾凿度》借孔子之口说：“至德之数，先立木、金、水、火、土德，合三百四岁，五德备，凡一千五百二十岁，大终复初。”②《春秋命历序》也说：“五德之运，同征合符，应箓次相代。”③《春秋内事》还记录了历代的德运：“伏牺氏以木德王天下”；“轩辕氏以土德王天下”；“夏后氏金行，初作苇茭，言气交也。殷人水德，以螺首，慎其闭塞，使如螺也。周人木德，以桃为梗，言气相更也。”④诸帝时代五德状况如下所示：

德运	终始一	终始二	终始三
木	伏羲	帝喾	周
火	神农	帝尧	汉
土	黄帝	帝舜	
金	少昊	夏	
水	颛顼	商	

谶纬具有浓重的神学色彩。上天布有五帝。五帝居于太微宫，各有名号。《春秋文曜钩》云：“太微宫有五帝座星，苍帝其名曰灵威仰，赤帝其名曰赤熛怒，黄帝其名曰含枢纽，白帝其名曰白招矩，黑帝其名曰汁光纪。”⑤五帝掌天道和人事，据势降精。《春秋文曜钩》载：“夫太微者，大

① 最早的九头纪时，已经实行五德制，《春秋命历序》就说，“天皇氏以木王，地皇氏以火纪”。但其余诸皇情形并不明了。至伏羲时又以木德王，真正的人间德运才开始。

② ［日］安居香山、中村璋八：《纬书集成·易纬乾凿度》，石家庄：河北人民出版社，1994年，第56页。

③ ［日］安居香山、中村璋八：《纬书集成·春秋命历序》，石家庄：河北人民出版社，1994年，第886页。

④ ［日］安居香山、中村璋八：《纬书集成·春秋内事》，石家庄：河北人民出版社，1994年，第887页。

⑤ ［日］安居香山、中村璋八：《纬书集成·春秋文曜钩》，石家庄：河北人民出版社，1994年，第662页。

妙之谓，用以序星辰，揆日月，定岁时，齐七政，开阴阳，审权量，发万物，举兴废，布小大，施长短，故五帝居之，以试天地四方之邪正而起灭之。其势强者强之，弱者弱之，强之强之而弱之，弱之弱之而强之。是故危者能安，兴者能亡，皆五帝降精而使之反复其世道焉。世道之强而亡者，黑帝降之；弱而存者，赤帝降之；安而危者，白帝降之；灭而兴者，青帝降之。"[①]而人间的帝王，被认为是五帝之精。《尚书帝命验》注曰："天有五帝，集居太微，降精以生圣人。"[②]《春秋演孔图》曰："天子皆五帝精。"[③]比如，"夏，白帝之子。殷，黑帝之子。周，仓帝之子"；"姬昌苍帝之精，位在房心"[④]。帝王并非现实世界中的凡夫肉体之人，他们系人神交感而生，如《孝经钩命决》言："华胥履迹，怪生皇牺。任巳感龙，生帝魁。佳姒感龙，生帝嵬魁。附宝出，降大灵，生帝轩。"[⑤]帝王因感生，身有异相。《春秋元命包》记载道：伏羲大目，山准龙颜。神农生，三辰而能言，五日而能行，七朝而齿具，三岁而知稼穑般戏之事。黄帝龙颜，得天庭阳。上法中宿，取象文昌。载天履阴，秉数制刚。尧眉八彩，是谓通明。历象日月，璇玑玉衡。舜重瞳子，是为慈原。上应摄提，下应三元。禹耳三漏，是谓大通。汤臂四肘，是谓神刚。象月推移，以绥四方。文王四乳，是谓含良。盖法酒旗，布恩舒惠。武王骈齿，是为刚强，取象参房，诛害以从天心。[⑥]

---

① ［日］安居香山、中村璋八：《纬书集成·春秋文曜钩》，石家庄：河北人民出版社，1994年，第668页。

② ［日］安居香山、中村璋八：《纬书集成·尚书帝命验》，石家庄：河北人民出版社，1994年，第367页。

③ ［日］安居香山、中村璋八：《纬书集成·春秋演孔图》，石家庄：河北人民出版社，1994年，第581页。

④ ［日］安居香山、中村璋八：《纬书集成·春秋元命包》，石家庄：河北人民出版社，1994年，第595、596页。

⑤ ［日］安居香山、中村璋八：《纬书集成·孝经钩命决》，石家庄：河北人民出版社，1994年，第1005—1006页。

⑥ ［日］安居香山、中村璋八：《纬书集成·春秋元命包》，石家庄：河北人民出版社，1994年，第589—595页。

因此谶纬中的帝王谱系是种神性型的历史谱系，“人间帝王与天帝之间呈现出一一对应的关系，圣王之间则没有血缘关系，即是同一德行内的圣王，也无从得知有无血缘关系。这说明谶纬中的圣统完全是用天道排列的，几乎完全抛弃了宗法思想”①。

谶纬构建这样的历史谱系，其最终目的就是为了论证汉朝的统治合法性。因此“谶纬中的帝王世系及其受命，其落脚点在刘汉受命，先列出一个自古以来的帝王系统，然后将刘汉纳入到这个系统中，从而证明刘汉受命之正统合法”②。同其他帝王一样，汉高祖也为五帝精，“卯金刀，名为刘，中国东南出荆州，赤帝后次代周”③。高祖也是因交感而生的，《春秋握诚图》曰：“刘媪梦赤鸟如龙，戏己，生执嘉”；“执嘉妻含始游洛池，赤珠出，刻曰：玉英吞此者为王客。以其年生刘季，为汉皇。”④并且高祖生有异相，《河图稽命徵》载：“帝刘季，日角，戴北斗，胸龟背龙，身长七尺八寸，明圣而宽仁，好任主。”⑤刘汉代周木德而起，“庶姓刘季当代周”。⑥ 此外还提出孔子为汉制法的观点：“邱揽史记，援引古图，推集天变，为汉帝制法，陈叙图录”⑦，“邱水精，治法为赤制功”⑧，“丘为制法，

① 徐兴无：《谶纬文献与汉代文化构建》，北京：中华书局，2003 年，第 197 页。

② 曾德雄：《谶纬中的帝王世系及受命》，《文史哲》2006 年第 1 期。

③ ［日］安居香山、中村璋八：《纬书集成·春秋演孔图》，石家庄：河北人民出版社，1994 年，第 581 页。

④ ［日］安居香山、中村璋八：《纬书集成·春秋握诚图》，石家庄：河北人民出版社，1994 年，第 826 页。

⑤ ［日］安居香山、中村璋八：《纬书集成·河图稽命徵》，石家庄：河北人民出版社，1994 年，第 1179 页。

⑥ ［日］安居香山、中村璋八：《纬书集成·尚书中候日角》，石家庄：河北人民出版社，1994 年，第 451 页。

⑦ ［日］安居香山、中村璋八：《纬书集成·春秋演孔图》，石家庄：河北人民出版社，1994 年，第 579 页。

⑧ ［日］安居香山、中村璋八：《纬书集成·春秋演孔图》，石家庄：河北人民出版社，1994 年，第 579 页。

主黑绿，不代苍黄”[①]。孔子为黑帝子[②]，不合代周木德之运，故而为汉制法。这样在谶纬所创建的神性型历史谱系中，一方面汉高祖为赤帝子，另一方面汉室继周而兴，行用火德。

综上考察可知，西汉后期建构者们通过建立这两种历史谱系来重建本朝政权的合法性。一是刘向父子的宗法型历史谱系。在该谱系中，刘氏乃帝尧之后，德运承周木德而为火德。这样汉代的统治既有血统上的支持，又符合政权嬗替规律，故而其政权是合法有效的。二是谶纬中的神性型历史谱系。在该谱系中，刘邦为赤帝之精，政权代周为火德。这样汉代的政权既有神学上的依据，又符合五德之运，因此其统治也是正当合法的。

在此，还需指出两点：(1)火德并未成为西汉后期的法定德运。尽管在当时的舆论上，“汉室火德”得到普遍承认，但西汉所采用的法定德运仍旧是武帝太初改制时所确立的土德。火德被正式确立为法定德运是在东汉光武帝时期。《东观汉记》载：“自上即位，案图谶，推五运，汉为火德。周苍汉赤，木生火，赤代苍，故上都洛阳。制郊兆于城南七里，北郊四里，为圆坛，天地位其上，皆南面西上。行夏之时，时以平旦，服色、牺牲尚黑，明火德之运，徽帜尚赤，四时随色，季夏黄色。”[③]又《后汉书·光武帝纪上》载建武二年正月，“起高庙，建社稷于洛阳，立郊兆于城南，始正火德，色尚赤。”[④]李贤注曰：“汉初土德，色上黄，至此始明火德，徽帜尚赤，服色于是乃正。”又《汉书·郊祀志下》颜师古注引邓展说曰：“(刘)向父子虽有此议，时不施行，至光武建武二年，乃用火德，色尚赤耳。”[⑤]这样盛行已久的“汉室火德”说始被正式确立。东汉一朝的法定德运不像西

① ［日］安居香山、中村璋八：《纬书集成·孝经援神契》，石家庄：河北人民出版社，1994年，第988页。

② 《春秋演孔图》云：“孔子母征在，梦感黑帝而生，故曰玄圣，”“黑龙生为赤，必告示象，使知命。”

③ 刘珍等撰，吴树平校注：《东观汉记校注》，北京：中华书局，2008年，第8页。

④ 范晔：《后汉书·光武帝纪上》，北京：中华书局，1965年，第27页。

⑤ 班固：《汉书·郊祀志下》，北京：中华书局，1962年，第1271页。

汉时期做过改变，它始终为光武帝所定的火德。东汉末年，袁氏兄弟曾按照五行相生之理，以土德易火德来说明自己受命于天，乃当兴之主也。《后汉书·袁绍传》载："赤德衰尽，袁为黄胤，宜顺天意，以从民心。"①李贤注引《献帝春秋》曰："袁，舜后。黄应代赤，故(耿)包有此言。"又《后汉书·袁术传》载："(袁术)又以袁氏出陈为舜后，以黄代赤，德运之次，遂有僭逆之谋。"②曹魏代汉也是假借土德胜火德的幌子，《三国志·魏书·文帝纪》载："(延康元年冬)汉帝以众望在魏，乃召群公卿士，告祠高庙。使兼御史大夫张音持节奉玺绶禅位，册曰：'咨尔魏王：昔者帝尧禅位于虞舜，舜亦以命禹，天命不于常，惟归有德。汉道陵迟，世失其序，降及朕躬，大乱兹昏，群凶肆逆，宇内颠覆。赖武王神武，拯兹难于四方，惟清区夏，以保绥我宗庙，岂予一人获乂，俾九服实受其赐。今王钦承前绪，光于乃德，恢文武之大业，昭尔考之弘烈。皇灵降瑞，人神告征，诞惟亮采，师锡朕命，佥曰尔度克协于虞舜，用率我唐典，敬逊尔位。於戏！天之历数在尔躬，允执其中，天禄永终；君其祗顺大礼，飨兹万国，以肃承天命。'乃为坛于繁阳。庚午，王升坛即阼，百官陪位。事讫，降坛，视燎成礼而反。改延康为黄初，大赦。"③裴松之注引太史丞许芝言云："《易传》曰：'圣人受命而王，黄龙以戊己日见。'七月四日戊寅，黄龙见，此帝王受命之符瑞最著明者也。"又云："高祖受命，数虽起乙未，然其兆征始于获麟。获麟以来七百余年，天之历数将以尽终。帝王之兴，不常一姓。太微中，黄帝坐常明，而赤帝坐常不见，以为黄家兴而赤家衰，凶亡之渐。"裴注又引《献帝传》所载曹丕诏书曰："今朕承帝王之绪，其以延康元年为黄初元年，议改正朔，易服色，殊徽号，同律度量，承土行。"

---

① 范晔：《后汉书·袁绍传》，北京：中华书局，1965 年，第 2390 页。
② 范晔：《后汉书·袁术传》，北京：中华书局，1965 年，第 2439 页。
③ 陈寿：《三国志·魏书·文帝纪》，北京：中华书局，1959 年，第 62 页。

(2)政治危机依旧，未能挽救西汉灭亡的命运。政治合法性可以通过理论建构完成，但现实中的危机却非理论可以解决。西汉后期，各种问题交织在一起，已积重难返，平帝死后，王莽代汉。不过，吊诡的是，本用于论证西汉政治合法性的这两种模式，反而被改造成为新莽政权的合法性依据。

《汉书·王莽传中》载：

> 王氏，虞帝之后也，出自帝喾；刘氏，尧之后也，出自颛顼。①
>
> ……
>
> 予前在摄时，建郊宫，定祧庙，立社稷，神祇报况，或光自上复于下，流为乌，或黄气熏烝，昭耀章明，以著黄、虞之烈焉。自黄帝至于济南伯王，而祖世氏姓有五矣。黄帝二十五子，分赐厥姓十有二氏。虞帝之先，受姓曰姚，其在陶唐曰妫，在周曰陈，在齐曰田，在济南曰王。予伏念皇初祖考黄帝，皇始祖考虞帝，以宗祀于明堂，宜序于祖宗之亲庙。其立祖庙五，亲庙四，后夫人皆配食。郊祀黄帝以配天，黄后以配地。以新都侯东弟为大禖，岁时以祀。家之所尚，种祀天下。姚、妫、陈、田、王氏凡五姓者，皆黄、虞苗裔，予之同族也。②
>
> ……
>
> 予之皇始祖考虞帝受嬗于唐，汉氏初祖唐帝，世有传国之象，予复亲受金策于汉高皇帝之灵。惟思褒厚前代，何有忘时？汉氏祖宗有七，以礼立庙于定安国。其园寝庙在京师者，勿罢，祠荐如故。予以秋九月亲入汉氏高、元、成、平之庙。诸刘更属籍京兆大尹，勿解其

① 班固：《汉书·王莽传中》，北京：中华书局，1962年，第4105页。
② 班固：《汉书·王莽传中》，北京：中华书局，1962年，第4106页。

复，各终厥身，州牧数存问，勿令有侵冤。[①]

从这三则材料，我们可以发现王莽承认汉帝的尧后身份，而自己则是舜帝的后代。既然尧禅位于舜，则汉帝也当禅位于王莽。此外王莽还修建了黄帝、虞舜等祖庙，又郊祀黄帝、宗祀舜帝，以此表明自己为黄帝、虞舜后裔。

又《汉书·王莽传上》载：

（哀章见王莽势大，欲攀附之，）即作铜匮，为两检，署其一曰“天帝行玺金匮图”，其一署曰“赤帝行玺某传予黄帝金策书”。某者，高皇帝名也。书言王莽为真天子，皇太后如天命……（王莽）御王冠，谒太后，还坐未央宫前殿，下书曰：“予以不德，托于皇初祖考黄帝之后，皇始祖考虞帝之苗裔，而太皇太后之末属。皇天上帝隆显大佑，成命统序，符契图文，金匮策书，神明昭告，属予以天下兆民。赤帝汉氏高皇帝之灵，承天命，传国金策之书，予甚祗畏，敢不钦受！以戊辰直定，御王冠，即真天子位，定有天下之号曰新。其改正朔，易服色，变牺牲，殊徽帜，异器制。以十二月朔癸酉为建国元年正月之朔，以鸡鸣为时。服色配德上黄，牺牲应正用白，使节之旄旛皆纯黄，其署曰‘新使五威节’，以承皇天上帝威命也。”[②]

哀章造作铜匮，检上署赤帝传位予黄帝。赤帝为汉帝之神，王莽则是黄帝在人间的代理。王莽也因此而正式登基为帝。

有些研究者认为新五德终始说的目的是为王莽代汉提供依据。顾颉刚《五德终始说下的政治和历史》一文中提到三个重要的观点：第一，新五德

---

① 班固：《汉书·王莽传中》，北京：中华书局，1962 年，第 4108 页。
② 班固：《汉书·王莽传上》，北京：中华书局，1962 年，第 4095—4096 页。

终始说是刘歆创立的，只是因为其父刘向乃当时学术界的硕望，故托名刘向来做挡箭牌；第二，刘歆创立此说的动机是为了王莽篡汉；第三，刘歆伪经说。顾先生认为，为了建构汉家禅让的理论，王莽需要做三件事情：一是造作世系，以古帝王为祖先来证明其有做帝王的资格；二是说明自己乃帝舜的后代，以便援引帝舜的禅让为自己获得政权提供历史的范本；三是宣扬自己乃土德，以合舜帝之德运。为此，西汉历史也要相应地做三点改动：一是汉室也应该有很长的世系；二是汉室乃尧后，当禅让；三是汉家为火德，以合火生土的五行相生原理。为了符合这些条件，刘歆不惜遍伪群经。“刘歆伪经”说，现代的研究者多不再坚持，但顾氏另外两个观点，仍得到不少研究者的认同。如王葆玹说：“刘歆创立此说，公认是为王莽取代汉朝而作的一种理论辩护。刘向在汉成帝时一直激烈地反对王氏专权，主张杜绝王氏篡汉的可能，他大概不会杜撰出这种循由‘相生’之次的‘五德终始说’，而只会提出一些与此有关的见解。”①汪高鑫认为“新五德终始说由刘歆创立，而非刘向”，而刘歆构建古史系统的逻辑起点便是王莽代汉。② 杨权认为：“刘歆版帝德谱并不是为了维护西汉王朝的政治权威而炮制的，而是为了给王莽篡权提供理论支持而炮制的。”③

而关于谶纬造作的目的，有的研究者同样认为是为王莽代汉服务。曾德雄说：“谶纬的出现和流布，当在哀、平之际，因王莽篡汉而起，其目的在于论证王莽统治的合法性。”④史建刚认为：“汉末兴起的谶纬思潮与厌汉舆论有关，它构成了厌汉的外在表现形式，主导着王莽代汉立新的全过程。”⑤

---

① 王葆玹：《今古文经学新论》，北京：中国社会科学出版社，1997 年，第 435 页。

② 汪高鑫：《论刘歆的新五德终始历史学说》，《中国文化研究》2002 年夏之卷。

③ 杨权：《新五德理论与两汉政治——“尧后火德”说考论》，北京：中华书局，2006 年，第 161 页。

④ 曾德雄：《谶纬的起源》，《学术研究》2006 年第 7 期。

⑤ 史建刚：《厌汉舆论与儒士阶层的伦理天命观》，《唐都学刊》2009 年第 4 期。

但本书认为，王莽只是利用了新德运说和谶纬的资源来建构自身政治合法性而已。从“汉家尧后”可推导出王氏舜后，从“汉室火德”可推导出王氏土德。既然尧禅位于舜，则尧后(即汉帝)也应禅位于舜后(即王莽)；既然汉帝是赤帝之子，则王莽便是黄帝之子。这样，一方面从宗法型历史谱系来看，王莽如同刘邦一样都是黄帝之后，拥有尊贵的古帝王血统；另一方面从神性型历史谱系来看，王莽如同汉帝一样也是天帝之子，具有神性的身份，所以新莽政权便是合法正当的。这种局面恐怕是西汉政治合法性论证者们未曾预料到的。不过，由于五德终始说是一个开放、变动的历史演进观，所以很容易被利用。① 也就是说，五德终始说自身的特点使其无法成为一家独擅的工具。

---

① 参见陈泳超：《〈世经〉帝德谱的形成过程及相关问题——再析“五德终始说下的政治和历史”》，《文史哲》2008 年第 1 期。

下编　西汉政治制度中的德运

第一章
西汉历法

第一节　汉初历法

《史记·张丞相列传》言："张苍文学律历，为汉名相，而绌贾生、公孙臣等言正朔服色事而不遵，明用秦之颛顼历，何哉?"[①]《史记集解》引张晏言曰："不考经典，专用颛顼历，何哉?"这是说汉初沿用了秦时的颛顼历。班固亦认可这一说法。《汉书·律历志上》曰："汉初，方纲纪大基，庶事草创，袭秦正朔。以北平侯张苍言，用颛顼历，比于六历，疏阔中最为微近。"[②]又东汉刘洪言："己巳颛项秦所施用，汉兴草创，因而不易。"蔡邕亦云："(汉兴)承秦，历用颛项，元用乙卯。"[③]足见，在汉人眼中，西汉采用颛顼历似是常识。

然而，后世有些学者用颛顼历推算汉初朔闰往往不合。宋刘羲叟曰："汉初用《殷历》，或云用《颛顼历》，今两存之。"清汪日桢《历代长术辑要》认为"以史文考之，似殷术为合"。今人陈垣《二十史朔闰表》同样指出："汉未改历前用殷历，或云仍秦制用颛顼历，故刘氏、汪氏两存之。今考纪志多与殷合，故从殷历。"[④]张培瑜甚至认为，汉初历法不是颛顼历、殷

① 司马迁：《史记·张丞相列传》，北京：中华书局，1959年，第2685页。
② 班固：《汉书·律历志上》，北京：中华书局，1962年，第974页。
③ 范晔：《后汉书志·律历中》，北京：中华书局，1965年，第3043、3038页。
④ 转引自饶尚宽：《颛项历辨正》，《新疆师范大学学报》(社科版)1987年第3期。

历，也不是古六历的任何一种，而“是根据观测得到的一次五月朔旦芒种夜半相齐作为依据而制定的一种历法”①。但多数天文学专家还是倾向于认为汉初采用的为颛顼历而非其他。②

改正朔是五德终始说的一项重要内容。按邹衍学说，代周火德的应是水德，周正为建子月（十一月），则水德应当为建亥月（十月）。既然秦始皇自居水德，当然要以十月为岁首，一年四季的顺序便是冬春夏秋。《史记·秦始皇本纪》中的记载印证了这一点。如“三十七年十月癸丑，始皇出游……十一月，行至云梦，望祀虞舜于九疑山……七月丙寅，始皇崩于沙丘平台……九月，葬始皇郦山。”③《史记·秦楚之际月表》记载秦二世二年、三年的要事皆从十月始，九月终。

汉初为水德，袭秦颛顼历，则岁首亦应从十月始。兹列举武帝太初改历前，诸帝或后的情形如下：

帝/后	月序举例	出处
高祖	(1)“汉元年十月，沛公兵遂先诸侯至霸上……十一月中，项羽果率诸侯兵西……十二月中，遂至戏……正月，项羽自立为西楚霸王……四月，兵罢戏下……八月，汉王用韩信之计，从故道还，袭雍王章邯。” (2)“（高祖）十年十月，淮南王黥布、梁王彭越、燕王卢绾、荆王刘贾、楚王刘交、齐王刘肥、长沙王吴芮皆来朝长乐宫。春夏无事。七月，太上皇崩栎阳宫……八月，赵相国陈豨反代地……九月，上自东往击之。”	(1)《史记·高祖本纪》，第362—368页。 (2)《史记·高祖本纪》，第387—388页。

① 张培瑜：《汉初历法讨论》，《中国天文学史文集》编辑组：《中国天文学史文集》，北京：科学出版社，1978年，第85页。

② 参见陈久金、陈美东：《临沂出土汉初古历初探》、《从元光历谱及马王堆帛书〈五星占〉的出土再探颛项历问题》，《中国天文学史文集》编辑组：《中国天文学史文集》，北京：科学出版社，1978年，第66—81、95—117页；唐如川：《秦至汉初一直行用〈颛项历〉——对〈中国先秦史历表·秦汉初朔闰表〉质疑》，《自然科学史研究》1990年第4期；白光琦：《颛项历三事考》，《自然科学史研究》2002年第2期。

③ 司马迁：《史记·秦始皇本纪》，北京：中华书局，1959年，第260—265页。

续表

帝/后	月序举例	出处
惠帝	“七年冬十月，发车骑、材官诣荥阳，太尉灌婴将。春正月辛丑朔，日有蚀之。夏五月丁卯，日有蚀之，既。秋八月戊寅，帝崩于未央宫。九月辛丑，葬安陵。”	《汉书·惠帝纪》，第91—92页
高后	“七年冬十二月，匈奴寇狄道，略二千余人。春正月丁丑，赵王友幽死于邸……夏五月辛未……六月，赵王恢自杀。秋九月，燕王建薨。”	《汉书·高后纪》，第99—100页
文帝	“(文帝)二年十月，丞相平卒，复以绛侯勃为丞相……十一月晦，日有食之。十二月望，日又食……三月，有司请立皇子为诸侯王……九月，初与郡国守相为铜虎符，竹使符。”	《史记·孝文本纪》，第422—424页
景帝	“中三年冬，罢诸侯御史中丞。春，匈奴王二人率其徒来降……三月，彗星出西北……四月，地动。九月戊戌晦，日食。”	《史记·孝景本纪》，第445页
武帝	“太初元年冬十月，行幸泰山。十一月甲子朔旦，冬至，祀上帝于明堂……十二月，禅高里，祠后土……二月，起建章宫。夏五月，正历，以正月为岁首。色上黄，数用五，定官名，协音律……秋八月，行幸安定。”	《汉书·武帝纪》，第199—200页

从表中可见，从高祖元年到武帝太初元年，建正为亥月(十月)，四季的顺序为冬春夏秋，同于秦朝。1972年，山东临沂银雀山二号墓出土了一份“汉武帝元光元年(前134年)历谱”，第二简记月：“十月大 十一月小 十二月大 正月大 二月小 □□□ 四月小 五月大 六月小 七月大 八月小 九月大 后九月小。”[①]此月序顺序，与史书吻合，足证汉初确实以十月为岁首。

中国传统历法属于阴阳合历，它以朔望月纪月，以回归年纪年，靠设置闰月来调整二者之间的关系。这就既考虑了太阳的回归运动、四季变化，又照顾到了月相的周期运行。因此，传统历法最基本的数据是岁实

① 吴九龙：《银雀山汉简释文》，北京：文物出版社，1985年，第233页。

(回归年长度)和朔策长度(朔望月)。

颛顼历属于古六历一种，古六历是指黄帝历、颛顼历、夏历、殷历、周历和鲁历。《汉书·艺文志》记有黄帝五家历33卷，颛顼历21卷，颛顼五星历14卷，夏殷周鲁历14卷。古六历皆为四分历，其岁实是$365\frac{1}{4}$，朔策是$29\frac{499}{940}$。① 四分历的这两个常数在当时算是很先进的，但它与现代所测的标准数值间还有一定差距，如果长期使用该历，就会出现与天象不合的情况。祖冲之言："寻古历法并同《四分》,《四分》之数久则后天，经三百年，朔差一日。是以汉载四百，食率在晦。"②陈遵妫也说："若用现今已知的精确数字来比较上述的岁实与朔策，可以知道古法(指四分历)所推算的冬至，400年后约多3日，所算的合朔则在307年后多1日；所以按古法推算，只在一二百年内比较合天，再长的时间则推算的冬至和每月日前必渐渐与天不合。"③其实，早在秦始皇时，《颛顼历》已经不精确了，史载"历度闰余，未能睹其真也"④。到了汉初，这种情况更为严重，"朔晦月见，弦望满亏，多非是"⑤。朔晦本无月相，现在却出现月相，弦月出现满月，满月反而月相亏缺。据陈遵妫统计，自高祖元年到武帝太初元年五月改历前，共发生29次日食，朔日发生7次，晦日发生22次。⑥ 日食本该朔日发生，但实际情况却是多数发生在晦日，即先于朔日一天发生。可见，汉初历法已有改历的必要。

---

① 见陈遵妫:《中国天文学史》(第三册)，上海：上海人民出版社，1984年，第1420页。
② 沈约:《宋书·律历下》，北京：中华书局，1974年，第313页。
③ 陈遵妫:《中国天文学史》(下)，上海：上海人民出版社，2006年，第1596—1597页。
④ 司马迁:《史记·历书》，北京：中华书局，1959年，第1259页。
⑤ 班固:《汉书·律历志上》，北京：中华书局，1962年，第974页。
⑥ 陈遵妫:《中国天文学史》(中)，上海：上海人民出版社，2006年，第624—625页。

第二节　太初改历

关于武帝太初改历的过程，史书有比较详细的记载。《汉书·律历志上》载："至武帝元封七年，汉兴百二岁矣，大中大夫公孙卿、壶遂、太史令司马迁等言'历纪坏废，宜改正朔'。……遂诏卿、遂、迁与侍郎尊、大典星射姓等，议造汉历。乃定东西，立晷仪，下漏刻，以追二十八宿相距于四方，举终以定朔晦分至，躔离弦望。……姓等奏不能为算，愿募治历者，更造密度，各自增减，以造汉太初历。乃选治历邓平及长乐司马可、酒泉候宜君、侍郎尊及与民间治历者，凡二十余人，方士唐都、巴郡落下闳与焉。"[①]可见，这次改历是由司马迁等人于元封七年(前104年)提出，参与者还包括民间人士。历成后，武帝下令"以七年为元年"[②]，"夏五月，正历"[③]，即以元封七年为太初元年，颁行新历。

《太初历》与《颛顼历》相比，有两点显著不同：一是历本，即制定历法所遵循的基本准则；二是岁首。之所以出现这种差异，与历法本身的关系并不大，而是与天命思想有关，究其质还是出于建构政治合法性的需要，前者与五德终始说密不可分，后者则与三统说有关联。

一、历本："以律起历"[④]

历法是"象日、月、星辰，察其常规而定制以度时间"[⑤]的算法和制度，涉及推算历日制度、日月食、五星运动等内容，所以制历应以合天为本，即要能准确反映天体运动的实情。《吕氏春秋·贵因》曰："夫审天者，察

① 班固：《汉书·律历志上》，北京：中华书局，1962年，第974—975页。
② 班固：《汉书·律历志上》，北京：中华书局，1962年，第975页。
③ 班固：《汉书·武帝纪》，北京：中华书局，1962年，第199页。
④ 班固：《汉书·律历志上》，北京：中华书局，1962年，第975页。
⑤ 丁绵孙：《中国古代天文历法基础知识》，天津：天津古籍出版社，1989年，第242页。

列星而知四时，因也。推历者，视月行而知晦朔，因也。”①所谓的“因”，指顺应天道，这是制历的基本原则，《后汉书志·律历下》即言：“昔者圣人之作历也，观璇玑之运，三光之行，道之发敛，景之长短，斗纲所建，青龙所躔，参伍以变，错综其数，而制历焉。”②历代历法家对此亦多有论述，比如东汉刘洪曰：“追天作历……明历兴废，随天为节。”③《新唐书·历志三下》曰：“较历必稽古史，亏蚀深浅、加时朓朒阴阳，其数相叶者，反复相求，由历数之中，以合辰象之变；观辰象之变，反求历数之中。”④《元史·历志二》曰：“月之隐见，本天道之自然，朔之进退，出人为之牵强，孰若废人用天，不复虚进，为得其实哉。”⑤明人邢云路曰：“治历之要，无踰观象、测景、候时、筹策四事。”⑥

颛顼历为四分历，其回归年、朔望月经由实测确定，但因与真实周期存在误差，行用长久历日安排自然与实际有偏差。不过四分历在当时是最先进的历法之一，单从历法本身而言，“只要改革历元，在太初之后继续施用四分历，本也不会有任何不合适”⑦。令人奇怪的是，新制的太初历竟不如四分历先进。这主要是说太初历的回归年（$365\frac{385}{1539}$）和朔望月（$29\frac{43}{81}$）⑧比四分历的回归年（$365\frac{1}{4}$）和朔望月（$29\frac{499}{940}$）要略大，这样使用久了反而比四分历误差更大。当时，司马迁就不同意使用邓平历。他在

① 陈奇猷：《吕氏春秋新校释》，上海：上海古籍出版社，2002 年，第 935 页。
② 司马彪：《后汉书志·律历下》，北京：中华书局，1965 年，第 3055 页。
③ 司马彪：《后汉书志·律历中》，北京：中华书局，1965 年，第 3042 页。
④ 欧阳修、宋祁：《新唐书·历志三下》，北京：中华书局，1975 年，第 627 页。
⑤ 宋濂等：《元史·历志二》，北京：中华书局，1976 年，第 1177 页。
⑥ 张廷玉等：《明史·历志一》，北京：中华书局，1974 年，第 527 页。
⑦ ［日］薮内清：《汉代改历及其思想背景》，刘俊文主编：《日本学者研究中国史论著选译》（第十卷科学技术），北京：中华书局，1992 年，第 41 页。
⑧ 陈遵妫：《中国天文学史》（第三册），上海：上海人民出版社，1984 年，第 1428 页。

《史记·历书》中记有《历术甲子篇》而不载《太初历》，以表其心志。[①] 昭帝元凤年间，太史令张寿王还指责《太初历》，说“今阴阳不调，宜更历之过也”[②]，后被以“乱制度，不道”[③]的罪名下狱。之后《太初历》的地位才得以确立，史载“自汉历初起，尽元凤六年，三十六岁，而是非坚定”[④]。对于武帝为何采用相对疏阔的太初历，后世不少学者颇为不解。近人朱文鑫说：“《汉志》言：‘《太初历》晦朔弦望皆最密’；‘罢废尤疏远者十七家’。不知最密者何在？而疏远者又何在？又言：‘杂候上林清台课诸历疏密，凡十一家’；‘尽五年’，‘复候尽六年，太初历第一。’不知第一者何如？而杂候者又何事？然则所谓十七家、十一家者，皆不能胜太初。两汉之历法亦可知。”[⑤]事实上，太初改历并非全然基于现代所谓的科学原则，而是受制于彼时的政治观念——受命改制。

关于“以律起历”的治历原则，《汉书·律历志上》做了记载：

> (落下)闳运算转历。其法以律起历，曰：“律容一龠，积八十一寸，则一日之分也。与长相终。律长九寸，百七十一分而终复。三复而得甲子。夫律阴阳九六，爻象所从出也。故黄钟纪元气之谓律。律，法也，莫不取法焉。”[⑥]

“律”指黄钟律管。该原则包含了两层意思：第一，以律数确定新历的参数。“律容一龠，积八十一寸，则一日之分也”是说黄钟律管的容量为一龠，其长9寸，围9分，相乘可得容量81寸，这个数据就是日分。邓平历

① 参阅李志超、华同旭：《司马迁与〈太初历〉》，《中国天文学史文集》编辑组：《中国天文学史文集》(五)，北京：科学出版社，1989年，第126—137页。
② 班固：《汉书·律历志上》，北京：中华书局，1962年，第978页。
③ 班固：《汉书·律历志上》，北京：中华书局，1962年，第978页。
④ 班固：《汉书·律历志上》，北京：中华书局，1962年，第978页。
⑤ 朱文鑫：《十七史天文诸志之研究》，北京：科学出版社，1965年，第5页。
⑥ 班固：《汉书·律历志上》，北京：中华书局，1962年，第975—976页。

的朔望月($29\frac{43}{81}$)日分数 81 恰好合于落下闳所确立的日分数 81。“律长九寸，百七十一分而终复。三复而得甲子”是说黄钟长 9 寸，乘以 171，得 1539，再乘以 3 得 4617，此为一元的年数，这样日次干支重新恢复到甲子上。据载太初历“以前历上元泰(太)初四千六百一十七岁，至于元封七年，复得阏逢摄提格之岁，中(仲)冬十一月甲子朔旦冬至，日月在建星，太岁在子，已得太初本星度新正。”①太初历上元②与元封七年(即太初元年)相距 4617 年，两年同为阏逢摄提格之岁(即甲寅年)③，此时冬至十一月初一为甲子日。以该天作为太初历的历首，是一种特意的安排。冬至为一年之始，朔旦为一月之始，甲子为记日之始，故作为历法推算的起点。

第二，元气思想。十二律分为阴阳两种性质，阳者称为六律，即黄钟、太族、姑洗、蕤宾、夷则、亡射；阴者称为六吕，即林钟、南吕、应钟、大吕、夹钟、中吕。《尚书·舜典》孔颖达疏曰：“圣人之作律也，既以出音，又以候气。”④兹指出了律的两种功能：一是生音。《淮南子·主术训》曰：“乐生于音，音生于律，律生于风，此声之宗也。”⑤《淮南子·天文训》曰：“一律而生五音，十二律而为六十音。”⑥《汉书·律历志上》曰：“五声之本，生于黄钟之律。九寸为宫，或损或益，以定商、角、徵、羽。”⑦二是候气。律乃由气而生。《吕氏春秋·音律》曰：“大圣至理之世，天地之气，合而生风，日至则月钟其风，以生十二律。”⑧天地之气即阴阳

---

① 班固：《汉书·律历志上》，北京：中华书局，1962 年，第 975 页。

② 上元指“历法中为推算有关天体运行而设置的初始的起算点”。参见陈美东：《中国古代天文学思想》，北京：中国科学技术出版社，2013 年，第 54 页。

③ 《汉书·律历志上》颜师古注引孟康言：“岁在甲曰阏逢，在寅曰摄提格，此为甲寅之岁也。”

④ 孔安国传，孔颖达正义：《尚书正义》，上海：上海古籍出版社，2007 年，第 108 页。

⑤ 刘文典：《淮南鸿烈集解》，北京：中华书局，1989 年，第 296 页。

⑥ 刘文典：《淮南鸿烈集解》，北京：中华书局，1989 年，第 117 页。

⑦ 班固：《汉书·律历志上》，北京：中华书局，1962 年，第 958 页。

⑧ 陈奇猷：《吕氏春秋新校释》，上海：上海古籍出版社，2002 年，第 328 页。

二气，二气会合则生风，因风生律，故律本于气。又《汉书·律历志上》曰："至治之世，天地之气合以生风；天地之风气正，十二律定。"[①]故而律被认为是阴阳二气此消彼长变化的反映，十二律对应十二月。《吕氏春秋·音律》曰："仲冬日短至，则生黄钟。季冬生大吕。孟春生太蔟。仲春生夹钟。季春生姑洗。孟夏生仲吕。仲夏日长至，则生蕤宾。季夏生林钟。孟秋生夷则。仲秋生南吕。季秋生无射。孟冬生应钟。"[②]甚至十二律的命名直接就体现了阴阳的变化。《白虎通·五行·十二律》曰：

> 十一月律谓之黄钟何？黄者，中和之色。钟者，动也。言阳气于黄泉之下动，养万物也。十二月律谓之大吕何？大，大也，吕者，拒也。言阳气欲出，阴不许也。吕之为言拒也，旅抑拒难之也。正月律谓之太蔟何？太亦大也，蔟者凑也。言万物始大，凑地而出也。二月律谓之夹钟何？夹者，孚甲也。言万物孚甲，种类分也。三月律谓之姑洗何？姑者，故也。洗者，鲜也。言万物皆去故就其新，莫不鲜明也。四月谓之仲吕何？言阳气将极中充大也，故复中难之也。五月谓之蕤宾何？蕤者，下也。宾者，敬也。言阳气上极，阴气始起，故宾敬之也。六月谓之林钟何？林者，众也。万物成熟，种类众多也。七月谓之夷则何？夷，伤也。则，法也。言万物始伤，被刑法也。八月谓之南吕何？南者，任也。言阳气尚有，任生荠麦也，故阴拒之也。九月谓之无射何？射者，终也。言万物随阳而终，当复随阴而起，无有终已也。十月谓之应钟何？应者，应也。钟者，动也。言万物应阳而动下藏也。[③]

---

① 班固：《汉书·律历志上》，北京：中华书局，1962 年，第 959 页。
② 陈奇猷：《吕氏春秋新校释》，上海：上海古籍出版社，2002 年，第 328 页。
③ 陈立撰，吴则虞点校：《白虎通疏证》，北京：中华书局，1994 年，第 182—187 页。

可见，十二律体现了阴阳二气支配下事物生灭的一个周期。利用十二律可以候气，《后汉书志·律历上》载：

> 候气之法，为室三重，户闭，涂衅必周，密布缇缦。室中以木为案，每律各一，内庳外高，从其方位，加律其上，以葭莩灰抑其内端，案历而候之。气至者灰动。其为气所动者其灰散，人及风所动者其灰聚。①

《礼记正义》孔颖达疏亦记有相似的方法：

> 按吹灰者，谓作十二律管，于室中四时位上埋之，取芦莩烧之作灰，而实之律管中，以罗縠覆之，气至则吹灰动縠矣。小动为气和，大动为君弱臣强专政之应，不动縠为君严猛之应。②

不同时节的气至，则相应的十二律管中的灰即飞动，故孔颖达曰："布十二律于十二月之位，气至则律应。是六律、六吕，述十二月之音气也。"③

十二律以黄钟为本，它可以生成其余十一律。《汉书·律历志上》曰："以成之数忖该之积，如法为一寸，则黄钟之长也。参分损一，下生林钟。参分林钟益一，上生太族。参分太族损一，下生南吕。参分南吕益一，上生姑洗。参分姑洗损一，下生应钟。参分应钟益一，上生蕤宾。参分蕤宾损一，下生大吕。参分大吕益一，上生夷则。参分夷则损一，下生夹钟。

---

① 司马彪：《后汉书志·律历上》，北京：中华书局，1965 年，第 3016 页。
② 郑玄注，孔颖达疏：《礼记正义》，北京：北京大学出版社，1999 年，第 451 页。
③ 孔安国传，孔颖达正义：《尚书正义》，上海：上海古籍出版社，2007 年，第 108 页。

参分夹钟益一，上生亡射。参分亡射损一，下生中吕。”[1]即以黄钟律管长九寸为基准，采用三分损益法，产生其余十一律。此外，黄钟还代表一年阳气之始。“黄钟”之意，刘歆解释道：“黄者，中之色，君之服也；钟者，种也”，又指出“阳气施种于黄泉，孳萌万物，为六气元也。以黄色名元气律者，著宫声也”[2]，则“黄”既可指颜色，又可指地点，而“钟”意为种，另有一意，即上引《白虎通》“钟者，动也”，总之，“黄钟”表示元气始生之时，仲冬月冬至阳气始起，时在十一月，对应于子时。而宇宙万物的生成，亦从子时起。刘歆曰：“太极元气，函三为一……行于十二辰，始动于子。”[3]颜师古注引孟康言：“元气始起于子，未分之时，天地人混合为一，故子数独一也。”

综上可见，“以律起历”所宗的律为黄钟。何以此时对黄钟如何青睐？武帝改历时下诏：“细绩日分，率应水德之胜。”[4]意为日分的运算，应合乎汉之土德（“水德之胜”），此实为武帝改历的基本精神，即历法要能体现出汉德，以此说明汉政权是符合天道的，而黄钟恰为土德所对应的音律。邓平八十一分历的被选用，正好迎合了武帝政治上的需要。日本学者薮内清即指出，太初改历“其前提，从根本上说，就是要改正历法的失误，授民以正确的时刻，以此来顺从天意。为纠正当时历法的错误，集中了许多治历的学者，进行了为编纂历法所需要的观测。但从根本上还是应该说形而上学的政治思想——受命改制说是进行推进改历的主因，而停止错误历法、施行正确历法的科学意识反而是第二位的。在这种指导思想下制定的太初历，其中附加若干形而上学的内容，是必然的事。”[5]

---

① 班固：《汉书·律历志上》，北京：中华书局，1962年，第965页。
② 班固：《汉书·律历志上》，北京：中华书局，1962年，第959页。
③ 班固：《汉书·律历志上》，北京：中华书局，1962年，第964页。
④ 司马迁：《史记·历书》，北京：中华书局，1959年，第1260页。
⑤ ［日］薮内清：《汉代改历及其思想背景》，刘俊文主编：《日本学者研究中国史论著选译》（第十卷科学技术），北京：中华书局，1992年，第40页。

二、岁首：始于正月

绪论中已指出，土德的岁首是二月，但太初历始于正月，兹看下表：

武帝	“（太初）二年春正月戊申，丞相庆薨。三月，行幸河东，祠后土…… 五月，籍吏民马，补车骑马。秋，蝗……冬十二月，御史大夫兒宽卒。”	《汉书·武帝纪》，第200—201页。
昭帝	“始元元年春二月，黄鹄下建章宫太液池中……夏，为太后起园庙云陵……秋七月，赦天下，赐民百户牛酒……八月，齐孝王孙刘泽谋反……九月丙子，车骑将军日磾薨……冬，无冰。”	《汉书·昭帝纪》，第218—220页。
宣帝	“地节元年春正月，有星孛于西方。三月，假郡国贫民田……冬十一月，楚王延寿谋反，自杀。十二月癸亥晦，日有蚀之。”	《汉书·宣帝纪》，第246页。
元帝	“（永光）五年春正月，行幸甘泉，郊泰畤。三月，上幸河东，祠后土。秋，颍川水出，流杀人民……冬，上幸长杨射熊馆，布车骑，大猎。十二月乙酉，毁太上皇、孝惠皇帝寝庙园。”	《汉书·元帝纪》，第293页。
成帝	“绥和元年春正月，大赦天下……夏四月，以大司马票骑将军为大司马，罢将军官……秋八月庚戌，中山王兴薨。冬十一月，立楚孝王孙景为定陶王…… 十二月，罢部刺史，更置州牧，秩二千石。”	《汉书·成帝纪》，第328—329页。
哀帝	“（建平）三年春正月，立广德夷王弟广汉为广平王……三月己酉，丞相当薨……夏六月，立鲁顷王子部乡侯闵为王。冬十一月壬子，复甘泉泰畤、汾阴后土祠，罢南北郊。”	《汉书·哀帝纪》，第341页。
平帝	“（元始）五年春正月，祫祭明堂……冬十二月丙午，帝崩于未央宫。”	《汉书·平帝纪》，第358—360页。
孺子婴	“居摄元年正月，莽祀上帝于南郊，迎春于东郊……三月己丑，立宣帝玄孙婴为皇太子，号曰孺子……冬十月丙辰朔，日有食之。十二月，群臣奏请……”	《汉书·王莽传上》，第4082—4086页。

从上表可见，武帝改历后，历经昭宣元成哀平一直到孺子婴，历法未作变更，建正始终为寅月（一月），四季的顺序合于夏历。

单从历法角度来讲，采用夏正更利于农事活动。传统中国以农业立国，顺应天时以安排农事活动是历法的基本目的。春生、夏长、秋收、冬藏乃自然之理。因此以夏正作为岁首有农事上的合理性，故而自从武帝《太初历》以夏正为岁首后，以后历代多沿用之。但正如上言，武帝改历之所以用邓平八十一分历，并非完全从历法本身的疏密出发，而是有着深层的政治动机，这样说来《太初历》采用夏正也应当有着政治性的考虑。

正，指岁首所在月；朔，指月之首日(即初一)；正朔，意为一年中首月的第一天，这本是历法上的重要时间点，但被赋予了政治深意。《左传》隐公"元年，春，王正月"条孔颖达正义曰："言'王正月'者，王者革前代，驭天下，必改正朔，易服色，以变人视听。"①又《白虎通·三正·改朔之义》言："王者受命必改朔何？明易姓，示不相袭也。明受之于天，不受之于人，所以变易民心，革其耳目，以助化也。"②这是说新朝创立，要变更旧朝正朔，以合本朝行运，表示自己是受命于天而兴，非延续前代。

据传黄帝以前历以建寅为正，《史记·历书》曰："昔自在古，历建正作于孟春。"③《史记索隐》："古历者，谓黄帝调历以前有上元太初历等，皆以建寅为正，谓之孟春也。"建寅为一月，亦即孟春月。黄帝之后，则为三正循环。《宋书·礼一》载："轩辕、高辛、夏后氏、汉皆以十三月为正；少昊、有唐、有殷皆以十二月为正；高阳、有虞、有周皆以十一月为正。"④列表如下：

政权	黄帝	少昊	颛顼	帝喾	尧	舜	夏	商	周	汉
建正	十三月	十二月	十一月	十三月	十二月	十一月	十三月	十二月	十一月	十三月

① 左丘明传，杜预注，孔颖达正义：《春秋左传正义》，北京：北京大学出版社，1999年，第37页。

② 陈立撰，吴则虞点校：《白虎通疏证》，北京：中华书局，1994年，第360页。

③ 司马迁：《史记·历书》，北京：中华书局，1959年，第1255页。

④ 沈约：《宋书·礼一》，北京：中华书局，1974年，第329页。

可见，从黄帝起，建正按照十三月(即一月)、十二月、十一月的顺序在各政权间更替。而流传最广的是夏商周三正说。《尚书大传》曰：

夏以孟春为正，殷以季冬为正，周以仲冬为正。夏以十三月为正，色尚黑，以平旦为朔。殷以十二月为正，色尚白，以鸡鸣为朔。周以十一月为正，色尚赤，以夜半为朔。①

《春秋公羊传》隐公元年“王正月”条何休注：

夏以斗建寅之月为正，平旦为朔，法物见，色尚黑；殷以斗建丑之月为正，鸡鸣为朔，法物牙，色尚白；周以斗建子之月为正，夜半为朔，法物萌，色尚赤。②

《史记·历书》曰：

夏正以正月，殷正以十二月，周正以十一月。盖三王之正若循环，穷则反本。③

《后汉书·郭陈列传》“三微成著，以通三统”条李贤注引《三礼义宗》：

十一月阳气始施，万物动于黄泉之下，微而未著，其色皆赤，赤者阳气，故周以天正为岁，色尚赤，夜半为朔。十二月万物始牙，色

① 伏胜：《尚书大传》，四部丛刊经部，上海涵芬楼藏左海文集本。
② 公羊寿传，何休解诂，徐彦疏：《春秋公羊传注疏》，北京：北京大学出版社，1999 年，第 8 页。
③ 司马迁：《史记·历书》，北京：中华书局，1959 年，第 1258 页。

白，白者阴气，故殷以地正为岁，色尚白，鸡鸣为朔。十三月万物始达，其色皆黑，人得加功以展其业，夏以人正为岁，色尚黑，平旦为朔。①

但事实并非如此。饶尚宽认为，历法创制之前的春秋时代和战国前期，还处于观象授时阶段，虽然干支纪日连续不断，但是无历法以确定置闰，确定朔日余分，失闰失朔便极自然。若以丑正计，前年少一闰则后年成子正，前年多一闰则后年成寅正，只能以冬至所在之月（子月）来确定建正。② 陈遵妫则认为："作为史事来讲，也许经过夏商周到春秋以前，有过采用近似于夏正的历法，到了春秋前半期则有过采用近似于商正的历法，从春秋中期以后到战国前半期之间，有过采用近似于周正的历法；因而主张三正交替是史实，还有待于深入研究。至于所谓夏正、商正、周正的提法，实亦欠妥。"又说："我们有理由认为所谓建寅、建丑、建子，实际是春秋战国时期不同地区的历日制度，而不应看作三个王朝改变正朔的史事等等。"③二位先生虽学科出身，研究方法都不同，但一致认为三正非三代之正。此说诚是也，所谓三正循环，不过是后世对上古历史的建构，并非信史。

武帝改历时，围绕采用哪一正朔，西汉君臣做过讨论。《汉书·律历志上》载：

是时，御史大夫兒宽明经术，上乃诏宽曰："与博士共议，今宜何以为正朔？服色何上？"宽与博士赐等议，皆曰："帝王必改正朔，易服色，所以明受命于天也。创业变改，制不相复，推传序文，则今

① 范晔：《后汉书·郭陈列传》，北京：中华书局，1965 年，第 1552 页。
② 参见饶尚宽：《春秋战国秦汉朔闰表》，北京：商务印书馆，2006 年，第 259 页。
③ 陈遵妫：《中国天文学史》（下），上海：上海人民出版社，2006 年，第 1598 页。

夏时也。臣等闻学褊陋，不能明。陛下躬圣发愤，昭配天地，臣愚以为三统之制，后圣复前圣者，二代在前也。今二代之统绝而不序矣，唯陛下发圣德，宣考天地四时之极，则顺阴阳以定大明之制，为万世则。①

这表明，西汉采用夏正乃依据“三统之制”。

三统说认为政权依照黑统、白统和赤统的顺序往复交替。如同五德终始说中，每一德运都有自己的制度一样，三统说中的每一统也有自己的制度，政权同样要遵从本朝之统行事。

关于三统制度的内容，《春秋繁露·三代改制质文》载：

三正以黑统初。正日月朔于营室，斗建寅。天统气始通化物，物见萌达，其色黑，故朝正服黑，首服藻黑，正路舆质黑，马黑，大节绶帻尚黑，旗黑，大宝玉黑，郊牲黑，牺牲角卵，冠于阼，昏礼逆于庭，丧礼殡于东阶之上，祭牲黑牡，荐尚肝，乐器黑质。法不刑有怀任新产，是月不杀，听朔废刑发德，具存二王之后也。亲赤统，故日分平明，平明朝正。正白统奈何？曰：正白统者，历正日月朔于虚，斗建丑，天统气始蜕化物，物始芽，其色白，故朝正服白，首服藻白，正路舆质白，马白，大节绶帻尚白，旗白，大宝玉白，郊牲白，牺牲角茧，冠于堂，昏礼逆于堂，丧事殡于楹柱之间，祭牲白牡，荐尚肺，乐器白质。法不刑有身怀任，是月不杀，听朔废刑发德，具存二王之后也。亲黑统，故日分鸣晨，鸣晨朝正。正赤统奈何？曰：正赤统者，历正日月朔于牵牛，斗建子，天统气始施化物，物始动，其色赤，故朝正服赤，首服藻赤，正路舆质赤，马赤，大节绶帻尚赤，

① 班固：《汉书·律历志上》，北京：中华书局，1962 年，第 974—975 页。

旗赤，大宝玉赤，郊牲骍，牺牲角栗，冠于房，昏礼逆于户，丧礼殡于西阶之上，祭牲骍牡，荐尚心，乐器赤质。法不刑有身，重怀藏以养微，是月不杀，听朔废刑发德，具存二王之后也。亲白统，故日分夜半，夜半朝正。①

可见，三统以黑统为先，次曰白统，次曰赤统。每一统都有自己的正朔、服色及其他制度。如下图所示：

制度／统运	建正	朔	颜色	牺牲	荐	冠礼处	昏礼迎处	丧礼殡处
黑统	建寅	平明	黑	角卵	肝	阼	庭	东阶
白统	建丑	鸣晨	白	角茧	肺	堂	堂	楹柱之间
赤统	建子	夜半	赤	角栗	心	房	户	西阶

此外，还有“三政”一说。董仲舒《天人三策》曰：

册曰：“三王之教所祖不同，而皆有失，或谓久而不易者道也，意岂异哉?”臣闻夫乐而不乱复而不厌者谓之道；道者万世亡弊，弊者道之失也。先王之道必有偏而不起之处，故政有眊而不行，举其偏者以补其弊而已矣。三王之道所祖不同，非其相反，将以捄溢扶衰，所遭之变然也。故孔子曰：“亡为而治者，其舜乎!”改正朔，易服色，以顺天命而已；其余尽循尧道，何更为哉！故王者有改制之名，亡变道之实。然夏上忠，殷上敬，周上文者，所继之捄，当用此也。孔子曰：“殷因于夏礼，所损益可知也；周因于殷礼，所损益可知也；其

① 苏舆：《春秋繁露义证》，北京：中华书局，1992 年，第 191—194 页。

> 或继周者，虽百世可知也。”此言百王之用，以此三者矣。夏因于虞，而独不言所损益者，其道如一而所上同也。道之大原出于天，天不变，道亦不变，是以禹继舜，舜继尧，三圣相受而守一道，亡救弊之政也，故不言其所损益也。由是观之，继治世者其道同，继乱世者其道变。今汉继大乱之后，若宜少损周之文致，用夏之忠者。①

在董仲舒看来，新政权建立后必要改正朔以顺天命。《春秋繁露·三代改制质文》曰：“王者必受命而后王。王者必改正朔，易服色，制礼乐，一统于天下，所以明易姓，非继人，通以己受之于天也。”“改正之义，奉元而起，古之王者受命而王，改制称号正月，服色定，然后郊告天地及群神，远追祖祢，然后布天下。”②关于政权的治理，董仲舒认为共有两种方式：三圣之道与三王之道。三圣之道指尧舜禹的统治之道，此时政通人和、民安物阜、天下太平，是最圣明的为政之道；三王之道指夏商周的统治之道，各有所失，需要救弊。因时势不同，三王之道共有三种类型：夏政忠、商政敬、周政文。夏政忠之弊在于失敬，故商政救之以敬；商政敬之弊在于失文，故周政救之以文；周政文之弊在于失忠，故夏政救之以忠。三政各有所长，又各有所短，故循次利用，以补己身之弊。

司马迁同董仲舒一样，也赞同汉行夏政。《史记·高祖本纪》赞云：“夏之政忠。忠之敝，小人以野，故殷人承之以敬。敬之敝，小人以鬼，故周人承之以文。文之敝，小人以僿，故救僿莫若以忠。三王之道若循环，终而复始。周秦之间，可谓文敝矣。秦政不改，反酷刑法，岂不缪乎？故汉兴，承敝易变，使人不倦，得天统矣。”③周政以文，代之者应行夏政之忠。但秦好用刑法，为政严酷，不合于三政，汉依次应当遵用夏

① 班固：《汉书·董仲舒传》，北京：中华书局，1962 年，第 2518—2519 页。
② 苏舆：《春秋繁露义证》，北京：中华书局，1992 年，第 185，194 页。
③ 司马迁：《史记·高祖本纪》，北京：中华书局，1959 年，第 393—394 页。

政。前引《汉书·律历志上》中的“二代之统绝”也是将秦朝排除，意思是说商周已亡，汉朝新兴，与商周合为三统。商为白统，周为赤统，则汉应为黑统，与夏朝相同。由此可见，无论从三统还是三政看，汉、夏一致。黑统斗建寅(一月)，平明为朔，恰与夏正同，故曰“今夏时也”。太初改历，定正朔即依从黑统之制，以正月为岁首[①]。

---

① 顾颉刚认为三统说创立的主要目的便是满足汉“行夏之时”的需要。他说：“在三统说中，黑统建寅，夏与汉在代次上既俱为黑统，故俱应建寅。夏之为寅正，古书中已证明了。汉应为寅正，在三统说中也确定了，正可照此改造历法了。三统说的中心主张，不过如此。”(顾颉刚：《五德终始说下的政治和历史》，《古史辨》(五)，上海：上海古籍出版社，1982年，第446页)

第二章
西汉三色钩稽

易服色是五德终始说的重要内容，指根据德运的不同改变服饰等的颜色。秦朝为水德，水德尚黑，故令“衣服旄旌节旗皆上黑”[①]。西汉时期，水德、土德、火德在政治中都曾发挥作用，本章即考察其对此时尚色的影响。

第一节　黑色之运用

西汉的朝廷服制尚不完善，从《汉官仪》《汉旧仪》《后汉书志・舆服》等的记载来看，西汉王朝服制主要涉及祭服和朝服两种。

祭服是君臣用于祭祀的吉服。《周礼・春官宗伯・司服》载：

> 司服：掌王之吉凶衣服，辨其名物与其用事。王之吉服，祀昊天、上帝，则服大裘而冕，祀五帝亦如之。享先王则衮冕，享先公、飨、射则鷩冕，祀四望、山川则毳冕，祭社稷、五祀则希冕，祭群小祀则玄冕……公之服，自衮冕而下如王之服；侯伯之服，自鷩冕而下

① 司马迁：《史记・秦始皇本纪》，北京：中华书局，1959年，第238页。

如公之服；子男之服，自毳冕而下如侯伯之服。孤之服，自希冕而下如子男之服，卿大夫之服，自玄冕而下如孤之服，其凶服加以大功小功；士之服，自皮弁而下如大夫之服，其凶服亦如之。[①]

这是说，周代君臣在不同的祭祀场所着不同的祭服——冕服（由冕和服组成）。以周天子为例，冕共有六种：大裘冕、衮冕、鷩冕、毳冕、希冕和玄冕，此即周之六冕。冕按其旒数多少来区分，大裘冕无旒[②]，衮冕十二旒，鷩冕九旒，毳冕七旒，希冕五旒，玄冕三旒[③]。服为上衣下裳，色为上玄下纁。大裘冕十二章、衮冕九章、鷩冕七章、毳冕五章、希冕三章和玄冕一章[④]。

秦时废除了六冕制度，祭服采用袀玄。司马彪曰："秦以战国即天子位，灭去礼学，郊祀之服皆以袀玄。"[⑤]《晋书·舆服志》曰："（秦）除弃六冕，以袀玄为祭服。"[⑥]《文献通考·王礼考七》亦曰："秦灭礼学，郊社服用，皆以袀元（玄）。"[⑦]袀玄的具体形制，文献中无记载，推测应有两种可能的服制，但大体的服色是可以判定的。周汛、高春明指出，"在周代以

① 郑玄注，贾公彦疏：《周礼注疏》，北京：北京大学出版社，1999年，第549，557页。

② 《周礼·夏官司马·弁师》郑玄注曰："冕服有六，而言五冕者，大裘之冕盖无旒，不联数也。""祭天用大裘，取质，其冕亦当无旒为质。"

③ 《周礼·夏官司马·弁师》郑玄注曰："衮衣之冕十二旒……鷩衣之冕九旒……毳衣之冕七旒……希衣之冕五旒……玄衣之冕三旒。"

④ 《周礼·春官宗伯·司服》郑玄注曰："郑司农云：'大裘，羔裘也。衮，卷龙衣也。鷩，裨衣也。毳，罽衣也。'玄谓《书》曰：'予欲观古人之象，日、月、星辰、山、龙、华虫作缋，宗彝、藻、火、粉米、黼、黻希绣。'此古天子冕服十二章，舜欲观焉。华虫，五色之虫。《缋人职》曰'鸟兽蛇杂四时五色以章之谓'是也。希读为絺，或作'黹'，字之误也。王者相变，至周而以日月星辰画于旌旗，所谓三辰旂旗，昭其明也。而冕服九章，登龙于山，登火于宗彝，尊其神明也。九章，初一曰龙，次二曰山，次三曰华虫，次四曰火，次五曰宗彝，皆画以为缋；次六曰藻，次七曰粉米，次八曰黼，次九曰黻，皆希以为绣。则衮之衣五章，裳四章，凡九也。鷩画以雉，谓华虫也，其衣三章，裳四章，凡七也。毳画虎蜼，谓宗彝也，其衣三章，裳二章，凡五也。希，刺粉米，无画也，其衣一章，裳二章，凡三也。玄者衣无文，裳刺黻而已，是以谓玄焉。"

⑤ 司马彪：《后汉书志·舆服下》，北京：中华书局，1965年，第3662页。

⑥ 房玄龄等：《晋书·舆服志》，北京：中华书局，1974年，第752页。

⑦ 马端临：《文献通考·王礼考七》，杭州：浙江古籍出版社，2000年，第1009页上栏。

前，中国的服装主要采用一种形制，即上衣下裳制”，“到了春秋战国时，中国社会又出现了一种新的服制，将上衣下裳合并起来，做成一件服装，名叫‘深衣’”①。果此，则先秦时期，主要有两种服制：一是上衣下裳制，一是衣裳相连的深衣制。那么，袀玄就存在这两种可能：(1)上衣下裳式，这跟周代冕服形制一致。冕服的上玄下纁，各有含义，不能置换。贾公彦疏曰：“云‘凡冕服皆玄衣纁裳’者，六冕皆然，故云‘凡’以该之。知玄衣纁裳者，见《易·系辞》。黄帝、尧、舜垂衣裳，盖取诸乾坤，乾为天，其色玄，坤为地，其色黄，但土无正位，托于南方，火赤色，赤与黄即是纁色，故以纁为名也。”②可见，衣代表天，色玄，而裳代表地，色纁。以此类推，则袀玄应为玄衣袀裳。玄，《说文解字》曰：“黑而有赤色者为玄”③，段玉裁注：“凡染一入谓之縓，再入谓之赪，三入谓之纁，五入为緅，七入为缁，而朱与玄，《周礼》《尔雅》无明文。郑注《仪礼》曰：朱则四入与；注《周礼》曰：玄色者，在緅缁之间，其六入者与。按：纁染以黑则为緅。緅，汉时今文礼作爵，言如爵头色也。许书作纔，纔既微黑，又染则更黑，而赤尚隐隐可见也，故曰黑而有赤色，至七入则赤不见矣。”可知，七入时赤色全无，而玄为六入，故赤色还可微见，但显然黑色是主色，因此玄也指黑色，如《小尔雅》云：“玄，黑也。”④《尚书·禹贡》“厥篚玄纤缟”⑤，伪孔传曰：“玄，黑缯。”所以玄服，也可理解为黑服。“袀”，《说文解字》曰“玄服也”⑥，亦即黑服。《汉书·五行志中之上》云：“《左氏传》晋献公时童谣曰：‘丙子之晨，龙尾伏辰，袀服振振，取虢之旂。鹑之贲贲，天策焞焞，火中成军，虢公其奔。’”⑦颜师古注：“袀服，黑衣。”

---

① 周汛、高春明：《中国古代服饰大观》，重庆：重庆出版社，1994 年，第 265 页。
② 郑玄注，贾公彦疏：《周礼注疏》，北京：北京大学出版社，1999 年，第 551—552 页。
③ 许慎撰，段玉裁注：《说文解字注》，上海：上海古籍出版社，1981 年，第 159 页。
④ 黄怀信：《小尔雅汇校集释》，西安：三秦出版社，2003 年，第 110 页。
⑤ 孔安国传，孔颖达传：《尚书正义》，上海：上海古籍出版社，2007 年，第 206 页。
⑥ 许慎撰，段玉裁注：《说文解字注》，上海：上海古籍出版社，1981 年，第 389 页。
⑦ 班固：《汉书·五行志中之上》，北京：中华书局，1962 年，第 1393 页。

《文选·闲居赋》[①]李善注引服虔语曰："袀服，黑服也。"(2)衣裳相连式：袀，另有纯意，扬雄《太玄经·睟》曰："阳气袀睟清明"[②]，司马光《集注》引陆绩注："袀睟犹纯粹也。"而纯可作"同一颜色的丝织品"[③]讲，则袀玄又可理解为通体黑色的祭服。《中国衣冠服饰大辞典》曰："袀，纯；玄，黑色。因上衣下裳均为黑色，故名。"[④]综上可见，虽不好确定袀玄的具体形制，但其色总体上为黑色则是肯定的，而秦朝之所以以黑色作为祭服的颜色，则因水德尚黑之故。至汉初，"文学既阙，时亦草创，舆服旗帜一承秦制"[⑤]，"犹服袀玄以从大祀"[⑥]。之后，文帝、武帝又对祭服用色做了改变，详见下文。

朝服是用于朝议时的礼服。《周礼·春官宗伯·司服》曰："眡朝，则皮弁服。"[⑦]郑玄注："视朝，视内外朝之事。皮弁之服，十五升白布衣，积素以为裳。王受诸侯朝觐于庙，则衮冕。"贾公彦疏："天子三朝，外朝二，内朝一，二皆用皮弁，故经总云'眡朝则皮弁服'也。"意为天子若于庙中接受诸侯朝觐，则服衮冕；一般朝会则着皮弁服，为白衣素裳，皮弁由白鹿皮制成。玄端则是一种黑色朝服，《仪礼·士冠礼》郑玄注："玄端即朝服之衣。"[⑧]《谷梁传·僖公三年》杨士勋疏："谓之玄端者，其色玄……"[⑨]

到了秦代，朝服制度不明。《中华古今注》云："秦始皇三品以上绿袍深衣。"[⑩]有的研究者信之不疑，但实不可信。一者《史记》《汉书》等权威文

---

① 萧统选，李善注：《文选》，上海：上海古籍出版社，1986年，第703页。
② 司马光集注，刘韶军点校：《太玄集注》，北京：中华书局，1998年，第76页。
③ 《古代汉语词典》编写组：《古代汉语词典(缩印本)》，北京：商务印书馆，2007年，第237页。
④ 周汛、高春明：《中国衣冠服饰大辞典》，上海：上海辞书出版社，1996年，第130页。
⑤ 袁宏撰，李兴和点校：《后汉纪集校》，昆明：云南大学出版社，2008年，第108页。
⑥ 脱脱等：《金史·舆服志中》，北京：中华书局，1975年，第975页。
⑦ 郑玄注，贾公彦疏：《周礼注疏》，北京：北京大学出版社，1999年，第552页。
⑧ 郑玄注，贾公彦疏：《仪礼注疏》，北京：北京大学出版社，1999年，第23页。
⑨ 范宁集解，杨士勋疏：《春秋谷梁传注疏》，北京：北京大学出版社，1999年，第111页。
⑩ 马缟：《中华古今注》，上海：商务印书馆，1939年，第24页。

献中并无此记载，而作者马缟为唐末五代人，相距甚久，不知马氏所据。二者秦代并未出现以品来划分官阶高下的制度。三者袍服在秦时并未成为朝服。《释名·释衣服》曰："袍，苞也。苞，内衣也。"①袍，本"不作为礼衣，而是一种内衣"②，后发展成为外衣，东汉时期，被用作朝服。《后汉书志·舆服下》载："服衣，深衣制，有袍，随五时色……今下至贱更小史，皆通制袍，单衣，皂缘领袖中衣，为朝服云。"③

西汉的朝服具体形制，史书上也没有详细的记载，但可推定其色黑。《汉书·儒林传》云："(任)宣子章为公车丞，亡在渭城界中，夜玄服入庙。"④颜师古注曰："郎皆皂衣，故(任)章玄服以厕也。"皂指黑色，故皂衣同玄服。《汉书·萧望之传》载："(张)敞备皁衣二十余年。"⑤颜师古注引如淳语曰："虽有五时服，至朝皆著皁衣。"皁同皂，皁衣亦即玄服。从"至朝皆著皁衣"知，朝服色黑也。又《汉书·谷永杜邺传》载："(谷)永阴为大将军凤说矣，能实最高，由是擢为光禄大夫。永奏书谢凤曰：'永斗筲之材，质薄学朽，无一日之雅，左右之介，将军说其狂言，擢之皂衣之吏，厕之争臣之末。'"⑥可见，官吏着黑衣。此三者材料为宣帝、成帝事，是时远在太初改制之后，但朝服却色黑，并没有采用土德之黄色，而是袭用秦水德旧制。陶宗仪辑《汉官仪》载："司空骑吏以下皂袴，因秦水德。今汉家火德，宜着绛袴。"⑦司空本为秦时的御史大夫，汉朝后期曾改为大

---

① 刘熙：《释名》，北京：中华书局，1985年，第81页。
② 周锡保：《中国古代服饰史》，北京：中国戏剧出版社，1984年，第51页。
③ 司马彪：《后汉书志·舆服下》，北京：中华书局，1965年，第3666页。
④ 班固：《汉书·儒林传》，北京：中华书局，1962年，第3600页。
⑤ 班固：《汉书·萧望之传》，北京：中华书局，1962年，第3277页。
⑥ 班固：《汉书·谷永杜邺传》，北京：中华书局，1962年，第3454页。
⑦ 应劭撰，陶宗仪辑：《汉官仪》，周天游点校：《汉官六种》，北京：中华书局，1990年，第116页。

司空[①]，东汉光武帝又更名司空[②]，此材料反映的是东汉之事。由此可见，西汉时御史大夫的骑吏以下人员穿黑袴，乃沿用秦朝的旧制；直到东汉光武帝时，才因王朝已立火德为法定德运的缘故，改服绛色袴。从中亦反映出：西汉虽然发生过太初改制，早已定土德为法定德运，西汉后期又以火德来重建本朝的政治合法性，但西汉初期所采用的秦水德制度并未完全废止，有的甚至贯穿于整个西汉时期。再如《汉书·元后传》载："（王）莽更汉家黑貂，著黄貂。"[③]颜师古注引孟康语曰："侍中所著貂也。莽更汉制也。"孙星衍校集《汉官仪》曰："予览《战国策》，乃知赵武灵王胡服也。其后秦始皇破赵，得其冠，以赐侍中。高祖灭秦，亦复如之。"又曰："侍中金蝉左貂。金取坚刚，百炼不秏。蝉居高食洁，目在腋下。貂内劲悍而外温润。貂蝉不见传记者，因物论义。""侍中冠武弁大冠，亦曰惠文冠。加金珰，附蝉为文，貂尾为饰，谓之貂蝉。"[④]由此可知，侍中所著之冠原名惠文冠，本为赵冠，其制式为金蝉左貂。秦以水德故，貂尾色黑；汉承秦制，侍中仍著黑貂；后王莽，以其行用土德故，更黑貂为黄貂。

此外，西汉时期，受秦尚黑的影响，黑色被视为一种尊贵之色。文帝素以简朴为人盛赞。《汉书·贾谊传》曰："帝之身自衣皁绨。"[⑤]《汉书·文帝纪》曰："身衣弋绨。"[⑥]《汉书·东方朔传》云："（文帝）贵为天子，富有四海，身衣弋绨。"[⑦]颜师古注曰："弋，黑色也。绨，厚缯。"又《史记·孝

---

① 《汉书·百官公卿表上》载："御史大夫，秦官……成帝绥和元年更名大司空……哀帝建平二年复为御史大夫，元寿二年复为大司空。"

② 《后汉书·光武帝纪下》云："（二十七年）五月丁丑，诏曰：'昔契作司徒，禹作司空，皆无'大'名，其令二府去'大'。'"

③ 班固：《汉书·元后传》，北京：中华书局，1962 年，第 4035 页。

④ 应劭撰，孙星衍校集：《汉官仪》，周天游点校：《汉官六种》，北京：中华书局，1990 年，第 136，137 页。

⑤ 班固：《汉书·贾谊传》，北京：中华书局，1962 年，第 2242 页。

⑥ 班固：《汉书·文帝纪》，北京：中华书局，1962 年，第 134 页。

⑦ 班固：《汉书·东方朔传》，北京：中华书局，1962 年，第 2858 页。

文本纪》曰："上常衣绨衣……以示敦朴，为天下先。"①可见，皁绨、弋绨同义，皆为黑色。绨为平纹素织物，厚度在0．7毫米—0．8毫米，可作袍也可作鞋面用②。它常经染色用，若文帝真欲示敦朴，何必要着弋色呢？为何不用素色？文帝服绨，确很质朴，但绨上之黑色却为高贵之色。又如《汉书·张汤传》载："安世尊为公侯，食邑万户，然身衣弋绨，夫人自纺绩，家童七百人，皆有手技作事，内治产业，累积纤微，是以能殖其货，富于大将军光。"③张安世为张汤之子，被封富平侯，官至大司马，聚财甚众。他虽生活简朴，但不会着卑微小人之服。同文帝一样，其绨上所着之色并不低贱。

汉代不同文书使用不同颜色的囊盛装，如皇帝玺书用青布囊④，边郡紧急文书用赤白囊⑤，但机密之书用皁囊。《后汉书·蔡邕列传》载："以邕经学深奥，故密特稽问，宜披露失得，指陈政要，勿有依违，自生疑讳。具对经术，以皁囊封上。"⑥李贤注引《汉官仪》曰："凡章表皆启封，其言密事得皁囊。"此事虽为东汉末期之事，但东汉制度多袭西汉，西汉时可能也是如此。《汉书·文帝纪》在论文帝节俭时言"帷帐无文绣"⑦。此帷帐是用书囊做成的⑧，其色为黑⑨，这就说明早在文帝时就已经用黑色书囊了。而文帝之所以从不同颜色的书囊中选择黑囊来做帷帐，其原因应如衣黑绨一样，即黑色为汉朝所崇尚的尊贵之色。这也反过来说明了为何当时要以

① 司马迁：《史记·孝文本纪》，北京：中华书局，1959年，第433页。

② 朱和平：《中国服饰史稿》，郑州：中州古籍出版社，2001年，第84页。

③ 班固：《汉书·张汤传》，北京：中华书局，1962年，第2652页。

④ 孙星衍辑《汉旧仪》卷上曰："（皇帝玺书）皆以武都紫泥封，青布囊，白素里，两端无缝，尺一板中约署。"

⑤ 《汉书·魏相丙吉传》载："此驭吏边郡人，习知边塞发奔命警备事，尝出，适见驿骑持赤白囊，边郡发奔命书驰来至。"

⑥ 范晔：《后汉书·蔡邕列传》，北京：中华书局，1965年，第1998页。

⑦ 班固：《汉书·文帝纪》，北京：中华书局，1962年，第135页。

⑧ 《汉书·东方朔传》中说文帝"集上书囊以为殿帷"。

⑨ 《后汉书·杨李翟应霍爰徐列传》记："文帝爱百金于露台，饰帷帐于皁囊。"

黑色囊作为机密性的文书盛囊。

第二节　赤色[①]之运用

同黑色一样，赤色也是西汉时期所崇尚之色。永始四年，成帝下诏："青绿民所常服，且勿止。"颜师古注："然则禁红、紫之属。"[②]可见，红衣非平民所着。西汉王朝对赤色的尊崇可追溯到高祖举事时。上编已述，刘邦因以赤帝子的身份斩杀白蛇，"故上赤"[③]。文帝时祭服用色从黑色变为赤色。《史记·孝文本纪》载："十六年，上亲郊见渭阳五帝庙，亦以夏答礼而尚赤。"[④]又《封禅书》载："夏四月，文帝始郊见雍五畤祠，衣皆上赤。"[⑤]文帝之所以易色，乃因赤帝子之故，宋人徐天麟指出："是时虽尚水德，以有赤帝子之符，故祠衣上赤。"[⑥]

汉节在武帝巫蛊之乱之前为赤色。《汉书·公孙刘田王杨蔡陈郑传》载："初，汉节纯赤，以太子持赤节，故更为黄旄加上以相别。"[⑦]《汉书·武帝纪》"更节加黄旄"，颜师古注引应劭言曰："(巫蛊之乱)时太子亦发节以战，故加其上黄以别之。"[⑧]据此可知，西汉早期用赤节，后武帝以土德尚黄故加黄旄于节上。《汉书·霍光金日磾传》载，昌邑王被废理由之一便是"变易节上黄旄以赤"，颜师古注："以刘屈氂与戾太子战，加节上黄旄，遂以为常。(昌邑王)贺今辄改之。"[⑨]昌邑王之举是在恢复汉初旧制。

---

① 此处的赤色，不仅包括正色，还含与之相近的色，如丹、朱、缇、赭、绛等。
② 班固：《汉书·成帝纪》，北京：中华书局，1962年，第325页。
③ 司马迁：《史记·高祖本纪》，北京：中华书局，1959年，第350页。
④ 司马迁：《史记·孝文本纪》，北京：中华书局，1959年，第430页。
⑤ 司马迁：《史记·封禅书》，北京：中华书局，1959年，第1381—1382页。
⑥ 徐天麟：《西汉会要》，北京：中华书局，1957年，第125页。
⑦ 班固：《汉书·公孙刘田王杨蔡陈郑传》，北京：中华书局，1962年，第2881页。
⑧ 班固：《汉书·武帝纪》，北京：中华书局，1962年，第209页。
⑨ 班固：《汉书·霍光金日磾传》，北京：中华书局，1962年，第2944页。

西汉高级官员车轓或车轮亦使用赤色。《汉书·景帝纪》曰："五月，诏曰：夫吏者，民之师也，车驾衣服宜称。吏六百石以上，皆长吏也，亡度者或不吏服，出入闾里，与民亡异。令长吏二千石车朱两轓，千石至六百石朱左轓。"①又《后汉书志·舆服上》云："景帝中元五年，始诏六百石以上施车轓……三百石以上皁布盖，千石以上皁缯覆盖……"②可见，景帝对车制改革时以颜色做区分：二千石朱两轓，皁缯覆盖；千石至六百石朱左轓，皁布盖。而且高级官员车为朱轮。扬雄《解嘲》中有对话曰："客嘲扬子曰：'……生则上尊人君，下荣父母，析人之圭，儋人之爵……纡青拕紫，朱丹其毂……'扬子笑而应之曰：'客徒欲朱丹吾毂，不知一跌将赤吾之族也！'"③"朱丹其毂"即为朱轮，乃高官所乘，因此常以"朱轮""乘朱轮者"代指高官。如《汉书·楚元王传》刘向曰："今王氏一姓乘朱轮华毂者二十三人，青紫貂蝉充盈幄内，鱼鳞左右。"④又《汉书·眭两夏侯京翼李传》曰："将军(引者按：指成帝舅曲阳侯大司马票骑将军王根)一门九侯，二十朱轮，汉兴以来，臣子贵盛，未尝至此。"⑤这两则史料透露出成帝时外戚王氏家族势力的雄厚。又如《汉书·公孙刘田王杨蔡陈郑传》载："(杨)恽家方隆盛时，乘朱轮者十人，位在列卿，爵为通侯，总领从官，与闻政事"⑥，从中可见杨家高官繁多。此外，诸侯王所乘车的车轮亦用红色。在河北定县中山怀王刘修的陵墓中，考古人员发现了"偶车残轮的漆迹，其辋上所涂漆的颜色，外圈为黑色，内圈为朱红色"，还有一驾四马的车"在车轮部位也发现有朱漆"⑦，这种车轮被称为"朱班轮"。《后汉书志·舆服上》曰："皇太子、皇子皆安车，朱班轮，青盖……皇子为王，锡

① 班固：《汉书·景帝纪》，北京：中华书局，1962年，第149页。
② 范晔：《后汉书·舆服上》，北京：中华书局，1965年，第3648页。
③ 班固：《汉书·扬雄传下》，北京：中华书局，1962年，第3566—3567页。
④ 班固：《汉书·楚元王传》，北京：中华书局，1962年，第1960页。
⑤ 班固：《汉书·眭两夏侯京翼李传》，北京：中华书局，1962年，第3180页。
⑥ 班固：《汉书·公孙刘田王杨蔡陈郑传》，北京：中华书局，1962年，第2895页。
⑦ 河北省文物研究所：《河北定县40号汉墓发掘简报》，《文物》1981年第8期。

以乘之，故曰王青盖车。”[①]刘昭注引《古今注》曰：“武帝天汉四年，令诸侯王大国朱轮……小国朱轮画……”另在定县三盘山 M122、山东长清双乳山济北王刘宽墓[②]、江西南昌海昏侯刘贺墓[③]亦发现该形制的王车。

西汉武职将吏帻与服也常为赤色。孙星衍辑《汉官解诂》曰：“都尉将兵，副佐太守。言与太守俱受银印部符之任，为一郡副将，然俱主其武职，不预民事。旧时以八月都试，讲习其射力，以备不虞。皆绛衣戎服，示扬威武，折冲厌难者也。”[④]郡都尉掌握一郡之武装，每年八月行都试。在都试上，将士着绛衣。又《东观汉记》曰：“上(引者按：指光武帝)深念良久，天变已成，遂市兵弩，绛衣赤帻。”[⑤]纪昀等辑《汉官旧仪》卷下曰：“鼓武吏，赤帻大冠，行縢，带剑佩刀，持盾被甲，设矛戟，习射。”[⑥]《后汉书志·舆服下》曰：“武吏常赤帻，成其威也。”[⑦]足见将吏帻色赤。绛衣大冠还是将军之服。《后汉书·光武帝纪上》“光武绛衣大冠”条李贤注云：“董巴《舆服志》曰：‘大冠者，谓武冠，武官冠之。’《东观记》曰：‘上时绛衣大冠，将军服也。’”[⑧]此事发生于王莽地皇三年，光武帝宛城举兵时所着服属于西汉武官服制。1965 年，陕西咸阳杨家湾出土了三千彩绘兵马俑，其中有一件指挥俑，形体较其他兵俑都要高大，衣着华丽，属于将军级别，其“头戴紫红色箕形冠”，“下束大红色巾帻”，而中级武官俑则“头戴土红或褐色箕形冠”[⑨]，可见武官之冠亦有色彩之别，身份高者饰以色泽更

---

① 司马彪：《后汉书志·舆服上》，北京：中华书局，1965 年，第 3647 页。

② 郑滦明：《西汉诸侯王墓所见的车马殉葬制度》，《考古》2002 年第 1 期。

③ 沈洋、袁慧晶：《南昌西汉海昏侯墓发现大型车马坑》，《人民日报》(海外版)2015 年 11 月 9 日第 4 版。

④ 王隆撰，胡广注，孙星衍辑：《汉官解诂》，周天游点校：《汉官六种》，北京：中华书局，1990 年，第 21 页。

⑤ 吴树平：《东观汉记校注》，北京：中华书局，2008 年，第 3 页。

⑥ 卫宏撰，纪昀等辑：《汉官旧仪》，周天游点校：《汉官六种》，北京：中华书局，1990 年，第 49 页。

⑦ 范晔：《后汉书·舆服下》，北京：中华书局，1965 年，第 3671 页。

⑧ 范晔：《后汉书·光武帝纪上》，北京：中华书局，1965 年，第 3 页。

⑨ 杨秉礼、史宇阔、刘晓华：《咸阳杨家湾汉墓兵俑服饰探讨》，《文博》1996 年第 6 期。

深的红色。除了戴冠，武士额前还佩以袙，但并非所有陶俑皆束袙，而袙的色彩又分绛与黄两种，其中色绛者等级更高。其实“袙”原本即用于区分等级，《后汉书志·舆服下》载，秦时“加其武将首饰为绛袙，以表贵贱。”[①]果此，则汉制乃沿用秦制也。

对于汉代武职将吏服赤的缘故，唐人李贤认为因赤统之故。《后汉书·刘玄刘盆子列传》“赤帻”条李贤注曰：“董仲舒《繁露》曰：‘以赤统者，帻尚赤。’盆子承汉统，故用赤也。”[②]董氏确有此言，他说：“正赤统奈何？曰：正赤统者……其色赤……帻尚赤……”[③]不过，汉代武职将吏服赤实与董氏赤统说无关。前述，三统指黑统、白统和赤统，其与三代的对应关系为夏黑、商白和周赤；汉承周当为黑统，而不应是赤统。宋人程大昌则认为它与火德有关。其《演繁露》卷十五《帻》中说：“若《东观汉记》载，光武初起服赤帻，赐段颎赤帻大冠一具……盖汉以火王，其在五德尚赤耳。故董仲舒《繁露》曰‘以赤统者，帻尚赤’。是专汉制也。”[④]五德终始说与三统说虽有关联，也存在着不少重叠之处，甚至三统说可能就是参考五德终始说创立的[⑤]，但两者毕竟属于不同的学说，火德并不等同于赤统，而程氏混为一谈，误矣。

事实上，汉代武职将吏服赤与五德说、三统说都无关系，其应是承继了传统武服的特点。《周礼·春官宗伯·司服》云：“凡兵事，韦弁服。”[⑥]郑玄注曰：“韦弁，以韎韦为弁，又以为衣裳……今时伍伯缇衣，古兵服之遗色。”贾公彦疏曰：“韎是蒨染，谓赤色也。以赤色韦为弁。”“言伍伯

① 司马彪：《后汉书志·舆服下》，北京：中华书局，1965年，第3670页。

② 范晔：《后汉书·刘玄刘盆子列传》，北京：中华书局，1965年，第481页。

③ 苏舆：《春秋繁露义证》，北京：中华书局，1992年，第194页。

④ 程大昌：《演繁露》，上海人民出版社、迪志文化出版有限公司：文渊阁四库全书·子部电子版。

⑤ 两者的具体关系，可参阅顾颉刚：《五德终始说下的政治和历史》第六节汉武帝的改制及三统说的发生，《古史辨》(五)，上海：上海古籍出版社，1982年。

⑥ 郑玄注，贾公彦疏：《周礼注疏》，北京：北京大学出版社，1999年，第552页。

者，伍，行也；伯，长也。谓宿卫者之行长，见服纁赤之衣，是古兵服赤色，遗象至汉时，是其兵服赤之验也。”据此可知，周代时，弁与服都为赤色。春秋时期，兵服亦用赤色。《左传》成公十六年载：“方事之殷也，有韎韦之跗注，君子也。”[①]杨伯峻注曰：“郑玄《杂问志》则以为浅红色柔牛皮所制军衣，沈钦韩《补注》力主此说。竹简齐《孙子》有‘末甲’，末即韎，‘末甲’，韎韦之跗注也，则郑玄说可信。”这说明当时存在战服色赤的情况。至秦朝，战服同样色赤。从秦始皇陵秦俑来看，将军俑与士兵俑都着赤色。将军鱼鳞甲，甲片赭色，甲钉朱红色，连甲带红色。[②]秦俑甲有三种类型：一型甲衣，由披膊和身甲组成，甲片赭色，连甲带朱红色；二型甲衣，胸、背、肩部无甲片，周边以革带镶边，甲片赭色，连甲带朱红色；三型甲衣只在胸、腹有甲片，甲片赭色，连甲带朱红色。[③]可见秦俑甲衣多赤色。

从出土的西汉武士俑来看，其服饰亦多用红色。惠帝安陵十一号陪葬墓武士陶俑“俑头戴紫色束发帻……额前发际有黑、红两色抹带向后结发髻……上身着淡绿色或红色短襦……外着红和白粉勾划的甲衣，腰束红色带子”[④]。咸阳杨家湾指挥俑“着三重衣，贴身第一层内衣领、袖为大红色”，一般士卒乙类兵俑都穿大红曲裾战袍，帻为大红色。[⑤]徐州北洞山西汉楚国陶俑之戴冠执兵佣“外衣红色”；戴帽执兵佣标本 EK3：1“头戴绛紫色帽，以红带环结颏下。……（内衣）领、袖施红彩……（外袍）领、襟、袖皆青色缘饰红点纹……右胯系红色绶带……下身穿红色纨袴”；戴冠执兵佣标本 EK1：21“内衣浅黄色红缘……红色组带”；曲裾深衣背箭箙佣标本 EK2：30“绛紫色帽，红带系结于颏下。内衣浅黄色红缘……右胯单根朱色

---

① 杨伯峻：《春秋左传注·成公十六年》，北京：中华书局，1981 年，第 887 页。
② 黄能馥、陈娟娟：《中国服饰史》，上海：上海人民出版社，2004 年，第 137 页。
③ 黄能馥、陈娟娟：《中国服饰史》，上海：上海人民出版社，2004 年，第 141 页。
④ 咸阳市博物馆：《汉安陵的勘查及其陪葬墓中的彩绘陶俑》，《考古》1981 年第 5 期。
⑤ 杨秉礼、史宇阔、刘晓华：《咸阳杨家湾汉墓兵俑服饰探讨》，《文博》1996 年第 6 期。

绶带，箭箙以红带于胸前环结下垂”，标本 WK2：8“绛紫帽红带环结，内衣黄色红缘，外衣黄色深红色缘，红袴。箭箙朱带环结，朱纹，侧面有黑 C 纹和红色水滴纹……红色组带环结两端下垂”[①]。徐州狮子山西汉楚国兵马俑的彩绘颜色以红色为主，“红色主要涂绘俑的冠带、发辫，面部以及衣袍的领、袖、下摆等”，甚至兵器、仪仗器具、盾牌等器物也被涂以红彩。[②]

由上可见，从西周到秦汉，武职将吏服多用赤色，其原因可能与赤色本身的自然效果有关，因其色鲜红热烈，更容易激发士气，鼓舞人心。

第三节　黄色之运用

太初元年(前 104)，改行土德，“色上黄”[③]。三年(前 102)，武帝“亲礼祠上帝，衣上黄焉”[④]。不过，此前武帝已着黄色祭服。《史记·孝武本纪》曰：“十一月辛巳朔旦冬至，昧爽，天子始郊拜泰一……见泰一如雍礼……而衣上黄。”[⑤]另外，在祭祀后土时，亦着黄色祠衣。同篇记：“其明年冬，天子郊雍，议曰：‘今上帝朕亲郊，而后土毋祀，则礼不答也。’有司与太史公、祠官宽舒等议：‘天地牲角茧栗。今陛下亲祀后土，后土宜于泽中圜丘为五坛，坛一黄犊太牢具，已祠尽瘗，而从祠衣上黄。’”[⑥]“(四月乙卯)封泰山下东方，如郊祠泰一之礼……明日，下阴道。丙辰，禅泰山下阯东北肃然山，如祭后土礼。天子皆亲拜见，衣上黄而尽用乐焉。”[⑦]

---

① 徐州博物馆、南京大学历史学系考古专业：《徐州北洞山西汉楚王墓》，北京：文物出版社，2003 年，第 62、83、86、90、92 页。

② 邱永生：《徐州汉兵马俑研究》，《徐州师范学院学报》1987 年第 2 期。

③ 班固：《汉书·武帝纪》，北京：中华书局，1962 年，第 199 页。

④ 司马迁：《史记·孝武本纪》，北京：中华书局，1959 年，第 484 页。

⑤ 司马迁：《史记·孝武本纪》，北京：中华书局，1959 年，第 470 页。

⑥ 司马迁：《史记·孝武本纪》，北京：中华书局，1959 年，第 461 页。

⑦ 司马迁：《史记·孝武本纪》，北京：中华书局，1959 年，第 475 页。

但这与土德无关，而是土色黄之故。《汉书·礼乐志》曰："后土富媪，昭明三光。穆穆优游，嘉服上黄。"[①]颜师古注引孟康语："土色上黄也。"

黄色有时与天子相连，备受尊崇，譬如"黄屋"。《史记·项羽本纪》载，刘邦被项羽围困于荥阳，形势危急，纪信乃扮作刘邦，"乘黄屋车，传左纛"[②]。《史记正义》引李斐言曰："天子车以黄缯为盖里。"可见，黄屋乃天子所乘车。高祖死后，即"车服黄屋左纛，葬长陵。"[③]《后汉书志·舆服上》曰："夫礼服之兴也，所以报功章德，尊仁尚贤。故礼尊尊贵贵，不得相踰，所以为礼也。非其人不得服其服，所以顺礼也。顺则上下有序，德薄者退，德盛者缛。故圣人处乎天子之位，服玉藻邃延，日月升龙，山车金根饰，黄屋左纛，所以副其德，章其功也。"[④]这是说礼服有严格的规定，不得僭越，黄屋为天子礼制，其他人不得使用。《焦氏易林》便说："黄屋左纛，龙德独有。"[⑤]秦汉之际，赵佗割据南越，自称南越武帝，"乘黄屋左纛，称制，与中国侔"，文帝时，为表臣服之心，乃"去帝制黄屋左纛"[⑥]。淮南王刘长因行为不轨被召至长安问罪，其罪证之一便是"居处无度，为黄屋盖乘舆，出入拟于天子"[⑦]。武帝时，江都王刘建"作治黄屋盖；刻皇帝玺，铸将军、都尉金银印"[⑧]，欲谋反，后事败自杀。霍光卒后，备极哀荣，特许"黄屋左纛，发材官轻车北军五校士军陈至茂陵，以送其葬"[⑨]。再如绶、圭的用色。《后汉书志·舆服下》载，皇帝"黄赤绶，四采，黄赤缥绀，淳黄圭"；诸侯王"赤绶，四采，赤黄缥绀，淳赤圭"；诸

① 班固：《汉书·礼乐志》，北京：中华书局，1962 年，第 1054 页。
② 司马迁：《史记·项羽本纪》，北京：中华书局，1959 年，第 326 页。
③ 司马迁：《史记·高祖本纪》，北京：中华书局，1959 年，第 394 页。
④ 司马彪：《后汉书志·舆服上》，北京：中华书局，1965 年，第 3640 页。
⑤ 尚秉和著，常秉义点校：《焦氏易林注》，北京：光明日报出版社，2005 年，第 477 页。
⑥ 司马迁：《史记·南越列传》，北京：中华书局，1959 年，第 2969、2970 页。
⑦ 司马迁：《史记·淮南衡山列传》，北京：中华书局，1959 年，第 3077 页。
⑧ 班固：《汉书·景十三王传》，北京：中华书局，1962 年，第 2417 页。
⑨ 班固：《汉书·霍光金日磾传》，北京：中华书局，1962 年，第 2948 页。

国贵人、相国皆“绿绶，三采，绿紫绀，淳绿圭”；公、侯、将军“紫绶，二采，紫白，淳紫圭”；九卿、中二千石、二千石“青绶，三采，青白红，淳青圭”；千石、六百石“黑绶，三采，青赤绀，淳青圭”；四百石、三百石、二百石“黄绶，一采，淳黄圭”；百石“青绀绶，一采，宛转缪织圭”。① 刘昭注引荀绰《晋百官表注》曰：“皇太子朱绶。”此虽为东汉事，但多承西汉。从中可见，绶、圭的颜色是区分等级的主要标准。下级官员四百石、三百石、二百石虽用黄绶，但与皇帝的黄赤绶色泽是完全不同的，而中上级官员之绶不能用黄色。皇帝、诸侯王之绶虽皆有黄色，但用量多少不同，前者以黄为主。刘昭注引丁孚《汉仪》曰：“乘舆绶，黄地冒白羽，青绛绿五采……诸王绶四采，绛地冒白羽，青黄去缘。”此论虽与上引有差异，但也可作为一种参考，即皇帝之绶底色为黄，而诸侯王之绶则为绛，只在边缘饰黄而已，显然两者在形制上迥然不同。至于圭，亦是如此，皇帝用者为淳黄圭，最尊。足见，黄色用以彰显高贵。昭帝始元五年，“有一男子乘黄犊车，建黄旐，衣黄襜褕，著黄冒，诣北阙，自谓卫太子。”② 此人冒充卫太子，其所乘、所着皆用黄色。

不过，黄色并非天子独擅，因此会有下级官员的绶、圭色黄的现象。西汉有所谓的“黄头郎”，文帝宠臣邓通即“以濯船为黄头郎。”③颜师古注曰：“濯船，能持濯行船也。土胜水，其色黄，故刺船之郎皆著黄帽，因号曰黄头郎也。”人行水中，克水者土也，土色黄，故人戴黄帽。徐州北洞山西汉楚王墓陶俑，从其服饰看，衣黄者颇多。比如男侍立俑Ⅰ式“外衣黄色”；女跽坐佣Ⅰ式“中衣与外衣黄色”，Ⅱ式标本 2357“中衣黄色……(外衣)饰土黄色‘米’字形图案……左领襟上有一黄色三角”，Ⅱ式标本 2358“外衣、中衣皆黄色……左胸襟前有黄色长三角”，Ⅲ式标本 2380“下

① 范晔：《后汉书·舆服下》，北京：中华书局，1965 年，第 3673—3675 页。
② 班固：《汉书·隽疏于薛平彭传》，北京：中华书局，1962 年，第 3037 页。
③ 班固：《汉书·佞幸传》，北京：中华书局，1962 年，第 3722 页。

裙黄色”[1]；仪卫俑“衣服的颜色以黄色为主体，内衣皆为黄色朱缘。外衣黄色又有浅黄、深黄、土黄等各种深浅，浓淡色差。”[2]

有研究者发现，西汉时期的墓室壁画中“黄色使用不广泛，有些墓葬甚至不出现黄色，使用的黄色纯度较低，且处于点缀陪衬的地位”，在表达人物服饰时，黄色“多表现身份较低人物，在墓主人等重要形象的主体色彩中极少使用黄色”，因此他指出黄色“不被汉代人所崇尚”[3]。黄色的使用虽相对较少，但在西汉被推崇是毋庸置疑的。东郡太守韩延寿都试时，“衣黄纨方领”[4]，即以黄色细绢作方领，这被作为其“上僭不道”的证据之一。

黄色如同黑色、赤色的情形，其被尊崇的原因也是多方面的，不过显然包含五德终始说的内容。兹再举一旁证。新朝时，王莽曾下令“宝黄厮赤，其令郎从官皆衣绛”[5]。服虔注曰：“以黄为宝，自用其行气也。厮赤，厮役贱者皆衣赤，贱汉行也。”新莽为土德，刘汉为火德，故尊黄卑赤。

附：　墓葬所见西汉时期的尚赤

汉人沿袭了传统的灵魂不灭观念，认为“死人有知，与生人无以异”，“谓死如生”[6]，因而汉代墓葬存在着墓室的住宅化和随葬品的生活化等特点。《盐铁论·散不足》有云“厚资多藏，器用如生人”[7]，即墓葬要体现人

---

① 徐州博物馆、南京大学历史学系考古专业：《徐州北洞山西汉楚王墓》，北京：文物出版社，2003 年，第 62、68、68—69、69、70 页。

② 徐州博物馆、南京大学历史学系考古专业：《徐州北洞山西汉楚王墓》，北京：文物出版社，2003 年，第 99 页。

③ 龚晨：《汉代墓室壁画色彩研究》，上海大学博士论文，2015 年，第 162 页。

④ 班固：《汉书·赵尹韩张两王传》，北京：中华书局，1962 年，第 3214 页。

⑤ 班固：《汉书·王莽传下》，北京：中华书局，1962 年，第 4161 页。

⑥ 黄晖：《论衡校释》，北京：中华书局，1990 年，第 962、961 页。

⑦ 王利器：《盐铁论校注》，北京：中华书局，1992 年，第 353 页。

的生活场景，“事死如事生，事亡如事存”[①]，所以通过墓葬所出土的文物，可以推知当时的社会生活、思想观念。从考古发掘看，汉人有尚赤的现象，兹列举数端以窥其情。

一、墓室

诸侯王的墓室规模宏大，存在涂红的特点。中山靖王刘胜墓，其“后室的石门以及门道、主室、侧室的周壁和顶部都残存许多红褐色漆皮，地面上也发现不少脱落的漆皮残片”，漆皮上并未发现绘画或纹饰的痕迹，可见“后室建成后，门道、主室及侧室的周壁和顶部，以及石门的内外表面，曾普遍施涂红漆”[②]，这是直接髹漆。而徐州北洞山西汉楚王墓的主体墓室各室的四壁则涂以朱砂，其方法为：“先以黄褐色的黄泥、石粉等拌成的三合土砂浆均匀地涂抹四壁，厚0. 7厘米，再在三合土上髹一层黑褐色的漆，然后又在漆面上涂一层红色的朱砂”，但也有的地方未如此。比如“墓门外的两耳室，只抹砂浆并髹漆，无涂朱痕迹。又如墓门内的东西两侧室的顶部、后室门上方的凹槽和门轴窝等均未抹砂浆，直接髹漆涂朱。再如主要各室的地面均无涂朱砂痕迹，但在东、西两侧室的地面上发现有平整的朱砂痕迹，且涂抹方法也是一层三合土，一层漆，最上面一层朱砂。”[③]此外，墓道内部分地方涂白垩，附属墓室内则未施色彩，足见不同的颜色反映出相应墓室不同的地位，而使用朱砂是最高的等级。

二、棺椁

此时的棺椁常常髹漆，尤其是有身份地位者。文帝曾说：“以北山石

---

① 郑玄注，孔颖达疏：《礼记正义》，北京：北京大学出版社，1999年，第1439页。

② 中国社会科学院考古研究所、河北省文物管理处：《满城汉墓发掘报告》(上)，北京：文物出版社，1980年，第21—22页。

③ 徐州博物馆、南京大学历史学系考古专业：《徐州北洞山西汉楚王墓》，北京：文物出版社，2003年，第30、31页。

为椁，用纻絮斮陈，蕠漆其间，岂可动哉！”[①]可见，涂漆可增强棺椁的坚固性。所髹漆的颜色，最主要的是红色与黑色两种。对于贫困者，因无财力用漆只好代之以染料。依据红黑二色的分布位置，西汉棺椁可分为四种情况：(1)外黑内黑，如湖北江陵凤凰山一六七号汉墓："棺内外涂黑漆"[②]；一六八号汉墓：外棺、内棺里外均涂黑漆[③]。(2)外黑内红，这类样式较为常见，如湖南长沙马王堆二号汉墓的葬具由二层椁、二层棺构成。两层套棺置于内椁的中间，"棺内施朱漆，外髹黑漆"[④]。安徽阜阳双古堆西汉第二代汝阴侯夏侯灶墓："棺盖板里面髹棕红色漆，外面髹黑漆。"[⑤]湖南长沙象鼻嘴一号西汉墓："棺房内有三棺套合，梓木制，均外髹黑漆，内髹红漆。"[⑥]江苏仪征刘集联营一号西汉墓："棺外髹黑漆，内髹朱漆。"[⑦]山东日照海曲西汉墓(M106)："棺表面髹黑褐色漆，内髹红漆。"[⑧]湖北荆沙市瓦坟园四座汉墓："棺均为长方盒形，内外均涂漆，内红外黑。"[⑨](3)外红内黑，如甘肃武威磨咀子48号墓男棺："内黑漆，外红漆"，"女棺稍小，无漆，表面刷红色。"[⑩](4)外红内红，如马王堆一号汉墓椁室中央的棺房里，放置了套合紧密的四层木棺，棺内均涂朱漆，其第

---

① 司马迁：《史记·张释之冯唐列传》，北京：中华书局，1959年，第2753页。

② 凤凰山一六七号汉墓发掘整理小组：《江陵凤凰山一六七号汉墓发掘简报》，《文物》1976年第10期。

③ 湖北省文物考古研究所：《江陵凤凰山一六八号汉墓》，《考古学报》1993年第4期。

④ 湖南省博物馆、湖南省文物考古研究所：《长沙马王堆二、三号汉墓第一卷：田野考古发掘报告》，北京：文物出版社，2004年，第11页。

⑤ 安徽省文物工作队、阜阳地区博物馆、阜阳县文化局：《阜阳双古堆西汉汝阴侯墓发掘简报》，《文物》1978年第8期。

⑥ 湖南省博物馆：《长沙象鼻嘴一号西汉墓》，《考古学报》1981年第1期。

⑦ 仪征市博物馆：《江苏仪征刘集联营1—4号西汉墓发掘简报》，《东南文化》2017年第4期。

⑧ 山东省文物考古研究所：《山东日照海曲西汉墓(M106)发掘简报》，《文物》2010年第1期。

⑨ 荆州博物馆：《湖北荆沙市瓦坟园西汉墓发掘简报》，《考古》1995年第11期。

⑩ 甘肃省博物馆：《武威磨咀子三座汉墓发掘简报》，《文物》1972年第12期。

三层为朱地彩绘棺[①]，可见该棺内外皆髹红漆。

若根据东汉的制度，则这四种棺椁形制，以第四种最为高贵。《后汉书志·礼仪下》载："（皇帝棺木）表里洞赤，虡文画日、月、鸟、龟、龙、虎、连璧、偃月，牙桧梓宫如故事……诸侯王、公主、贵人皆樟棺，洞朱，云气画。"[②]赤、朱稍有差异，但总归于今天俗称的红色范围内，可见皇族的棺木通体用红，其他人则不可，比如"公、特进樟棺黑漆。中二千石以下坎侯漆。"[③]有时皇帝为了表彰某人的功绩，会赏赐其使用红色棺木，譬如耿秉去世后，"赐以朱棺、玉衣"[④]；梁商死后，"赐以东园朱寿器"[⑤]。

西汉时期，尚未形成严格等级化的棺制，因此会出现官民采用红棺的情况。《汉书·佞幸传》载，哀帝宠臣大司马高安侯董贤死后，"以沙画棺四时之色，左苍龙，右白虎，上著金银日月，玉衣珠璧以棺"[⑥]，颜师古注曰："以朱砂涂之，而又雕画也。"可见，其采用了绘有多种图案的红漆棺，贵重无比，这一棺木可能仅次于天子所用。同篇云："乃至东园祕器，珠襦玉柙，豫以赐贤，无不备具。"[⑦]这就是说哀帝的确赐予了董贤远超其身份的葬具，这些葬具被认为是"至尊无以加"[⑧]，已高于之后的东汉诸侯王的规格。董贤的事例实属个案，西汉普通的列侯，甚至诸侯王是难以享用帝王葬具的。他们的棺椁通常施以彩绘。上文所举长沙象鼻嘴一号西汉墓的主人，被认为是文景时期某一长沙王，其"外棺盖挡和侧板均有朱色彩绘"，"中棺盖上面有朱色漆彩绘方连形纹"。[⑨] 长沙马王堆一号汉墓埋葬的

---

① 湖南省博物馆、中国科学院考古研究所：《长沙马王堆一号汉墓》（上集），北京：文物出版社，1973年，第13页。

② 司马彪：《后汉书志·礼仪下》，北京：中华书局，1965年，第3141、3152页。

③ 司马彪：《后汉书志·礼仪下》，北京：中华书局，1965年，第3152页。

④ 范晔：《后汉书·耿弇列传》，北京：中华书局，1965年，第718页。

⑤ 范晔：《后汉书·梁统列传》，北京：中华书局，1965年，第1177页。

⑥ 班固：《汉书·佞幸传》，北京：中华书局，1962年，第3740页。

⑦ 班固：《汉书·佞幸传》，北京：中华书局，1962年，第3734页。

⑧ 班固：《汉书·佞幸传》，北京：中华书局，1962年，第3740页。

⑨ 湖南省博物馆：《长沙象鼻嘴一号西汉墓》，《考古学报》1981年第1期。

是长沙国丞相轪侯利苍之妻，其棺房的第二、三层内棺皆彩绘，一为黑地，一为红地。[①] 仪征张集团山西汉墓1号墓为江都王的陪葬墓，其“木棺外髹黑漆，内髹红漆，天花板朝上的一面髹黑漆，朝下的一面以黑漆为地，描以红漆和金、银”。[②] 综合这几具身份较高者的棺木，可见它们一般装饰着黑漆地上涂以红漆的彩绘，而身份较低或财力匮乏者则常无漆绘。

三、服饰

迄今所发掘的西汉墓葬中，能够保存下来的作为实物的衣服极为罕见。马王堆一号汉墓极为幸运地出土了一批色彩绚丽的服饰。经研究发现，这些丝织品“所染的朱红色的品种很多”，在配色组合上，“一种比较浓艳，地色用深红色，绣花线是朱红、深红、蓝黑、浅蓝、绿等色，其中朱红色面积较大是主色；另一种比较文静，地色用米黄色，同时也采用小面积的朱红色当作点缀色用；还有一种配色的组合，是在绣花线上采用与地色相仿的调和色，同时配以小面积鲜艳的朱红色。”[③]可见这批衣服的用色以红色为主。红衣常为有一定身份者穿着，从帛画、壁画对人物的描绘可印证这一点。马王堆三号汉墓的主人为长沙国丞相利苍之子，其墓中发现了一件覆盖于内棺上的T形帛画，画中的墓主人“头着刘氏冠，身穿红袍”[④]。马王堆一号汉墓帛画中的一侍女和跪应的一男子皆着红色长袍[⑤]。西安理工大学西汉墓的壁画显示出西汉晚期中下级官吏“所穿上衣主要为

① 湖南省博物馆、中国科学院考古研究所：《长沙马王堆一号汉墓》(上集)，北京：文物出版社，1973年，第13页。

② 南京博物院、仪征博物馆筹备办公室：《仪征张集团山西汉墓》，《考古学报》1992年第4期。

③ 上海市纺织科学研究院上海市丝绸工业公司文物研究组：《长沙马王堆一号汉墓出土纺织品的研究》，北京：文物出版社，1980年，第81页。

④ 湖南省博物馆、中国科学院考古研究所：《长沙马王堆二、三号汉墓发掘简报》，《文物》1974年第7期。

⑤ 湖南省博物馆、中国科学院考古研究所：《长沙马王堆一号汉墓》(上集)，北京：文物出版社，1973年，第42页。

袍、襦，颜色以青、红和浅灰为主，下裳多穿大裤，颜色多为白色，男女服色差别不大，大多为青、红和浅灰色，男性以鲜艳的红色为主”[①]。有研究者通过对西汉墓中壁画的考察指出，“以墓主人为代表，红色成为其主要服饰色彩。……其他重要人物服饰也常常出现红色。”[②]

此时期的墓葬中还出土了一些随葬的彩绘陶俑或木俑，其身份多为侍者，其中亦有一些着红衣者。例如狮子山西汉楚王墓的陪葬墓中，发现陶俑一组，其中一女俑即“着左衽红色坠地长袍”[③]。而最为常见的服饰特点是领、袖多为红色。景帝阳陵塑衣式彩绘陶俑均为多重深衣，其最内层深衣的领口着色多用红，如男立俑“衣领、袖口、衣襟等处皆有红色锦缘”，女立俑“衣领、袖口、衣襟等处的锦缘为红、黄两色”[④]。江陵凤凰山一六八号汉墓 A 型袖手女侍俑“上衣为双层交领，衣领里层红色”；E 型骑马男俑“上衣作双层交领，衣领里层红色，外层黑色。衣服以朱红为地，黑色的领缘和袖缘上，又绘朱红的小花点”[⑤]。江苏铜山县李屯西汉墓立俑 A 型“领口施红”，B 型 Ⅰ 式“领口、袖、肩施红彩”，跪坐俑“领、袖口施红彩”[⑥]。铜山县龟山二号西汉崖洞墓陶女坐俑“领、袖口红彩”[⑦]。

四、漆器

漆器是西汉富贵者墓葬中较为常见的随葬品。从色彩看，此时期漆器的主要样式是外黑内红。长沙马王堆三号汉墓出土漆器器形计有鼎、壶、盘等十九种，其中鼎、钫、壶、盒等皆“器表黑漆，器内红漆”；卮“器内

---

① 西安市文物保护考古所：《西安理工大学西汉壁画墓发掘简报》，《文物》2006 年第 5 期。
② 龚晨：《汉代墓室壁画色彩研究》，上海大学博士论文，2015 年，第 154 页。
③ 狮子山楚王陵考古发掘队：《徐州狮子山西汉楚王陵发掘简报》，《文物》1998 年第 8 期。
④ 杨林仁：《汉阳陵》，西安：三秦出版社，2003 年，第 92 页。
⑤ 湖北省文物考古研究所：《江陵凤凰山一六八号汉墓》，《考古学报》1993 年第 4 期。
⑥ 徐州博物馆：《江苏铜山县李屯西汉墓清理简报》，《考古》1995 年第 3 期。
⑦ 南京博物院、铜山县文化馆：《铜山龟山二号西汉崖洞墓》，《考古学报》1985 年第 1 期。

红漆，器表黑漆”；耳杯“外黑漆，内红漆”[①]。湖北云梦大坟头一号西汉墓漆器大多“里面红色，外表黑色”[②]。湖南长沙砂子塘西汉墓彩绘羽觞“外髹黑漆，内髹朱漆”；漆盒“内红外黑”；漆盘“内朱色，外黑色”[③]。仪征刘集联营西汉墓漆器“器表一般为内髹红漆，外髹黑漆”[④]。仪征张集团山西汉墓漆器“器表一般为内髹红漆，外髹黑漆”[⑤]。漆器上红黑二色的使用，与其制作技术有一定的关系。刚刚割出来的天然漆液是一种乳白色的有机化合物，“与空气接触后呈褐色，逐渐变黑色”[⑥]。而朱砂是我国最早使用的颜料之一。“在天然漆液里掺入朱砂粉末调制成朱漆，朱砂调漆后具有坚固华丽且永不褪色的优点，较之其他矿物颜料粉更为稳定。”[⑦]事实上，红黑二色在西汉之前的漆器中已经大量使用，有研究者指出，战国、秦漆器一般为“外髹黑漆，内髹朱漆”[⑧]。当然，这仅是一个相当笼统性的评价，不同时期还是有差异的。

漆器上通常绘有彩饰，不同年代所使用的颜色不同。譬如楚国所用色彩颇为丰富，主要有红、黑、黄、兰、金、灰、白等色，“器物的外表往往以黑色为地，间用红、黄、金、灰等色绘出彩纹，其中金色应用较多”[⑨]。秦代“漆器的花纹用色有红、黑、褐、金、银等五种，其中红黑二色最多，一般是黑漆地上用红、褐漆绘花纹，也有在红漆地上用黑漆绘花

① 湖南省博物馆、湖南省文物考古研究所：《长沙马王堆二、三号汉墓第一卷：田野考古发掘报告》，北京：文物出版社，2004 年，第 118、120、123、127 页。

② 湖北省博物馆、孝感地区文教局、云梦县文化馆汉墓发掘组：《湖北云梦西汉墓发掘简报》，《文物》1973 年第 9 期。

③ 湖南省博物馆：《长沙砂子塘西汉墓发掘简报》，《文物》1963 年第 2 期。

④ 仪征市博物馆：《江苏仪征刘集联营 1—4 号西汉墓发掘简报》，《东南文化》2017 年第 4 期。

⑤ 南京博物院、仪征博物馆筹备办公室：《仪征张集团山西汉墓》，《考古学报》1992 年第 4 期。

⑥ 洪石：《战国秦汉漆器研究》，北京：文物出版社，2006 年，第 3 页。

⑦ 陈光龙：《秦汉漆器“红、黑”色彩的形成与内涵》，《艺术探索》2009 年第 1 期。

⑧ 洪石：《战国秦汉漆器研究》，北京：文物出版社，2006 年，第 122 页。

⑨ 院文清：《楚与秦汉漆器的几个问题》，《江汉考古》1987 年第 1 期。

纹的”[①]。而到了西汉，虽用色更为丰富，但最常用的为红色。比如长沙马王堆一号墓漆器“一般以黑色作地，或者在黑地外加红色作衬色，用朱红和赭色，或者用朱色和灰绿色作画”。[②] 马王堆二号墓“漆器的花纹全为漆绘，在黑漆地上用红、褐、黄、白等色彩绘色，但多只有朱红一色”。如卮“内施红漆，外黑漆地上朱漆绘三周云纹及变形动物纹”。夹纻胎凤纹盘“通体黑漆，表里皆以朱红漆绘彩”。箭杆“外髹黑漆。尾部髹红漆。有二组共五道红漆旋纹”。木器架座“座表施黑漆，绘朱彩”。叶形饰片“黑漆地，叶片上朱漆绘柿蒂纹、凤纹和变形龙纹等”[③]。徐州北洞山西汉楚王墓附2室大量彩绘漆器“夹贮胎上施外红内黑的底色再绘红彩图案”[④]。四川荥经县高山庙西汉墓群M3的漆器多用红色描绘各种图案，如卮“内壁朱色髹涂，外壁髹以黑漆作底。口沿下部与近底处用朱色绘饰二周带状纹，腹壁用朱色施绘四周弦纹……腹壁中部二弦纹之间用朱色绘弧线勾连一周；近底部的带状纹与弦纹之间亦用朱色绘弧线勾连纹一周”。盘“器表外壁髹黑漆，腹壁与底连接处、底部施朱绘宽窄不等的弦线和带状纹。沿外下朱书文字……盘内壁沿面内外分别饰二周朱色弦线……盘底用朱色弦线宽带状纹三周，将盘底分为外、中、内三区，外区施髹涂朱色漆，中区用朱色点、双变形几何形折线装饰，内区底部用朱色组点”。盒盖“从盖顶圈足、弧壁凹弦至口沿分别绘、填土朱色带状纹和弦纹。盖顶中心用朱色绘变体鸟纹……(团云)用朱色绘勾连弧线纹间隔……盒盖内壁用朱色髹涂”。漆

---

① 赵化成、高崇文等：《秦汉考古》，北京：文物出版社，2002年，第179页。

② 湖南省博物馆、中国科学院考古研究所：《长沙马王堆一号汉墓》(上集)，北京：文物出版社，1973年，第77页。

③ 湖南省博物馆、湖南省文物考古研究所：《长沙马王堆二、三号汉墓第一卷：田野考古发掘报告》，北京：文物出版社，2004年，第13、14、16、17页。

④ 徐州博物馆、南京大学历史学系考古专业：《徐州北洞山西汉楚王墓》，北京：文物出版社，2003年，第136页。

耳杯“外壁、内壁上部和双耳髹涂黑漆作底，内腹壁下部及底用朱色施涂”[①]。湖南永州市鹞子岭二号西汉墓漆器“髹漆多见内红外黑，黑底红彩”[②]。由上可见，纹饰惯用红色是西汉漆器的一个显著特点。

五、艺术用红

西汉时期，制取颜色的手段已相当成熟，但在丧葬所见的艺术创作上，红色仍是最常见的色彩之一，兹举两类例证。一是陶器彩绘。长沙象鼻嘴一号西汉墓随葬品的陶器“纹施红彩”。比如鼎“盖和腹部绘有红彩”，壶“盖面施有红彩的圆圈纹和云纹，腹部施红彩重三角形纹”，罐“肩和腹上施红彩”，匕“柄上绘红彩”，勺“斗外和柄上均施红彩”[③]。江苏铜山县凤凰山西汉墓 M1 陶器外以白彩为地施彩。鼎Ⅰ式：“钮与盖结合处及腹部各有两道饰红彩的细弦纹，蹄形足上施红彩。”壶“腹部饰三道红色弦纹”。茧形壶“腹部饰九道红色弦纹，圈足上饰一道红色弦纹”。盘“腹壁内、外各饰两道红色弦纹”。仓“四壁以红彩绘斗拱”。灶“两侧面以红彩绘‘田’字形框”[④]。湖南沅陵虎溪山一号西汉墓陶盒“盖面髹黑漆，有弦纹、圆弧纹等朱绘纹饰”[⑤]。陕西靖边县张家坬西汉墓 M3 出土的彩绘陶器“通体髹一层黑灰漆，然后在漆上用红、白、蓝、绿、粉等颜色彩绘，以红彩为主”。如奁、扁形壶、锺、仓“通体用红色彩绘”，盘“内外髹黑漆，漆上用红色彩绘”[⑥]。二是壁画。“红色常常作为重要色彩进行涂染，以突出主体

① 四川省文物考古研究院、雅安市博物馆、荥经县严道古城遗址博物馆：《四川荥经县高山庙西汉墓群 M3 发掘简报》，《四川文物》2017 年第 5 期。

② 湖南省文物考古研究所、永州市芝山区文物管理所：《湖南永州市鹞子岭二号西汉墓》，《考古》2001 年第 4 期。

③ 湖南省博物馆：《长沙象鼻嘴一号西汉墓》，《考古学报》1981 年第 1 期。

④ 徐州博物馆：《江苏铜山县凤凰山西汉墓》，《考古》2004 年第 5 期。

⑤ 湖南省文物考古研究所、怀化市文物处、沅陵县博物馆：《沅陵虎溪山一号汉墓发掘简报》，《文物》2003 年第 1 期。

⑥ 陕西省考古研究所、榆林市文物考古研究所：《陕西靖边县张家坬西汉墓发掘简报》，《考古与文物》2006 年第 4 期。

图像，使图像色彩强烈、鲜明、突出。”[①]比如，西汉中期稍后的河南洛阳卜千秋墓壁画中，墓主人乘赤色凤鸟，伏羲、太阳、猪头人身神，都有大量用红色表现的内容。[②] 有研究者即评论道：“朱红在画面中始终占有统治地位，贯穿画面的始终。”[③]洛阳浅井头西汉墓中的壁画朱雀涂朱，伏羲肩有红帔，女娲着交领红衫，太阳赭石色涂地，双龙朱翼，仙翁肩披朱色羽衣，砖上绘朱色水波纹。[④] 河南永城芒砀山柿园西汉壁画墓中青龙、白虎、朱雀等四神形象皆描绘于红底色之上。[⑤] 西安理工大学西汉壁画墓东壁壁画的中部及北部为狩猎场面，能辨识轮廓的有九组。第一组红衣猎人骑着白马，第二组二人分别骑红马、枣红马，第三组红衣猎人骑着黑马，第四组灰衣红面猎人骑着枣红马，第五组青衣猎人骑着枣红马，第七组红衣猎人追逐一野猪，第八组黄衣猎人骑着红马，第九组黄衣猎人骑着枣红马。[⑥] 这九组，除第六组未涂彩外，其他八组要么人穿红衣，要么马为红色。综上可见，红色是此时期艺术表达上极为普遍乃至唯一的用色。

---

① 龚晨：《汉代墓室壁画色彩研究》，上海大学博士论文，2015 年，第 57 页。
② 洛阳博物馆：《洛阳西汉卜千秋壁画墓发掘简报》，《文物》1977 年第 6 期。
③ 刘兰芝：《洛阳汉代墓室壁画研究》，郑州：中州古籍出版社，2010 年，第 114 页。
④ 洛阳市第二文物工作队：《洛阳浅井头西汉壁画墓发掘简报》，《文物》1993 年第 5 期。
⑤ 转引自龚晨：《汉代墓室壁画色彩研究》，上海大学博士论文，2015 年，第 50 页。
⑥ 西安市文物保护考古所：《西安理工大学西汉壁画墓发掘简报》，《文物》2006 年第 5 期。

第三章
从官印[①]、封泥[②]看西汉的尚数

五德之数对西汉政治的影响，文献记载较少，其中最为突出的事例当属武帝太初改制时对官印的重新厘定。本章便以官印、封泥为研究对象，考察德运在西汉印制中的具体反映。为研究的方便，下文分为两个时期（西汉建立到武帝太初元年之前，武帝太初元年之后到西汉灭亡）分别对中央王朝官制和王侯国官制两大系统予以考察[③]。

---

① 此处所讨论的是方寸官印。西汉时期还存在长方形的半通印，常铸有两个或三个字，为方寸官印的一半，主要为百石以下的下层官吏使用，王先谦《汉书补注》曰："自此（引者按：指二百石官吏）以上印皆取方，曰通官印；其百石以下则为半印，曰半通。"半通印俗称小官印，它的形制之所以小，仅因其所用者秩次低的缘故，与五德制度并无关系，故不在本文讨论之列。

② 封泥又称泥封，是官印抑压泥上后留下的泥块，所以有封泥必有官印。秦汉时期，官印为阴文，其在封泥上所显出的文字则变为阳文。封泥有封缄、保密等作用，"在纸张尚未发明或者未普遍使用的条件下，通过在封闭文书、物件或者作为信用标识的特定软泥上抑以印记的形式，起到凭信或防止非法启封的作用"。孙慰祖：《封泥：发现与研究》，上海：上海书店出版社，2002年，第19页。

③ 本章对官印、封泥的选择，部分参考了孙慰祖《西汉官印、封泥分期考述》（《上海博物馆集刊》1992年刊）、叶其峰《西汉官印丛考》（《故宫博物院院刊》1986年第1期）等专家的研究成果。

第一节　西汉建立到武帝太初元年之前的情形

一、中央王朝系统

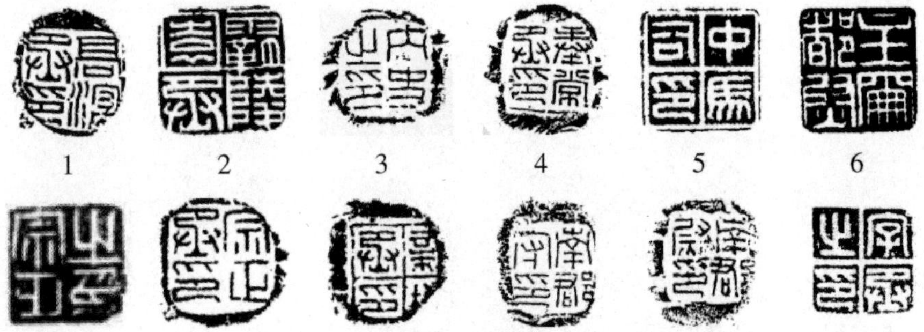

1　2　3　4　5　6

7a　7b　8　9　10　11

图一

“高寝丞印”（上海博物馆藏，图一，1）：刘邦死后谥号为“高皇帝”，此封泥本印属高祖陵寝丞用印，铸于高祖去世之后。

“霸陵园丞”（《秦汉南北朝官印征存》①，下简称《征存》。图一，2）：霸陵为文帝陵寝，该印为其陵园丞印，制于文帝去世之后。

“内史之印”（《封泥考略》②，下简称《封》。图一，3）：《汉书·百官公卿表上》言：“内史，周官，秦因之，掌治京师。景帝二年分置左右内史。”③则该封泥本印制于景帝分置之前。

“奉常丞印”（《封》，图一，4）：《汉书·百官公卿表上》曰：“奉常，秦官，掌宗庙礼仪，有丞。景帝中六年更名太常。”④则知该封泥本印造于

① 罗福颐主编：《秦汉南北朝官印征存》，北京：文物出版社，1987年。
② 吴式芬、陈介祺：《封泥考略》，北京：中国书店，1990年。
③ 班固：《汉书·百官公卿表上》，北京：中华书局，1962年，第736页。
④ 班固：《汉书·百官公卿表上》，北京：中华书局，1962年，第726页。

景帝更名前。

“中司马印”(《征存》，图一，5)：《汉书·季布栾布田叔传》曰：“(季心)尝为中司马。”颜师古注引如淳言曰：“中尉之司马。”[①]可知，“中尉司马”省称“中司马”，为中尉之属官。又《汉书·百官公卿表上》言：“中尉，秦官，掌徼循京师，有两丞、候、司马、千人。武帝太初元年更名执金吾。”[②]则此印铸造于太初元年之前。

“主爵都尉”(《征存》，图一，6)：《汉书·百官公卿表上》曰：“主爵中尉，秦官，掌列侯。景帝中六年更名都尉，武帝太初元年更名右扶风，治内史右地。”[③]则该印铸于景帝中六年到武帝太初元年之间。

“宗正之印”(《汉阳陵帝陵东侧 11 ~ 21 号外藏坑发掘简报》[④]，图一，7a)：《汉书·百官公卿表上》曰：“宗正，秦官，掌亲属，有丞。平帝元始四年更名宗伯。”[⑤]《后汉书志·百官三》曰：“宗正，卿一人，中二千石。本注曰：掌序录王国嫡庶之次，及诸宗室亲属远近，郡国岁因计上宗室名籍。”[⑥]可见，该官负责管理皇族和外戚事务，由皇族担任。高祖七年，汉始“置宗正官以序九族”[⑦]。此印出土于景帝阳陵东侧 12 号外藏坑。《封泥考略》中收录有一枚其属官“宗正丞”的封泥(图一，7b)。另外，在阳陵其他外藏坑，还出土了一些官印，比如“大官丞印”“宦者丞印”“永巷丞印”“永巷厨印”“东织令印”“东织寝官”“甘泉仓印”“左府之印”“长乐宫车”“别臧官印”“大泽津印”等，其形制与“宗正之印”相同。

---

① 班固：《汉书·季布栾布田叔传》，北京：中华书局，1962 年，第 1979 页。

② 班固：《汉书·百官公卿表上》，北京：中华书局，1962 年，第 732 页。

③ 班固：《汉书·百官公卿表上》，北京：中华书局，1962 年，第 736 页。

④ 陕西省考古研究院：《汉阳陵帝陵东侧 11—21 号外藏坑发掘简报》，《考古与文物》2008 年第 3 期。

⑤ 班固：《汉书·百官公卿表上》，北京：中华书局，1962 年，第 730 页。

⑥ 司马彪：《后汉书志·百官三》，北京：中华书局，1965 年，第 3589 页。

⑦ 班固：《汉书·高帝纪下》，北京：中华书局，1962 年，第 64 页。

"新城丞印"(《续封泥考略》[①]，下简称《续封》。图一，8)：《汉书·地理志上》"右扶风"属县"渭城"条注曰："故咸阳，高帝元年更名新城，七年罢，属长安。"[②]可知新城设于高祖元年到七年间，该封泥属于此时段。

"南郡守印"(《封》，图一，9)：《汉书·地理志上》"南郡"条注曰："秦置，高帝元年更名临江郡，五年复故。景帝二年复为临江，中二年复故。"[③]《汉书·百官公卿表上》曰："郡守，秦官，掌治其郡，秩二千石……景帝中二年更名太守。"[④]该封泥用"南郡"，说明它设在高帝五年到景帝二年或景帝中二年之后；又用"守"字，可知该封泥之本印铸于景帝中二年未更名之前，即在高祖五年到景帝二年间。此外，诸如"南阳守印""河内守印""会稽守印""陇西守印"等"守"字西汉封泥，都属于景帝中二年更名前之物。

"南郡尉印"(《封》，图一，10)：《汉书·百官公卿表上》曰："郡尉，秦官，掌佐守典武职甲卒，秩比二千石……景帝中二年更名都尉。"[⑤]该封泥用"郡尉"二字，则可断为景帝中二年更名前之物。又据南郡设置的时间，综合考察知，该封泥为高祖五年到景帝二年之物，与"南郡守印"属同时期。另外，"河南尉印""汝南尉印"等"尉"字西汉封泥也属景帝中二年前。

"字丞之印"(《汉铜印丛》[⑥]，图一，11)：《汉书·地理志下》载，"右北平郡"属县有"字"[⑦]。丞，指县丞，为县令(长)之佐官，《汉书·百官公

① 周明泰：《续封泥考略》，1928年影印本。
② 班固：《汉书·地理志上》，北京：中华书局，1962年，第1546页。
③ 班固：《汉书·地理志上》，北京：中华书局，1962年，第1566页。
④ 班固：《汉书·百官公卿表上》，北京：中华书局，1962年，第742页。
⑤ 班固：《汉书·百官公卿表上》，北京：中华书局，1962年，第742页。
⑥ 汪启淑：《汉铜印丛》，杭州：西泠印社，1998年。
⑦ 班固：《汉书·地理志下》，北京：中华书局，1962年，第1624页。

卿表上》曰：“县令、长，皆秦官，掌治其县……皆有丞、尉。”①从形制看，该印为汉初官印。

二、王侯国系统

图二

“齐悼惠寝”(《续封》，图二，1)：从《汉书·诸侯王表》知，齐悼惠王刘肥封于高祖六年，立国十三年，惠帝七年薨。该封泥本印为其寝园之印。

“菑川丞相”(《封》，图二，2)：菑川王有两支。《汉书·诸侯王表》载，文帝十六年四月，刘贤以齐悼惠王子故，被立为菑川王，立国十一年反，遭诛。景帝四年，济北王刘志又为菑川王。汉初诸侯国设相国，惠帝更名丞相。《汉书·萧何曹参传》曰：“孝惠元年，除诸侯相国法，更以参为齐丞相。”②景帝中五年，“令诸侯王不得复治国，天子为置吏，改丞相曰相。”③该封泥用“丞相”，知其本印造于景帝中五年更名前。

① 班固：《汉书·百官公卿表上》，北京：中华书局，1962年，第742页。
② 班固：《汉书·萧何曹参传》，北京：中华书局，1962年，第2018页。
③ 班固：《汉书·百官公卿表上》，北京：中华书局，1962年，第740页。

"长沙丞相"(《长沙马王堆二、三号汉墓发掘简报》[1]，图二，3)：该印为长沙马王堆二号汉墓出土，系墓主长沙国丞相利苍之官印。《史记·惠景间侯者年表》载，利苍于惠帝二年被封为轪侯，死于吕后二年。[2]

"济南司马"(《征存》，图二，4)：《汉书·诸侯王表》载，文帝十六年四月，刘辟光以齐悼惠王子故，被封为济南王，立国十一年反，遭诛。此印为济南国之司马印，铸造于文景时期。

"江都相印"(《征存》，图二，5)：《汉书·诸侯王表》载，景帝二年三月，刘非被封为汝南王，四年改封江都王，享国二十八年；其子刘建于武帝元朔二年嗣位，元狩二年谋反自杀，国除。又景帝中五年，改王国丞相为相。综合这两条信息可知，该印为景帝中五年至武帝元狩二年前，江都国相所用印。

"淮南之仆"(《征存》，图二，6)：西汉淮南王有两系：一个是英布，亡于高祖十一年；另一个是高祖子刘长及其子刘安。《汉书·诸侯王表》载，刘长于高祖十一年被封为淮南王；文帝六年，刘长因谋反被废；文帝十六年，刘安获封淮南王；武帝元狩元年，刘安谋反自杀，国除。又《汉书·百官公卿表上》说，武帝改王国太仆为仆。因此可知，该印属于刘安时期的官印。

"汝阴侯相"(《封》，图二，7)：《汉书·高惠高后文功臣表》载，高祖六年，夏侯婴因功封侯，武帝元鼎二年，其曾孙因罪自杀国除。此封泥之本印乃其相印也。

"平侯相印"(《封》，图二，8)：《汉书·高惠高后文功臣表》载，工师喜于高祖六年封侯，景帝中五年，其孙坐罪免。[3] 此封泥之本印乃其相

---

① 湖南省博物馆、中国科学院考古研究所：《长沙马王堆二、三号汉墓发掘简报》，《文物》1974年第7期。

② 司马迁：《史记·惠景间侯者年表》，北京：中华书局，1959年，第978页。

③ 班固：《汉书·高惠高后文功臣表》，北京：中华书局，1962年，第565页。

印也。

“阜陵国丞”(《征存》，图二，9)：《汉书·王子侯表上》载，刘安于文帝八年被封为阜陵侯，八年后，成为淮南王，故该印制于刘安为侯时。

此外，狮子山西汉楚王墓[①]出土了近200枚印章，80多枚封泥。其内容大体可分为楚国的宫廷建制、军队机构和所辖政区三部分。比如“楚侯之印”“楚中侯印”“楚太仆印”“楚太史印”“楚大行印”“楚都尉印”“楚中尉印”“楚司马印”“楚营司马”“楚中司空”“昭之右尉”“相令之印”“兰陵之印”“文阳丞印”“武原之印”“谷阳丞印”“下邳丞印”“萧邑之印”“彭城丞印”等等[②]。

综上可见，无论是中央王朝系统还是王侯国系统，官印多为四字、阴文。当然也有的通官印用二字、五字或六字等，如“纳功勇校丞”(《征存》)，此因官名所致。另外，高祖时期的官印有田字格。惠帝到景帝时，印风发生了一些变化，比如，田字格褪去[③]，字体更显成熟，但高祖到景帝时期，印文字数并未发生变化[④]。那么问题是：西汉初期官印为什么会采用这样的形制？是否隐藏着某种政治用意？而这种官印形制到底是因袭秦制还是自创的呢？

---

① 该墓的年代约为前175年至前154年，其主人可能是第二代楚王刘郢客或第三代楚王刘戊。详见狮子山楚王陵考古发掘队：《徐州狮子山西汉楚王陵发掘简报》，《文物》1998年第8期。

② 王恺：《狮子山楚王陵出土印章和封泥对研究西汉楚国建制及封域的意义》，《文物》1998年第8期。

③ 关于西汉官印田字格的废止时间，学界存在争议。(1)牛济普认为从高祖到文帝即位前这段时间，官印形制直接由秦印发展而来，几乎与秦印相仿，较难区分鉴别，印多白文，印面上常有田、日形界栏。但文帝即位后，印面较少出现界栏，印文多为四字，印文在印面上占位分布均等。(牛济普：《汉代官印分期例举》，《中原文物》1998年第1期)(2)叶其峰认为西汉用界格印主要为高祖时期，惠帝时期就不再镌刻了。(叶其峰：《西汉官印丛考》，《故宫博物院院刊》1986年第1期)(3)王人聪认为西汉田字格多出现在高帝到文景之间，其下限延至武帝太初元年之前。(王人聪：《论西汉田字格官印及其年代下限》，《故宫博物院院刊》1988年第4期)(4)赵平安则将田字格的下限延至成帝时。(赵平安：《秦西汉官印论要》，《考古与文物》2001年第3期)

④ 要谈印风，内容是很多的。比如印材、大小、形状、印钮、印文等。本文只是讨论印文，因为印文是印章的最重要部分，而印文字数与五德终始说有一定的关联。

秦朝之前，各国的官印风格多样，各有特色。秦灭六国后，统一了文字、度量衡等，其中也包括官印。许慎《说文解字叙》曰：“自尔秦书有八体：一曰大篆，二曰小篆，三曰刻符，四曰虫书，五曰摹印，六曰署书，七曰殳书，八曰隶书。”①段玉裁注：“摹，规也，规度印之大小，字之多少而刻之。”可见，在秦书八体中有专门用于官印书写的“摹印”书，这是对印文的统一。此外，秦朝印制还包括废除阳文采用阴文，印文用四字，采用田字格，统一印之方寸大小等方面的内容。② 简言之，秦官印的突出特点是多四字、阴文、有田字格。比如《秦封泥汇考》③列举的这些秦印或封泥：

“左中将马”　“右公田印”　“郎中左田”　“中车府丞”　“左乐丞印”

“内史之印”　“太原守印”　“河间尉印”　“叁川尉印”　“乐安丞印”

“岐丞之印”　“郎中丞印”　“御府丞印”　“南海司空”　“东苑丞印”

图三

① 许慎撰，段玉裁注：《说文解字注》，上海：上海古籍出版社，1981年，第758页。
② 萧高洪：《秦印的特点及其形成的文化背景》，《江西文物》1990年第3期。
③ 傅嘉仪：《秦封泥汇考》，上海：上海书店出版社，2007年。

秦印之所以采用这种形制，并非单纯是为了实用或美观的目的，而是有着政治内涵。萧高洪说："秦印用四字、'田'界格及阴文，都与秦为'水德'，'水主阴'及其在这种情形下所采用的'阴数'有关。很明显，印章取四字，是合阴之数'四'，'田'界格是将'口'形划为大小相近的四个方块，也与阴数'四'暗合，而秦印普遍地采用凹进形式的阴文印，正是秦印'水主阴'的结果。"①笔者同意萧先生的观点，也就是说，水德制是秦官印印制设计中的根本指导思想。汉初，官印承秦，这表明它同样蕴含着水德的要求，亦与此时的法定德运相符。

第二节　武帝太初元年之后到西汉灭亡时期的情形

前 104 年，武帝进行了太初改制。《史记·孝武本纪》载："夏，汉改历，以正月为岁首，而色上黄，官名更印章以五字，因为太初元年。"②《汉书·武帝纪》也说："(太初元年)夏五月，正历，以正月为岁首。色上黄，数用五，定官名，协音律。"③颜师古注引张晏语曰："汉据土德，土数五，故用五，谓印文也。若丞相曰'丞相之印章'，诸卿及守相印文不足五字者，以'之'足之。"这就是说武帝改制时，对官印制度也进行了改革。因行土德，数尚五，故印文用五字。④

---

① 萧高洪：《秦印的特点及其形成的文化背景》，《江西文物》1990 年第 3 期。

② 司马迁：《史记·孝武本纪》，北京：中华书局，1959 年，第 483 页。

③ 班固：《汉书·武帝纪》，北京：中华书局，1962 年，第 199 页。

④ 武帝的官印印制改革，除了涉及字数外，还包含尺寸、印材、印钮、印文等方面。孙星衍校集《汉官仪》卷下载："孝武皇帝元狩四年，令通官印方寸尺大，官印五分。王、公、侯金，二千石银，千石以下铜印。"又孙星衍校集《汉旧仪补遗》卷上曰：诸侯王印，黄金橐驼纽，文曰玺，赤地绶。列侯黄金印，龟纽，文曰印。丞相、大将军黄金印，龟纽，文曰章。御史大夫章。匈奴单于黄金印，橐驼纽，文曰章。御史、二千石银印，龟纽，文曰章。千石、六百石、四百石铜印，鼻纽，文曰印。章，二百石以上，皆为通官印。

一、中央王朝系统

图四

“丞相之印章”(《封》，图四，1)：张晏明举此印，该封泥之本印为武帝改制后官印典范。

“御史大夫章”(《封》，图四，2a)、“御史大夫”(《封》，图四，2b)：前者之本印为武帝改制后御史大夫印，后者之本印为武帝改制前御史大夫印。

“左冯翊印章”(《封》，图四，3a)、“左冯翊丞”(《征存》，图四，3b)：《汉书·百官公卿表上》云武帝太初元年，左内史更名左冯翊，属官有廪牺令丞尉。此二物制于太初之后，前者为长官印所遗之封泥，后者为属官印。

“祁连将军章”(《征存》，图四，4a)、“虎牙将军章”(《征存》，图四，4b)：《后汉书志·百官一》曰：“将军，不常置。本注曰：掌征伐背叛。比公者四：第一大将军，次骠骑将军，次车骑将军，次卫将军。又有前、后、左、右将军。”[①]刘昭补注引蔡质《汉仪》曰：“汉兴，置大将军、骠骑，位次丞相。车骑、卫将军、左、右、前、后，皆金紫，位次上卿。典京师兵卫，四夷屯警。”此处的“位次”丞相、上卿不是指诸将军低于丞相或上卿，而是指相当于丞相或上卿的地位，[②] 可见诸将军地位之显赫尊贵，他们佩金印紫绶，秩万石。西汉时，还设置了不少“杂号将军”，多为临时设置，像此处所举的“祁连将军”“虎牙将军”[③]。从二者用五字“章”印，可知这些“杂号将军”的地位也是很高的。再如“中部将军章”(《征存》，图四，4c)、“禽適(擒敌)将军章”(《征存》，图四，4d)、“裨将军印章”(《征存》，图四，4e)等将军印，也是五字“章”印。而将军的属官印，则为四字官印，如“建威(将军)校尉”(《征存》，图四，5a)、“强弩(将军)司马”(《征存》，图四，5b)、“军司马印”(《征存》，图四，5c)等。

“大司空印章”(《封》，图四，6)：《汉书·百官公卿表上》曰：“御史大夫，秦官，位上卿，银印青绶，掌副丞相……成帝绥和元年更名大司空……哀帝建平二年复为御史大夫，元寿二年复为大司空。”[④]知该封泥之本印制于西汉末期。

“康陵园令”(《征存》，图四，7)：康陵为平帝陵寝，该印制于平帝去世之后。

---

① 司马彪：《后汉书志·百官一》，北京：中华书局，1965年，第3563页。

② 安作璋、熊铁基：《秦汉官制史稿》，济南：齐鲁书社，2007年，第237页。

③ 据《汉书·宣帝纪》载，宣帝本始二年，“秋，大发兴调关东轻车锐卒，选郡国吏三百石伉健习骑射者，皆从军。御史大夫田广明为祁连将军，后将军赵充国为蒲类将军，云中太守田顺为虎牙将军，及度辽将军范明友、前将军韩增，凡五将军，兵十五万骑，校尉常惠持节护乌孙兵，咸击匈奴。”据此可知，早在宣帝时，就设有祁连将军、虎牙将军等名号。

④ 班固：《汉书·百官公卿表上》，北京：中华书局，1962年，第725页。

“沛郡太守”(《封》，图四，8a)、“沛郡太守章”(《封》，图四，8b)：根据武帝新印制，前者之本印为太初改制前太守印，后者之本印为改制后太守新印。类似的对比，还有“颍川太守”与“颍川太守章”“戯嶲太守”与“戯嶲太守章”等(俱见《封泥考略》)。

“五原都尉章”(故宫博物院藏，图四，9)：《汉书 · 地理志下》“五原郡”条注：“秦九原郡，武帝元朔二年更名。”①知该印为武帝更郡名后制。“都尉”类的封泥，又如“清河都尉章”“南郡都尉章”“弘农都尉章”“钜鹿都尉章”“平原都尉章”“会稽都尉章”“蜀郡都尉章”等(俱见《封泥考略》)。

“渭成(城)令印”(《征存》，图四，10)：《汉书 · 地理志上》“右扶风”属县“渭城”条注：“武帝元鼎三年更名渭城。”②则该印为武帝时期或此后的渭城县令之印。

二、王侯国系统

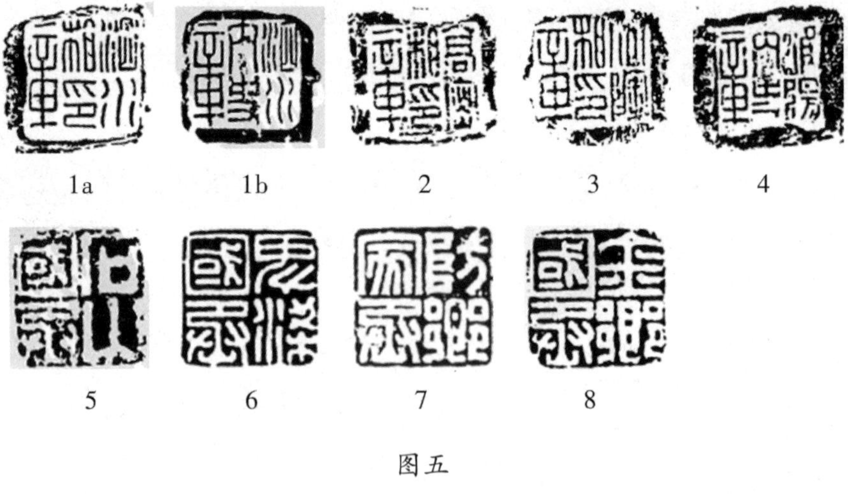

图五

“泗水相印章”(《封》，图五，1a)、“泗水内史章”(《封》，图五，

① 班固：《汉书 · 地理志下》，北京：中华书局，1962 年，第 1619 页。
② 班固：《汉书 · 地理志上》，北京：中华书局，1962 年，第 1546 页。

1b)：《汉书·诸侯王表》载，武帝元鼎二年，刘商以常山王少子故，被立为泗水王。内史，汉初为王国自设。《汉书·高五王传》曰："王召见，拜为内史。始悼惠王得自置二千石。"[①]七国之乱后，景帝"令诸王不得治民，令内史主治民"；成帝时，"省内史治民，更令相治民"。[②] 此二封泥本印属诸侯国高官印章。

"高密相印章"(《封》，图五，2)：《汉书·诸侯王表》说，宣帝本始元年十月，刘弘以广陵厉王子故，被封于高密国，王莽篡位后被废。

"定陶相印章"(《封》，图五，3)：定陶王有两支，一是宣帝子刘嚣，一是元帝子刘康。《汉书·诸侯王表》上载，刘嚣于宣帝甘露二年十月，被立为定陶王，四年后徙楚。元帝子刘康在成帝河平四年四月，由山阳王徙为定陶王。成帝绥和元年，定陶王刘欣被立为皇太子，楚孝王刘嚣孙刘景被立为定陶王，以续定陶恭王嗣，三年后，徙为信都王。该封泥之本印为定陶王国相之印。

另外，与上形制相同的诸侯国相封泥还有"赵相之印章""鲁相之印章""梁相之印章""广川相印章""广阳相印章""广陵相印章""六安相印章""长沙相印章"等(俱见《封泥考略》)。

"淮阳内史章"(《封》，图五，4)：《汉书·诸侯王表》说，刘钦于宣帝元康三年被封为淮阳王，王莽篡汉后被废。故此封泥之本印为淮阳王国内史之印。其他同类的诸侯国内史封泥，又如"赵内史印章""真定内史章""六安内史章"等(俱见《封泥考略》)。

"石山国丞"(《十钟山房印举》[③]，下简称《房》。图五，5)：据《汉书·王子侯表下》知，刘玄在元帝永光三年三月，以城阳戴王子故，被封为石山侯，后传其子。

---

① 班固：《汉书·高五王传》，北京：中华书局，1962 年，第 1995 页。
② 司马彪：《后汉书志·百官五》，北京：中华书局，1965 年，第 3627 页。
③ 陈介祺：《十钟山房印举》，北京：中国书店，1985 年。

“卑梁国丞”(《征存》，图五，6)：据《汉书·王子侯表下》知，刘都在成帝建始二年正月，以高密顷王子故，被封为卑梁侯，立国三十九年，被免。

“防乡家丞”(《征存》，图五，7)：《汉书·外戚恩泽侯表》载，平帝元始五年，平晏以治明堂辟雍得万国欢心有功，封防乡侯。

“金乡国丞”(《房》，图五，8)：《汉书·王子侯表下》载，刘不害在平帝元始元年，以东平思王孙故，被封为金乡侯。

从上考察，我们能够发现，此时期中央官制系统中的丞相、御史大夫、左冯翊、大司空、大将军、祁连将军、虎牙将军等用五字“章”印。《古封泥集成》[①]所收录的此类型官印，还有“校尉之印章”“光禄勋印章”“中郎将印章”“卫尉之印章”“廷尉之印章”“少府之印章”“大司农印章”“关都尉印章”“水衡都尉章”“大长秋印章”等。而他们的属官，如左冯翊丞、建威校尉、强弩司马、军司马等还是四字印；地方太守或都尉用五字“章”印，而其属官，包括县的长官县令或县长等用四字印。王侯国官制系统中，王国之相、内史用五字“章”印，其他官吏之印则都是四字，而侯国官吏都用四字印。据此可知，西汉官印首次出现五字阴文“章”印，但大多数的官印仍为四字阴文印。关于西汉中后期官印中五字“章”印的使用范围，我们不妨据官秩的高低来考察。《西汉会要》卷三十七《职官七》载，丞相、御史大夫、前后左右将军皆为万石，左冯翊、诸侯相、郡守、大郡都尉等皆为二千石，郡都尉等为比二千石。由此可见，武帝太初印改时，比二千石及其以上官印用五字“章”印，而千石及其以下者不作变更。前文颜师古注引张晏语，也仅说诸卿及守相等高官官印用五字。另外，有些比二千石以下的官职，也使用五字印文，比如“太史令之印”“孝昭园令印”“车郎中令印”(俱见《古封泥集成》)等，但只能用“印”而不能用“章”字。根据

① 孙慰祖主编：《古封泥集成》，上海：上海书店出版社，1994 年。

武帝新印制，可以识别汉印的真伪。王鲜唐就指出："汉代官印，凡五字用章者，类为丞相、御史、将军、太守，秩位在比二千石以上者，方始如此，著以为限，用别尊卑，并非大小臣工一律用之。即张氏所引秩衔，亦似寓有范围。其不在此限，如应用五字而为四字，应用章字而不用，或不应用而用，非在太初以前，制未颁定，即在魏晋以下，印制已紊。或更别有他故，如新莽变制，否则，后人不知，妄为牵合赝作者也。"①

综合本节考察可知，武帝太初改制前，官印制度因袭秦代旧制，高祖时期尤为明显。阴文、四字和带田字格，这些都是秦朝依照水德主阴的思想制定的。虽然惠帝之后渐不再使用田字格，但秦代官印的用阴文和四字印文的形制仍然被保留着。太初改制，亦波及官印，因土德尚五之故首次使用五字"章"印，但这仅限于中央诸卿和地方郡守、郡尉以及王国相、内史等官俸在比二千石之上者，并非所有官印都是五字"章"印。此后直到西汉灭亡，汉廷继续沿用武帝新印制，没有再做变更。

① 王鲜唐：《五镫精舍印话》，济南：齐鲁书社，1985 年，第 287—288 页。

结　论

邹衍创立的五德终始说，一方面用于政治合法性的论证，另一方面被作为一种制度来运行，即合政道与治道于一体。秦朝首次采用该说，立水德，并采用水德制，可见，此时的政道之水德与治道之水德是一致的。但西汉王朝的德运实行状况却极为复杂，五德终始说的这两个层面并不完全吻合，然而多数研究者将该问题简单化或是并未意识到这一问题的存在。

一、德运与西汉政治合法性的建构

不论作为西汉不同时期法定德运的水德和土德，还是西汉末的火德，其最终目的都是为了论证政治合法性。

政治合法性是政权初立及运行过程中必须时时面对的一大理论问题。刘邦以平定天下的客观事实为自身统治建立起牢固之基，尽管彼时也开展了主观性建构活动，比如编造高祖赤帝子的身份，宣传五星聚于东井，但相对而言，这些建构并不精致。秦为水德，汉代秦，依照土克水之理，则汉理应为土德，但高祖却宣称本朝也是水德。这一做法，使得汉承秦制有了理论依据。也可以说，采用水德是高祖在无法建构新制的情况下，为自身袭用秦旧制而做的辩解。文帝即位后，西汉政局趋于稳固，但袭用秦旧制所带来的弊端却日渐严重，加之当时面临的其他政治、经济和社会危机，贾谊提出应当建立汉制，这也包括改变德运，即西汉要采用土德。但囿于三方权力格局的状况，文帝难以突破，虽有心建制改德，但终因势力不济而作罢。之后的景帝进行了许多改革，大大加强了皇权，遏制了丞相和诸侯王的权力，虽亦未改革，但却为武帝改制扫清了障碍。武帝太初元年，西汉使用新制，并更水德为土德，土德成为西汉新的法定德运。

传统的政权合法性资源有多种形式，最为核心的莫过于两类：职责型和天命型。前者指的是执政者具有必须履行的职责和义务，其中最重要的就是保民。为此，统治者要内怀道德，外行德政。后者则认为天命乃执政之源，只要握有天命，统治便是有效的。这两种类型的资源方向不同，手段也不同。职责所对应的是政绩：好的政绩，如百姓安居乐业、富足安康，则说明统治者能够尽职尽责，其政权具有合法性；而坏的政绩，如百姓生活困苦、朝不保夕，则说明统治者未能尽职尽责，其政权便是不正当的，可以被推翻。因此，职责型合法性是通过实际的治理结果来验证的。但天命型则完全出于人为的建构，与统治者是否履行职责没有必然关系。不过，对于天命，我们不能以今天的眼光认为这是古人的迷信，是荒诞不经的，而应当认识到这是古人真实存在的一种神性信仰。事实上，这两类合法性资源，对于统治阶层来讲，是共同存在、缺一不可的。职责型合法性所解决的是物质层面的客观需求，而天命型合法性所解决的是精神层面的心理认同。

西汉后期，统治危机日益深重。对于统治阶层来讲，如何重新解释刘氏继续统治的合法性便成为一个颇为棘手的难题。若依据职责型合法性，则刘氏不仅不能继续统治，甚至还应出让政权。于是，论证者们不得不转入单纯的理论构建，即通过天命观的阐释表明汉室命不当绝。在此背景下，五德终始说备受青睐。刘向父子抛弃了已有的邹衍所创的五行相胜型德运说而创立了五行相生型德运说。这一新德运说，以“汉家尧后”和“汉室火德”为前提，对以往的政权进行了重新编排。而认定“汉室火德”的依据源自刘邦举事时的赤帝子斩蛇故事。方士们又造作谶纬，编造刘邦的神性身份，宣扬汉帝为赤帝之精，还扬言可通过改行火德以"再受命"的方式避免"历运中衰"。虽然他们的建构缜密精致，但无助于现实中政治治理的改善，西汉终不免覆亡。而汉人苦心孤诣所构造的这些理论成果，为王莽所全盘接受，成为其证明新朝政治合法性的工具。

概而言之，西汉一代，职责型合法性和天命型合法性在不同时期势力不同。初期时，职责型合法性最为有力，这就使得天命型合法性更有心理上的认同感；西汉中后期，职责型合法性逐渐失去效力，甚至成为推翻刘氏帝权的理论武器，于是天命型合法性地位凸显，成为最核心的政道资源。不过，物质的解决还得靠物质，画饼充饥总归一场空。西汉末年，尽管火德说烜赫一时、风光无两，但注定无法挽救政权灭亡的命运。而之后，新莽政权不幸犯了同样的错误，虽然举措不断，但始终无法建立起有力的政绩，无法解决民生问题，职责型合法性的基础十分薄弱，符命政治，岂能治国？

有的研究者指出北宋之后，五德终始说在政治中已无关紧要。刘复生认为"欧阳修的《正统论》在理论上宣告了'五德转移'政治学说的终结"，而金朝的德运之争"在事实上宣告了'五德转移'政治学说的终结"。[①] 刘浦江认为"经过宋代士人的解构和建构，最终使得传统政治文化在宋代以后陷入全面崩溃的境地：五德终始说的时代结束了，经学与纬学彻底分家了，封禅大典不再举行，传国玺的神话也不再有人相信。""如果从元明清反观宋代，这场思想启蒙运动的脉络清晰可见，它最终颠覆了自秦汉大一统帝国形成以来延续千余年的传统政治文化秩序。"[②]他们都认为北宋时期，

---

① 刘复生：《宋朝"火运"论略——兼谈"五德转移"政治学说的终结》，《历史研究》1997 年第 3 期。

② 刘浦江：《"五德终始"说之终结——兼论宋代以降传统政治文化的嬗变》，《中国社会科学》2006 年第 2 期。

以五德终始说为代表的传统政治观遭到了严重质疑，已不甚重要，并认为这是中国古代政治观的一次大转折。至于五德终始说，则在金代之后趋于消亡。

两文发表在权威期刊上，颇有影响。之后，胡克森发表在《历史研究》上的《从德政思想兴衰看“五德终始”说的流变》一文即受此影响：“五运说到宋代以后逐渐趋向衰落，该理论在上层核心统治阶层中已变得无足轻重，只是在许多中下层臣僚及民间社会中，开始以相胜说来解说朝代更迭现象；王朝的正统问题开始逐渐被新的正统观取代。”[①]不过，这些认识值得商榷。如果五德终始说在北宋式微，金代终结，那么如何解释明清的德运情形？其实，反映明代火德的资料是很多的。《明太祖实录》载，朱元璋出生时，“红光满室，时元天历元年戊辰九月十八日子丑也。自后，夜数有光，邻里遥见，惊以为火，皆奔救。”[②]这里特意提到了“红光”，意在表明朱元璋的火德王身份。除了官方文献，民间著述也有记载。成祖时期或稍晚成书的《皇明小史》载：“自是有娠，及将诞，异香绕室，红光烛天，经宿不散”，“夜半而生，有火光□然。”[③]明中期，黄瑜所著的《双槐岁钞》开篇为“圣瑞火德”，详细记载了朱元璋的火德祥瑞，比如“及诞，有红光烛天，照映千里，观者异之，骇声如雷。……河上取水澡浴，忽有红罗浮来，遂取衣之，故所居名红罗幛。……及讨元狄，旗帜战帽袄裙皆用红色，盖以火德王，色尚赤故也。……明年戊申，建元洪武，六月壬寅，彰德路天宁寺塔忽变红色，自顶至踵，表里透彻，如煅铁初出于炉，上有光焰迸发，自二更至五更乃止，癸卯、甲辰亦如之。先是，河北有童谣云：‘塔儿黑，北人作主南人客。塔儿红，朱衣人作主人公。’其应如此。未几，

① 胡克森：《从德政思想兴衰看“五德终始”说的流变》，《历史研究》2015年第2期。

② 《明太祖实录》，国立北平图书馆红格钞本微卷影印，第1—2页。

③ 《皇明小史摘抄》卷上，《四库全书存目丛书》，史部第46册，第32页。

元主北遁，而天下一统矣。”[①]可见，明火德还是被认可的。

兹再以传国玺为例略做回应。刘浦江说：“到了明清时代，虽然还时有‘秦玺’复出的消息，但却再也不会有人信以为真或以假当真了，这说明传国玺已不具有任何政治号召力。”其实，传统所赋予传国玺的政治象征意义并未减弱，它仍被视作受命于天的信物，明清开国之君对其态度即能印证这一点。《皇明资治通纪》载，洪武五年，“上谓诸将曰：‘今天下一家，尚有三事未了。其一，历代传国玺在胡未获；其二，统兵王保保未擒；其三，前元太子不闻音问。’”[②]王保保和前元太子，对新建的大明王朝来讲是实实在在的威胁，但朱元璋却视传国玺未获是最大憾事，这自然是因传国玺的独特政治价值——皇权正统地位的象征。有的王朝，为了展示自己的正统地位，甚至不惜伪造传国玺。东晋数帝因无传国玺，还被戏称为白板天子。自然，朱元璋是不愿做白板天子的，因此不惜连年征伐蒙古。对于这一点，时人可谓心知肚明。洪武二十五年，国子生山东周敬心上书即直白地指出：“臣又闻陛下连年远征，北出沙漠，臣民万口一词，为耻不得传国玺，欲取之耳。”[③]

至清代，以皇太极为首的满洲权贵也有着浓厚的传国玺情结。《皇清开国方略·太宗文皇帝》载，传国玺原藏于元朝大内，元顺帝为朱元璋所败，携玺逃至沙漠，后死于应昌府，传国玺自此丢失。二百年后，一牧羊人发现该玺，后为察哈尔部林丹汗所有。天聪九年，多尔衮等征察哈尔，获传国玺。多尔衮凯旋后，皇太极亲自率众出迎，并举行了隆重的受玺仪式。皇太极曰：“此玉玺乃历代帝王所用之宝，天以畀朕，非偶然也。”[④]众将亦言获玉玺乃受命之符。次年，皇太极称帝，定国号曰清。可见，传统

① 黄瑜撰，魏连科点校：《双槐岁钞》，北京：中华书局，1999年，第1页。
② 陈建：《皇明资治通纪》，《四库禁毁书丛刊》，北京：北京出版社，2000年，第103页。
③ 谈迁著，张宗祥点校：《国榷》，北京：中华书局，1958年，第734页。
④ 《皇清开国方略》卷二十，四库全书史部影印，第28页。

的天命观仍然根深蒂固。笔者也正是基于这种政治思想文化背景，而推定清初存在德运。至于乾隆说“五德之运，说本无稽”则只能代表其本人的态度，不能代表整个清代对德运的态度，更不能以之作为清初不再讲求德运的证据。

那么如何理解北宋之后统治者的行德运与某些学者的斥德运呢？其实，他们所提及的德运分属不同的类型。前者是一种政道资源，其目的就是为了论证本政权是受命于天的，具有政治合法性。而后者是政道论，是学者对政治合法性的认识。作为一种认识，学者们显然会有不同的立说标准。有的看重价值层面，尚道德；有的看重事实层面，崇业绩。这些意见基于不同的立场见识而发，本无可厚非。古代中国，政治合法性的表述为“正统”。不过，因为正统有多种含义——可以指政治观，也可以指政治史观，还可以指史学编纂观——比较复杂，故本书采用政治合法性这一内涵明确的概念。白钢云：“正统之说，是传统政治文化中，围绕着中国人思维的一大命题。两千多年来，论者如林，笔斗舌战，不可穷诘。”[①]的确，围绕到底何为“正统”，古人各持己见，莫衷一是，似乎永远也无法达成共识，正所谓“甲可乙否，迄无定论”[②]。不过作为政道资源，则有相对稳定的内容，如本书所提到的天命观、“逐鹿”规则、功业观、职责观、罪责观、血统观，其实也是历代政权用于阐释其政治合法性的共同资源，同时他们所论证的方式大致也是相近的。政道论的对象，实际就是政道资源，因此两者内容是重叠的，这就使得很多研究者将它们混为一谈。上述三位学者就出现了这一问题。五德终始说，在宋代、明代帝王眼中，就是用于说明其政权合法的工具，但在欧阳修等人眼中，则是可以指摘评论的正统论。作为一种天命型政治合法性资源，只要传统的天命观念仍然存在，则五德终始说就不会消亡。从这一角度看，五德终始说几乎与中国传统社会

---

① 白钢：《正统悖论》，《中国社会科学院研究生院学报》1993年第5期。

② 周密撰，吴企明点校：《癸辛杂识》，北京：中华书局，1988年，第98页。

相始终。不过，从北宋之后儒生批评质疑德运说的事实可见，五德终始说的尊崇地位已经动摇，并日趋衰落，这当然也会影响到帝王的心态，譬如乾隆的言论。

二、政治制度中的西汉德运

除了作为政权合法性的论证资源外，五德终始说还是需要践行的政治制度。这一点常为人忽视。其实，邹衍并非只是一个热衷术数的阴阳家，他更是一名有价值追求的政治思想家。其政治学说是一种独特的天治理想，他将施政的依据和治权的来源都上溯于天，推天道以明人事，主张人事合天道，人治法自然。

这一天治观主要包括两个层面：五德终始说和四时月令说。四时月令说是讲君王一年行政的具体办法。史载邹衍“作《主运》”①，且“以阴阳主运显于诸侯”②，《汉书·郊祀志》颜师古注引晋灼语曰：“燕昭王筑宫师之，故作《主运》之篇也。”③颜注又引如淳言曰：“今其书有《主运》。五行相次转用事，随方面为服也。”④邹衍主运学说的具体内容虽无确凿记载传世，不过据《管子·幼官》《管子·四时》《管子·轻重己》《吕氏春秋·十二纪》《礼记·月令》等资料来推测，主运说应为四时月令说。白奚曾对邹衍主运思想做过深入研究。他说：“《主运》之‘主’，表明该篇是为君主立说；‘运’的含义即‘五行相次转用事’之‘转’和‘随方面为服’之‘随’；‘主运’即要求君主要‘随’五行之‘转’，在四时教令和方物服色诸方面使‘人事’符合‘天道’。”⑤“‘五行相次转用事’，是说五行按相‘次’的顺序转

---

① 司马迁：《史记·孟子荀卿列传》，北京：中华书局，1959年，第2345页。
② 司马迁：《史记·封禅书》，北京：中华书局，1959年，第1369页。
③ 班固：《汉书·郊祀志上》，北京：中华书局，1962年，第1204页。
④ 班固：《汉书·郊祀志上》，北京：中华书局，1962年，第1204页。
⑤ 白奚：《稷下学研究——中国古代的思想自由与百家争鸣》，北京：三联书店，1998年，第264页。

相用事，转到哪一行便用哪一行之事。”[①]“‘随方面为服’，显然是指与五方相配，随五行的运转而改换方位，转到哪一方面便随哪一方面为服。这种转移也是以四时相随即五行相生为序的。”[②]

综上可见，在邹衍看来，人间政事需要遵行两大法则：一是四时月令说，指的是一年中应如何治理，它采用五行相生的原则。由于不同季节阴阳之气消长不同，所以每一季节都有不同的行政原则，而每一季节的每一个月也有自己独特的施政措施。二是五德终始说。它又包括两层内容。其一是关于政权更替代兴的规律，即按照五行相胜原理终始循环；其二是政权整体的治理要求，比如如何安排正朔，如何设置服色、度数、音律，如何确定政术，等等。

秦朝时，五德终始说的这两个层面结合在一起。到了西汉时期，统治阶层虽也在维系着该学说的完整性，但实际上，同一德运的这两个层面并不是完全统一的。兹先简单概括西汉正朔、尚色、度数中的德运情况，再说明德运实行的混杂性。

关于西汉的正朔。西汉初期采用的是颛顼历，这是秦水德制下的历法，岁首为十月。武帝太初改历时，没有通过实测的方法确定岁实和朔策，而是使用了“以律起历”方法进行推衍。该“律”指的是黄钟，代表一年阳气之始，还表示元气始生之时，是一个核心的天学概念。而黄钟，更重要的还是土德之音律。由此可见，“以律起历”适应了汉朝新的法定德运的要求。邓平八十一分历虽非最精确却能被采用，即因其数据合乎了“以律起历”的治历思想，亦即满足了土德的需要。但太初历的岁首正月却没有采用土德岁首(二月)，而是使用三统说之黑统的夏正。不过，三统说与五

① 白奚：《稷下学研究——中国古代的思想自由与百家争鸣》，北京：三联书店，1998 年，第 261 页。

② 白奚：《稷下学研究——中国古代的思想自由与百家争鸣》，北京：三联书店，1998 年，第 263 页。

德终始说同属于天命型的政治合法性资源，武帝采用它们的目的是相同的，只是这两种学说各有长短，武帝做了不同的取舍而已。太初历自确定后，沿用至西汉亡而未有变更。如此看来，西汉时期历法的使用与制定参照了水德和土德的内容。

关于西汉的尚色。西汉王朝的祭服初期采用秦时的袀玄，为通体黑色样式，此因水德尚黑之故。之后祭服着色有两次变化：一是文帝时色赤，此因刘邦赤帝子身份所致；一是武帝时色黄，这是土德尚黄的缘故。不过西汉一代的朝服则仍旧沿袭秦水德制下的黑色朝服。汉廷常用赤，比如汉节、车轮、车幡等，这应当是赤帝子信仰的反映。不过，尚赤亦有其他原因，比如武职将吏的服赤，这是继承了周秦以来的传统服式，可能与赤色的自然属性有关。此外，从墓葬出土所见，西汉有崇赤的习俗。黄色因土德之故，也很是尊贵，皇帝的绶、圭都用该色。

关于西汉的尚数。秦始皇统一后，以水德主阴之故，对官印印制做了规范，这主要表现为采用田字格、四字和阴文等内容。刘邦建国后，仍然采用秦印制；惠帝之后田字格官印逐渐消失；武帝太初改制以土德数尚五之故，改诸卿及地方郡守、都尉和相等比二千石以上官员的官印为五字，但其他多数官印未做变更，仍多为四字。也就是说，西汉一代官印始终采用阴文且多四字印，实际上是沿用了秦水德下的印制风格。

根据本书的考察，可发现西汉政府出于论证自身政治合法性的需要，在一定时期内会选用一种德运作为法定德运，但这种法定德运与政治制度中的德运存在偏离。而到了西汉后期，用于政权合法性重建的火德又与当时的法定德运（即土德）不相一致。不过西汉政府并没有刻意去解决这些矛盾，而是兼容并蓄、一并吸纳。可见，西汉德运存在着不同的类型且互相交织着，这就使得彼时德运的实际状况变得异常复杂。列表如下：

	西汉早期	西汉中期	西汉后期
法定德运	水德	土德	土德
政治合法性建构中的德运	水德	土德	火德
政治制度中的德运	水德，尚赤（赤帝子）	水德，土德，尚赤（赤帝子）	水德，土德，尚赤（赤帝子）

因此，简单地说西汉采用了某一德运是不准确的。水德、土德和火德的实行状况大致是：(1)水德。武帝太初改制之前，水德为法定德运，用于政治合法性的论证，同时政治制度上，承用秦水德旧制。太初改制之后，水德制并未被弃用，仍在使用，可见它是贯穿西汉政权始末的。(2)土德。武帝太初改制，立土德为法定德运，一直使用到王莽代汉。同时政治制度中也增加了土德的内容。(3)火德。西汉后期，火德取代土德成为重建政治合法性的理论武器，但火德并未成为法定德运。哀帝接受夏贺良建议改制时，曾短暂实行过火德制，但不久即废。自汉初，制度中即有种种尚赤的行为，但这与火德无关，而是受了赤帝子信仰的影响。有些研究者主观地认为，尚赤即是火德的表现，所以提出西汉早期或晚期都采用过火德制，这种认识是错误的。其实，火德在西汉仅用于政治合法性构建这一个目的。到东汉，火德方兼具以上的这三种功能。

不过，还需指出的是，虽然德运存在着不同类型，但大多数王朝的德运状况并不像西汉王朝的这般复杂：法定德运与用于政治合法性论证的德运通常是一致的；而政治制度中的德运，则便宜行事，不会非常谨严地依照五德礼制行事，仅是象征性地采用某些措施以示本朝的德运罢了。从中亦可见，五德终始说政道与治道两个层面，统治者尤为注重前者，而后者则不被重视。这就导致人们对德运的通常理解仅是用于阐释政治合法性而已。

历史的繁杂决定了历史研究者不可能将所有的历史现象一网打尽，更重要的是，不少历史现象具有相似性，因此可以利用研究其中典型者所形成的认识而推知其他。期冀本书的研究能为进一步了解其他政权的德运状况及德运与政治间的关系提供某些参考。

参考文献

一、文献类

王弼注，孔颖达疏：《周易正义》，北京：北京大学出版社，1999 年。

郑玄注，贾公彦疏：《周礼注疏》，北京：北京大学出版社，1999 年。

孔安国传，孔颖达疏：《尚书正义》，上海：上海古籍出版社，2007 年。

伏胜：《尚书大传》，四部丛刊经部，上海涵芬楼藏左海文集本。

孙星衍：《尚书今古文注疏》，北京：中华书局，1986 年。

杜预注，孔颖达正义：《春秋左传正义》，北京：北京大学出版社，1999 年。

杨伯峻：《春秋左传注》，北京：中华书局，1981 年。

何休解诂，徐彦疏：《春秋公羊传注疏》，北京：北京大学出版社，1999 年。

范宁集解，杨士勋疏：《春秋谷梁传注疏》，北京：北京大学出版社，1999 年。

郑玄注，孔颖达疏：《礼记正义》，北京：北京大学出版社，1999 年。

王文锦：《礼记译解》，北京：中华书局，2001 年。

王聘珍撰，王文锦点校：《大戴礼记解诂》，北京：中华书局，

1983年。

程树德撰，程俊英、蒋见元点校：《论语集释》，北京：中华书局，1990年。

杨伯峻：《论语译注》，北京：中华书局，2009年。

杨伯峻：《孟子译注》，北京：中华书局，2005年。

刘熙：《释名》，北京：中华书局，1985年。

王先谦：《释名疏证补》，上海：上海古籍出版社，1984年。

许慎撰，段玉裁注：《说文解字注》，上海：上海古籍出版社，1981年。

黄怀信：《逸周书校补注译》，西安：三秦出版社，2006年。

黄怀信、张懋镕、田旭东：《逸周书汇校集注》，上海：上海古籍出版社，2007年。

司马迁：《史记》，北京：中华书局，1959年。

班固：《汉书》，北京：中华书局，1962年。

王先谦：《汉书补注》，北京：中华书局，1983年。

范晔：《后汉书》，北京：中华书局，1965年。

王先谦：《后汉书集解》，北京：中华书局，1984年。

陈寿：《三国志》，北京：中华书局，1959年。

房玄龄等：《晋书》，北京：中华书局，1974年。

沈约：《宋书》，北京：中华书局，1974年。

萧子显：《南齐书》，北京：中华书局，1972年。

姚思廉：《梁书》，北京：中华书局，1973年。

姚思廉：《陈书》，北京：中华书局，1972年。

魏收：《魏书》，北京：中华书局，1974年。

令狐德棻等：《周书》，北京：中华书局，1971年。

魏征等：《隋书》，北京：中华书局，1973年。

刘昫等：《旧唐书》，北京：中华书局，1975 年。

欧阳修、宋祁：《新唐书》，北京：中华书局，1975 年。

薛居正等：《旧五代史》，北京：中华书局，1976 年。

脱脱等：《宋史》，北京：中华书局，1985 年。

宋濂等：《元史》，北京：中华书局，1976 年。

张廷玉等：《明史》，北京：中华书局，1974 年。

吴树平：《东观汉记校注》，北京：中华书局，2008 年。

袁宏撰，李兴和点校：《后汉纪集校》，昆明：云南大学出版社，2008 年。

杨燕起、陈可青、赖长扬汇辑：《史记集评》，北京：华文出版社，2005 年。

梁玉绳：《史记志疑》，北京：中华书局，1981 年。

司马光撰，胡三省音注：《资治通鉴》，北京：中华书局，1956 年。

谈迁著，张宗祥点校：《国榷》，北京：中华书局，1958 年。

方诗铭、王修龄：《古本竹书纪年辑证》，上海：上海古籍出版社，2005 年。

徐元诰撰，王树民、沈长云点校：《国语集解》，北京：中华书局，2002 年。

刘向集录：《战国策》，上海：上海古籍出版社，1985 年。

何清谷：《三辅黄图校释》，北京：中华书局，2005 年。

叔孙通：《汉礼器制度》，上海：商务印书馆，1939 年。

孙星衍等辑，周天游点校：《汉官六种》，北京：中华书局，1990 年。

蔡邕：《独断》，上海：商务印书馆，1939 年。

陈树镛：《汉官答问》，振绮堂丛书初编本。

孙楷著，徐复订补：《秦会要订补》，北京：中华书局，1959 年。

徐天麟：《西汉会要》，上海：上海古籍出版社，2006 年。

徐天麟：《东汉会要》，上海：上海古籍出版社，2006 年。

杜佑：《通典》，杭州：浙江古籍出版社，2000 年。

马端临：《文献通考》，杭州：浙江古籍出版社，2000 年。

王夫之著，舒士彦点校：《读通鉴论》，北京：中华书局，1975 年。

赵翼著，王树民校证：《廿二史札记校证》，北京：中华书局，1984 年。

王先谦撰，沈啸寰、王星贤点校：《荀子集解》，北京：中华书局，1988 年。

杨丙安：《十一家注孙子校理》，北京：中华书局，1999 年。

张震泽：《孙膑兵法校理》，北京：中华书局，1984 年。

徐培根：《太公六韬今注今译》，台湾：商务印书馆，1976 年。

黎翔凤：《管子校注》，北京：中华书局，2004 年。

吴毓江撰，孙启治点校：《墨子校注》，北京：中华书局，1993 年。

陈奇猷：《韩非子集释》，上海：上海人民出版社，1974 年。

陈奇猷：《吕氏春秋新校释》，上海：上海古籍出版社，2002 年。

陆贾撰，王利器校注：《新语校注》，北京：中华书局，1986 年。

贾谊撰，阎振益、钟夏校注：《新书校注》，北京：中华书局，2000 年。

苏舆：《春秋繁露义证》，北京：中华书局，1992 年。

钟肇鹏：《春秋繁露校释》，石家庄：河北人民出版社，2005 年。

何宁：《淮南子集释》，北京：中华书局，1998 年。

刘文典：《淮南鸿烈集解》，北京：中华书局，1989 年。

司马光集注，刘韶军点校：《太玄集注》，北京：中华书局，1998 年。

陈立撰，吴则虞点校：《白虎通疏证》，北京：中华书局，1994 年。

王利器：《盐铁论校注》，北京：中华书局，1992 年。

尚秉和著，常秉义点校：《焦氏易林注》，北京：光明日报出版社，

2005 年。

黄晖：《论衡校释》，北京：中华书局，1990 年。

马缟：《中华古今注》，上海：商务印书馆，1939 年。

李昉编纂，孙雍长、熊毓兰校点：《太平御览》，石家庄：河北教育出版社，1994 年。

王钦若等编：《册府元龟》，北京：中华书局，2003 年。

欧阳修撰，汪绍楹校：《艺文类聚》，上海：上海古籍出版社，1965 年。

顾炎武著，黄汝成集释，栾保群、吕宗力校点：《日知录集释》，石家庄：花山文艺出版社，1990 年。

萧统选，李善注：《文选》，上海：上海古籍出版社，1986 年。

董诰等编：《全唐文》，北京：中华书局，1983 年。

严可均：《全上古三代秦汉三国六朝文》，北京：中华书局，1999 年。

逯钦立：《先秦汉魏晋南北朝诗》，北京：中华书局，1983 年。

苏天爵：《元文类》，北京：商务印书馆，1958 年。

黄宗羲：《明文海》，北京：中华书局，1987 年。

刘羲仲：《通鉴问疑》，北京：中华书局 ，1991 年。

王应麟：《通鉴答问》，钦定四库全书本。

王昶：《金石萃编》，中国东方文化研究会历史文化分会编：《历代碑志丛书》(第四册)，南京：江苏古籍出版社，1998 年。

傅嘉仪：《秦封泥汇考》，上海：上海书店出版社，2007 年。

汪启淑：《汉铜印丛》，杭州：西泠印社，1998 年。

吴式芬、陈介祺：《封泥考略》，北京：中国书店，1990 年。

周明泰：《续封泥考略》，1928 年影印本。

陈介祺：《十钟山房印举》，北京：中国书店，1985 年。

罗福颐主编：《秦汉南北朝官印征存》，北京：文物出版社，1987 年。

孙慰祖主编：《古封泥集成》，上海：上海书店出版社，1994 年。

戴山青编：《古玺汉印集萃》，南宁：广西美术出版社，2001 年。

周晓陆主编：《二十世纪出土玺印集成》，北京：中华书局，2010 年。

[日]泷川资言：《史记会注考证》，上海：上海古籍出版社，2016 年。

[日]安居香山、中村璋八：《纬书集成》，石家庄：河北人民出版社，1994 年。

二、著作类

安作璋、熊铁基：《秦汉官制史稿》，济南：齐鲁书社，2007 年。

白钢主编：《中国政治制度通史》，北京：人民出版社，1996 年。

白奚：《稷下学研究：中国古代的思想自由与百家争鸣》，北京：三联书店，1998 年。

蔡尚思：《中国古代学术思想史论》，广州：广东人民出版社，1990 年。

曹锦炎：《古玺通论》，上海：上海书画出版社，1995 年。

陈鼓应：《黄帝四经今注今译》，北京：商务印书馆，2007 年。

陈汉平：《西周册命制度研究》，上海：学林出版社，1986 年。

陈苏镇：《汉代政治与〈春秋〉学》，北京：中国广播电视出版社，2001 年。

陈苏镇：《〈春秋〉与“汉道”：两汉政治与政治文化研究》，北京：中华书局，2011 年。

陈来：《古代思想文化的世界——春秋时代的宗教、伦理与社会思想》，北京：三联书店，2009 年。

陈来：《古代宗教与伦理——儒家思想的根源》，北京：三联书店，2009 年。

陈梦家：《殷墟卜辞综述》，北京：中华书局，1992 年。

陈槃:《古谶纬研讨及其书录解题》，上海：上海古籍出版社，2010年。

陈启云:《儒学与汉代历史文化》，桂林：广西师范大学出版社，2007年。

陈启云:《治史体悟》，桂林：广西师范大学出版社，2007年。

陈启云:《中国古代思想文化的历史论析》，北京：北京大学出版社，2001年。

陈戍国:《中国礼制史》(先秦卷、秦汉卷)，长沙：湖南教育出版社，1993年。

陈直:《汉书新证》，天津：天津人民出版社，1959年。

陈遵妫:《中国天文学史》，上海：上海人民出版社，2006年。

丁绵孙:《中国古代天文历法基础知识》，天津：天津古籍出版社，1989年。

丁鼎、杨洪权:《神秘的预言——中国古代谶言研究》，太原：山西人民出版社，1993年。

范文澜:《中国通史简编》，石家庄：河北教育出版社，2000年。

傅乐成:《汉唐史论集》，台湾：联经出版事业公司，1977年。

葛兆光:《中国思想史》，上海：复旦大学出版社，1998年。

顾德融、朱顺龙:《春秋史》，上海：上海人民出版社，2003年。

顾颉刚:《古史辨》(五)，上海：上海古籍出版社，1982年。

顾颉刚:《秦汉的方士与儒生》，上海：上海古籍出版社，2005年。

顾颉刚:《中国上古史研究讲义》，北京：中华书局，1988年。

郭沫若:《先秦天道观之进展》，《郭沫若全集》历史编(第一卷)，北京：人民出版社，1985年。

韩星:《先秦儒法源流述论》，北京：中国社会科学出版社，2004年。

韩星:《儒法整合——秦汉政治文化论》，北京：中国社会科学出版社，2005 年。

侯外庐主编：《中国思想通史》，北京：人民出版社，1957 年。

胡厚宣、胡振宇：《殷商史》，上海：上海人民出版社，2003 年。

湖南省博物馆、中国科学院考古研究所：《长沙马王堆一号汉墓》(上集)，北京：文物出版社，1973 年。

湖南省博物馆、湖南省文物考古研究所：《长沙马王堆二、三号汉墓 第一卷：田野考古发掘报告》，北京：文物出版社，2004 年。

黄能馥、陈娟娟：《中国服饰史》，上海：上海人民出版社，2004 年。

黄一农：《社会天文学史十讲》，上海：复旦大学出版社，2004 年。

洪石：《战国秦汉漆器研究》，北京：文物出版社，2006 年。

江晓原：《天学真原》，沈阳：辽宁教育出版社，1991 年。

江晓原：《星占学与传统文化》，上海：上海古籍出版社，1992 年。

姜忠奎：《纬史论微》，上海：上海书店出版社，2005 年。

金春峰：《汉代思想史》，北京：中国社会科学出版社，2006 年。

金晟焕：《黄老道探源》，北京：中国社会科学出版社，2008 年。

冷德熙：《超越神话：纬书政治神话研究》，北京：东方出版社，1996 年。

李开元：《汉帝国的建立与刘邦集团：军功受益阶层研究》，北京：生活·读书·新知三联书店，2000 年。

李玉福：《秦汉制度史论》，济南：山东大学出版社，2002 年。

林剑鸣：《秦史稿》，上海：上海人民出版社，1981 年。

林剑鸣：《秦汉史》，上海：上海人民出版社，2003 年。

刘操南：《古代天文历法释证》，杭州：浙江大学出版社，2009 年。

刘洪涛：《古代历法计算法》，天津：南开大学出版社，2003 年。

刘俊文主编：《日本学者研究中国史论著选译》(第十卷科学技术)，北京：中华书局，1992 年。

刘泽华主编：《中国政治思想史》，杭州：浙江人民出版社，1996 年。

刘兰芝：《洛阳汉代墓室壁画研究》，郑州：中州古籍出版社，2010 年。

吕思勉：《秦汉史》，上海：上海古籍出版社，1983 年。

罗福颐：《古玺印概论》，北京：文物出版社，1981 年。

钱穆：《国史大纲》，北京：商务印书馆，1991 年。

钱穆：《两汉经学今古文平议》，北京：商务印书馆，2001 年。

钱穆：《秦汉史》，北京：三联书店，2005 年。

饶尚宽：《春秋战国秦汉朔闰表》，北京：商务印书馆，2006 年。

饶宗颐：《中国史学上之正统论》，上海：上海远东出版社，1996 年。

沙孟海：《印学史》，杭州：西泠印社，1987 年。

沈从文：《中国古代服饰研究》，上海：上海书店出版社，2002 年。

上海市纺织科学研究院上海市丝绸工业公司文物研究组：《长沙马王堆一号汉墓出土纺织品的研究》，北京：文物出版社，1980 年。

孙机：《汉代物质文化资料图说》，上海：上海古籍出版社，2011 年。

孙机：《中国古舆服论丛》，北京：文物出版社，1993 年。

孙慰祖：《封泥：发现与研究》，上海：上海书店出版社，2002 年。

孙筱：《两汉经学与社会》，北京：中国社会科学出版社，2002 年。

田余庆：《秦汉魏晋史探微》，北京：中华书局，2004 年。

王葆玹：《今古文经学新论》，北京：中国社会科学出版社，1997 年。

王步贵：《神秘文化：谶纬文化新探》，北京：中国社会科学出版社，1993 年。

王梦鸥：《邹衍遗说考》，台湾：商务印书馆，1966 年。

王人聪、叶其峰：《秦汉魏晋南北朝官印研究》，香港中文大学文物馆专刊之四，1990 年。

王鲜唐：《五镫精舍印话》，济南：齐鲁书社，1985 年。

王育民：《秦汉政治制度》，西安：西北大学出版社，1996 年。

王兴国：《贾谊评传》，南京：南京大学出版社，1992 年。

谢贵安：《中国谶谣文化研究》，海口：海南出版社，1998 年。

徐复观：《两汉思想史》，上海：华东师范大学出版社，2001 年。

徐兴无：《谶纬文献与汉代文化构建》，北京：中华书局，2003 年。

徐兴无：《刘向评传》，南京：南京大学出版社，2005 年。

徐州博物馆、南京大学历史学系考古专业：《徐州北洞山西汉楚王墓》，北京：文物出版社，2003 年。

阎步克：《士大夫政治演生史稿》，北京：北京大学出版社，1996 年。

阎步克：《服周之冕——〈周礼〉六冕礼制的兴衰变异》，北京：中华书局，2009 年。

杨鸿年：《汉魏制度丛考》，武汉：武汉大学出版社，1985 年。

杨权：《新五德理论与两汉政治——“尧后火德”说考论》，北京：中华书局，2006 年。

杨向奎：《西汉经学与政治》，台湾：独立出版社，2000 年。

杨燕起、陈可青、赖长扬汇辑：《史记集评》，北京：华文出版社，2005 年。

杨林仁：《汉阳陵》，西安：三秦出版社，2003 年。

余英时：《士与中国文化》，上海：上海人民出版社，2003 年。

岳天明：《政治合法性问题研究：基于多民族国家的政治社会学分析》，北京：中国社会科学出版社，2006 年。

张末元：《汉代服饰参考资料》，北京：人民美术出版社，1960 年。

张培瑜、陈美东、薄树人、胡铁珠：《中国古代历法》，北京：中国科学技术出版社，2008 年。

张荣明：《中国的国教——从上古到东汉》，北京：中国社会科学出版社，2001 年。

张闻玉：《古代天文历法讲座》，桂林：广西师范大学出版社，2008年。

赵昌智、祝竹：《中国篆刻史》，上海：上海人民出版社，2006年。

赵化成、高崇文等：《秦汉考古》，北京：文物出版社，2002年。

钟肇鹏：《谶纬论略》，沈阳：辽宁教育出版社，1991年。

周汛、高春明：《中国衣冠服饰大辞典》，上海：上海辞书出版社，1996年。

周汛、高春明：《中国古代服饰大观》，重庆：重庆出版社，1994年。

周濂：《现代政治的正当性基础》，北京：三联书店，2008年。

周振鹤：《中国地方行政制度史》，上海：上海人民出版社，2005年。

周锡保：《中国古代服饰史》，北京：中国戏剧出版社，1984年。

朱和平：《中国服饰史稿》，郑州：中州古籍出版社，2001年。

朱文鑫：《十七史天文诸志之研究》，北京：科学出版社，1965年。

中国社会科学院考古研究所、河北省文物管理处：《满城汉墓发掘报告》(上)，北京：文物出版社，1980年。

《中国天文学史文集》编辑组：《中国天文学史文集》(五)，北京：科学出版社，1989年。

[英]崔瑞德、鲁惟一编，杨品泉等译：《剑桥中国秦汉史》，北京：中国社会科学出版社，1992年。

[英]鲁惟一著，王浩译：《汉代的信仰、神话和理性》，北京：北京大学出版社，2009年。

[美]史华慈著，程钢译：《古代中国的思想世界》，南京：江苏人民出版社，2008年。

[美]戴维·伊斯顿著，王浦劬等译：《政治生活的系统分析》，北京：华夏出版社，1999年。

[法]让-马克·夸克著，佟心平、王远飞译：《合法性与政治》，北

京：中央编译出版社，2002年。

[日]安居香山著，田人隆译：《纬书与中国神秘思想》，石家庄：河北人民出版社，1991年。

[德]哈贝马斯，张博树译：《交往与社会进化》，重庆：重庆出版社，1989年。

三、论文类

安徽省文物工作队、阜阳地区博物馆、阜阳县文化局：《阜阳双古堆西汉汝阴侯墓发掘简报》，《文物》1978年第8期。

白钢：《正统悖论》，《中国社会科学院研究生院学报》1993年第5期。

曹锦炎：《论张家山汉简〈盖庐〉》，《东南文化》2002年第9期。

陈刚：《有关合法性概念及中国古代君权合法性的几点思考》，《哈尔滨工业大学学报》(社会科学版)2000年第1期。

陈继红：《秩序的伦理维度——试论先秦儒家治世之道的内在逻辑理路》，《道德与文明》2009年第5期。

陈江风：《五德终始说与中国古代政权更迭两种方式之关系》，《河南大学学报》(社会科学版)1995年第3期。

陈泳超：《〈世经〉帝德谱的形成过程及相关问题——再析“五德终始说下的政治和历史”》，《文史哲》2008年第1期。

陈光龙：《秦汉漆器“红、黑”色彩的形成与内涵》，《艺术探索》2009年第1期。

邓乐群：《秦汉时期炎黄崇拜的神人转换》，《北京大学学报》(哲学社会科学版)2002年第6期。

董恩林：《试论历史正统观的起源与内涵》，《史学理论研究》2005年第2期。

杜国景：《“正统论”与中国古代政治文化的理性光芒》，《贵州文史丛刊》2003 年第 3 期。

凤凰山一六七号汉墓发掘整理小组：《江陵凤凰山一六七号汉墓发掘简报》，《文物》1976 年第 10 期。

甘肃省博物馆：《武威磨咀子三座汉墓发掘简报》，《文物》1972 年第 12 期。

郝宇青：《论合法性理论之流变》，《华东师范大学学报》（哲学社会科学版）2007 年第 5 期。

韩星：《论秦汉政治文化整合过程中法家思想的变异》，《陕西师范大学学报》（哲学社会科学版）2010 年第 2 期。

何平立：《两汉天命论：皇权政治的双刃剑》，《上海大学学报》（社会科学版）2005 年第 1 期。

河北省文物研究所：《河北定县 40 号汉墓发掘简报》，《文物》1981 年第 8 期。

呼林贵：《秦尚水德说质疑》，《考古与文物》1983 年第 2 期。

胡一华：《“汉承秦制”质疑》，《丽水师专学报》（社会科学版）1992 年第 3 期。

胡家聪：《〈管子 · 幼官篇〉新考——兼论〈吕氏春秋 · 十二纪〉的年代》，《社会科学战线》1981 年第 2 期。

湖南省博物馆：《长沙砂子塘西汉墓发掘简报》，《文物》1963 年第 2 期。

湖南省博物馆：《长沙象鼻嘴一号西汉墓》，《考古学报》1981 年第 1 期。

湖南省文物考古研究所、怀化市文物处、沅陵县博物馆：《沅陵虎溪山一号汉墓发掘简报》，《文物》2003 年第 1 期。

湖北省博物馆、孝感地区文教局、云梦县文化馆汉墓发掘组：《湖北云梦西汉墓发掘简报》，《文物》1973 年第 9 期。

湖北省文物考古研究所：《江陵凤凰山一六八号汉墓》，《考古学报》1993年第4期。

荆州博物馆：《湖北荆沙市瓦坟园西汉墓发掘简报》，《考古》1995年第11期。

蒋先福：《从实体正义到程序正义：卢梭与罗尔斯契约正义观之比较》，《伦理学研究》2005年第6期。

金晟焕：《阴阳五行说与中国古代天命观的演变——兼论阴阳五行说对易学发展的影响》，《周易研究》1999年第3期。

李祖德：《刘邦祭祖考——兼论春秋战国以来的社会变革》，《中国史研究》2012年第4期。

陈启云、李培健：《西汉火德疑案新解》，《理论学刊》2012年第10期。

李培健：《“汉高斩蛇”故事新解——兼论历史故事研究的方法论》，《史林》2015年第4期。

李培健：《天命与政权：先秦天命观演进的逻辑路径》，《武汉理工大学学报》(社会科学版)2016年第2期。

梁涛：《20世纪以来〈左传〉〈国语〉成书、作者及性质的讨论》，《邯郸学院学报》2005年第4期。

梁涛：《论早期儒学的政治理念》，《哲学研究》2008年第10期。

洛阳博物馆：《洛阳西汉卜千秋壁画墓发掘简报》，《文物》1977年第6期。

林剑鸣：《秦尚水德无可置疑》，《考古与文物》1985年第2期。

林剑鸣：《秦俑发式与阴阳五行》，《文博》1984年第3期。

刘宝才：《水德与秦制》，《西北大学学报》(哲学社会科学版)1986年第1期。

刘复生：《宋朝“火运”论略——兼谈“五德转移”政治学说的终结》，

《历史研究》1997 年第 3 期。

刘浦江：《“五德终始”说之终结——兼论宋代以降传统政治文化的嬗变》，《中国社会科学》2006 年第 2 期。

马宝成：《试论政治权力的合法性基础》，《天津社会科学》2001 年第 1 期。

牛济普：《汉代官印分期例举》，《中原文物》1998 年第 1 期。

南京博物院、仪征博物馆筹备办公室：《仪征张集团山西汉墓》，《考古学报》1992 年第 4 期。

庞天佑：《秦汉正统思想的形成及其对政治与史学的影响》，《湛江师范学院学报》2002 年第 1 期。

山东省文物考古研究所：《山东日照海曲西汉墓（M106）发掘简报》，《文物》2010 年第 1 期。

史建刚：《厌汉舆论与儒士阶层的伦理天命观》，《唐都学刊》2009 年第 4 期。

史建刚：《汉新禅代与厌汉舆论》，《南都学坛》（人文社会科学学报）2007 年第 4 期。

邵鸿：《春秋军事术数考述——以〈左传〉为中心》，《南昌大学学报》（人社版）1999 年第 1 期。

邵鸿：《神权垄断的悖论：中国古代国家对术数活动的限制与两难——侧重于兵阴阳学方面》，《天津社会科学》2002 年第 1 期。

宋会群：《论临沂汉简〈黄帝伐赤帝〉的著成年代》，《河南大学学报》（社会科学版）1992 年第 4 期。

宋艳萍、莫永红：《秦汉政治史观的演变历程》，《史学月刊》2002 年第 8 期。

宋艳萍：《论“尧母门”对西汉中后期政治格局以及政治史观的影响》，《史学集刊》2015 年第 4 期。

孙开泰：《邹衍年谱》，《管子学刊》1990 年第 2 期。

孙慰祖：《封泥的断代与辨伪》，《上海博物馆集刊》2000 年刊。

孙慰祖：《西汉官印、封泥分期考述》，《上海博物馆集刊》1992 年刊。

四川省文物考古研究院、雅安市博物馆、荥经县严道古城遗址博物馆：《四川荥经县高山庙西汉墓群 M3 发掘简报》，《四川文物》2017 年第 5 期。

沈洋、袁慧晶：《南昌西汉海昏侯墓发现大型车马坑》，《人民日报》(海外版)2015 年 11 月 9 日第 4 版。

陕西省考古研究所、榆林市文物考古研究所：《陕西靖边县张家坬西汉墓发掘简报》，《考古与文物》2006 年第 4 期。

汤其领：《简论阴阳五行说对秦的影响》，《苏州大学学报》(哲学社会科学版)1988 年第 4 期。

汤其领：《秦汉五德终始初探》，《史学月刊》1995 年第 1 期。

田延峰：《论西汉王朝的正统化》，《宝鸡文理学院学报》(人文社会科学版)1998 年第 2 期。

汪高鑫：《论刘歆的新五德终始历史学说》，《中国文化研究》2002 年夏之卷。

汪高鑫：《五德终始说与汉代史学的正统观念》，《安徽史学》2007 年第 6 期。

汪高鑫：《邹衍历史学说述评》，《辽宁教育学院学报》2000 年第 4 期。

汪文学：《再论中国古代政治正统论》，《贵州文史丛刊》1998 年第 6 期。

王保顶：《论董仲舒五德终始说的影响及终结》，《史学月刊》1996 年第 2 期。

王东：《正统论与中国古代史学》，《学术界》1987 年第 5 期。

王剑：《太昊伏羲考辨——兼及古史帝王世系研究中的问题》，《周口师范学院学报》2005 年第 4 期。

王珏、胡新生:《论邹衍五德终始说的思想渊源》,《理论学刊》2006 年第 12 期。

王明信:《司马迁与阴阳家》,《河北师范大学学报》(社会科学版)1994 年第 4 期。

王人聪:《论西汉田字格官印及其年代下限》,《故宫博物院院刊》1988 年第 4 期。

王绍东、白音查干:《论秦始皇对五德终始说的改造》,《人文杂志》2003 年第 6 期。

王绍东、张玉祥:《五德终始说下的水德与秦汉政治》,《中国社会科学院研究生院学报》2005 年第 4 期。

王绍东:《论秦始皇的理论创新》,《西安财政学院学报》2009 年第 3 期。

王学理:《秦侍卫甲俑的服饰与绘彩》,《考古与文物》1981 年第 3 期。

王子今:《略论两汉童谣》,《重庆师范大学学报》(哲学社会科学版)2007 年第 3 期。

西安市文物保护考古所:《西安理工大学西汉壁画墓发掘简报》,《文物》2006 年第 5 期。

萧高洪:《秦印的特点及其形成的文化背景》,《江西文物》1990 年第 3 期。

萧延中:《中国古代"天学"理念与政治合法性信仰的建构》,《华东师范大学学报》(哲学社会科学版)2008 年第 1 期。

许云和:《汉〈房中祠乐〉与〈安世房中歌〉十七章》,《中山大学学报》(社会科学版)2010 年第 2 期。

阎步克:《分等分类视角中的汉、唐冠服体制变迁》,《史学月刊》2008 年第 2 期。

阎步克:《宗经、复古与尊君、实用(上)——中古〈周礼〉六冕制度的兴衰变异》,《北京大学学报》(哲学社会科学版)2005年第6期。

阎静:《〈史记〉所记邹衍学说的源源和流变》,《古籍整理研究学刊》2009年第1期。

杨权:《"汉家尧后"说考论》,《史学月刊》2006年第6期。

杨权:《"土火相乘"政治剧的重演》,《现代哲学》2006年第1期。

杨权:《"玄圣"孔子"为汉赤制"》,《深圳大学学报》(人文社会科学版)2008年第4期。

杨权:《光武帝"始正火德"正解——对两汉五德制度史的一项新阐释》,《中山大学学报》(社会科学版)2006年第1期。

杨权:《五行生胜与秦汉政治》,《玉林师范学院学报》(哲学社会科学版)2011年第4期。

杨权:《五行相胜框架下的四个帝德谱》,《深圳大学学报》(人文社会科学版)2007年第1期。

杨松禄:《中国古代君权合法性探源》,《石河子大学学报》(哲学社会科学版)2010年第3期。

杨秉礼、史宇阔、刘晓华:《咸阳杨家湾汉墓兵俑服饰探讨》,《文博》1996年第6期。

院文清:《楚与秦汉漆器的几个问题》,《江汉考古》1987年第1期。

叶其峰:《西汉官印丛考》,《故宫博物院院刊》1986年第1期。

仪征市博物馆:《江苏仪征刘集联营1—4号西汉墓发掘简报》,《东南文化》2017年第4期。

俞伟超、张居中、王昌燧:《以原始农业为基础的中华文明传统的出现》,《农业考古》2001年第3期。

郑滦明:《西汉诸侯王墓所见的车马殉葬制度》,《考古》2002年第1期。

曾德雄:《谶纬中的帝王世系及受命》,《文史哲》2006 年第 1 期。

曾德雄:《谶纬的起源》,《学术研究》2006 年第 7 期。

张华松:《秦始皇伐赭湘山发微》,《东岳论丛》2004 年第 2 期。

张培瑜:《五星合聚与历史记载》,《人文杂志》1991 年第 5 期。

张强:《帝王思维与阴阳五行思维模式——兼及秦汉神学政治》,《晋阳学刊》2001 年第 2 期。

张强:《汉前“天人合一”观的历史嬗变》,《陕西师范大学学报》(哲学社会科学版)2002 年第 1 期。

张强:《司马迁的通变观与五德终始说》,《南京师大学报》(社会科学版)2005 年第 4 期。

张强:《阴阳五行说的历史与宇宙生成模式》,《湖北大学学报》(哲学社会科学版)2001 年第 5 期。

张星久:《论帝制时期中国政治正当性的基本层次》,《政治学研究》2006 年第 4 期。

张星久:《象征与合法性:帝制中国的合法性途径与策略》,《学海》2011 年第 2 期。

张书豪:《西汉“尧后火德”说的成立》,《汉学研究》2011 年第 29 卷第 3 期。

赵平安:《秦西汉官印论要》,《考古与文物》2001 年第 3 期。

赵世超:《天人合一述论》,《史学月刊》2002 年第 11 期。

赵潇:《论五德终始说对秦的影响——宗教政治学的一次历史大实践》,《宗教学研究》1994 年第 1 期。

赵潇:《论五德终始说在秦的作用和影响》,《齐鲁学刊》1994 年第 2 期。

朱永康:《“汉承秦制说”质疑》,《上海师范大学学报》1987 年第 2 期。

庄庭兰:《论〈素问〉五行学说天人合一特性》,《东岳论坛》2009 年第 2

期。

程平源:《儒家德性论源起考——以先秦“德”义变迁为考察对象》,《国学论衡》2007 年。

孙建光:《西方政治合法性理论辨析》,《求实》2004 年第 2 期。

任剑涛:《道德与中国传统政治的合法性》,《华中师范大学学报》(人文社会科学版)2005 年第 1 期。

[法]让 - 马克·思古德著,王雪梅译:《什么是政治的合法性?》,《外国法译评》1997 年第 2 期。

后 记

这是我的第一部学术专著，借此机会，简略叙述一下本书的写作始末。对于五德终始说的研究，乃源自我对阴阳五行学说的兴趣。读研之初，我借阅了顾颉刚先生编著的《古史辨》(五)，了解到时人讨论的一些片段。而对我影响最大的参考著作，当属顾先生的《秦汉的方士与儒生》。书中，顾先生如老吏断狱一般，环环相扣，层层剥茧，展现了秦汉的方士与儒生为了统治阶层的需要，如何用五德终始说来编排古史系统的历史。同时，顾先生的“层累地造成的中国古史”观，从认识论的角度启发了我的思维。另一部对我有重要参考和借鉴价值的著作是中山大学杨权教授的《新五德理论与两汉政治——“尧后火德”说考论》。该书使我对两汉时期德运的实行史有了一个基本的认知，而且提到的一些问题也引发了我进一步的思考。应该讲，没有这两部力作，我可能不会关注德运问题。所谓的“嘉惠学林”莫过于此吧！对两位先生，我亦深表敬意！而直接促使我将西汉德运实行状况作为选题的，则出自《史记·历书》中的一句话：“然历度闰余，未能睹其真也。”这是在叙述秦始皇始行水德制后，司马迁所做的评论。从中，我意识到秦朝以十月为岁首以符水德，但颛顼历并不完全合天。于是，又查阅《汉书·律历志上》，看到这样的文字：“汉兴，方纲纪大基，庶事草创，袭秦正朔。……然正朔服色，未睹其真，而朔晦月见，弦望满亏，多非是。”这说明汉初历法的问题已经十分严重了。因为历法与德运有关系，这就引起了我对西汉德运状况的好奇。当时的认识很是混沌、模糊，如坠入云山雾罩之中，却成为我后来一系列思考的最初源头。

硕士论文写得相对简单，3 万字左右的篇幅，问题理解得也不够深入。进入博士阶段，我继续研究该课题，2012 年博二暑假前，就完成了 21 万字的博士论文。工作后，因教学集中于近代史，对先秦秦汉思想文化史的研究时断时续，自己的研究领域也是忽古忽今，未能集中精力。2015 年上半年，欲借着学院对新进博士的资助政策出版博士论文。但翻阅后，发现问题不少，失望于当初心浮气躁、急于求成地完成博士论文。于是，决定重作。重新设计了结构，分为上中下三编，分别从法定德运、政治合法性建构中的德运和政治制度中的德运三个维度展开写作，这奠定了本书的框架，并完成了上中两编。但后来，此事被搁置。2018 年下半年，出版一事又被提上日程。于是，又重作下编。本书虽在博士论文的基础上修改而成，但两者在结构、内容上都有很大不同，唯主要观点还是相近的。对于西汉德运，虽然关注较早，但系统连贯的研究时间则是相对有限的。汉代德运问题所涉甚广，与政治、思想、文化、学术等方面都有密切的联系，是一个不易考察的复杂问题。加之，目前的水平与精力所限，只能对其中的一个狭小问题——西汉的德运实行史加以考究。

大学期间，曾迷恋上篆刻，也给自己刻过几方印章，但后来便不了了之，这种后天爱好看来不够持久。但对于历史，我自小即有浓厚的兴趣，这没有任何人的引导和启蒙，或许是我先天的一种偏好吧！2003 年考入西北民族大学后，我的专业便是历史，虽是被调剂的，但我十分欢悦，由此便拉开了自己与历史学科结缘的序幕。大学阶段，漫无目的又不知疲倦地读书，乐在其中！这是我学习生涯中最自由放松、无忧无虑、不带功利心的读书阶段。至于对历史的学术研究，起步则有些滞后，始于研究生阶段。2007 年，我考入陕西师范大学历史文化学院文化史方向。韩星教授是我的硕士生导师。韩师是一位学识渊博、和蔼可亲的学者，又是一个充满现实责任感的思想者，还是一名致力于实现信念的践行者。这种知行合一的精神恰是这个时代所需要的。从韩师处，我接触到了思想文化史。为了砥砺思维，我阅读了一批西方哲学史的名著，从中收益颇丰！韩师总是无私大度地帮助鼓励我，该书出版之际，又抽出宝贵时间专门作序。2010年，我考入南开大学历史学院，师从陈启云教授。陈先生早年受业于钱穆先生，后入哈佛大学杨联陞先生门下，获得博士学位。毕业后，任教于美国加州大学(圣塔巴巴拉校区)，荣休后在台湾“清华大学”、南开大学继续执教。当时，陈先生每年在南开大学居住两三个月时间，虽亲受教诲时间有限，但对我的影响却是极大的。与国内有些知识分子，甚至是所谓的大牌名师汲汲于名利、混迹江湖不同，陈先生所执着追求者乃真理也！吾学术理念实多半出自陈先生。得遇陈师，实为吾受教阶段的一大幸事！此外，还多蒙张荣明教授的照顾提携。张教授思维敏锐，视野开阔，精于政治思想史和宗教思想史的研究，在课堂上或是学术沙龙的讨论中，我常常受到启发。

2013 年，我进入西安科技大学工作。工作中，我也遇到一些良师益友，比如赖雄麟教授。赖教授时常提点引导我，关注着我的成长。当我提出欲做博士后时，赖教授毫无迟疑地应答下来，愿做合作导师。在现今的工作环境中，能如此主动热心关照晚辈同事的恐怕并不多见。

本书的出版得到了学院、教研室领导的大力支持，谨向袁金群书记、高振岗院长、张铭钟副院长、周静教授、马建华主任表示谢意！同时还要感谢责任编辑管中洑兄的辛勤付出！

李培健

2019 年 3 月 11 日于西安